D1674404

Kompetenzdiagnostik in der beruflichen Bildung –
Probleme und Perspektiven

Berufliche Bildung in Forschung, Schule und Arbeitswelt

Vocational Education and Training: Research and Practice

Herausgegeben von Falk Howe und Georg Spöttl

Band 7

PETER LANG

Frankfurt am Main · Berlin · Bern · Bruxelles · New York · Oxford · Wien

Martin Fischer / Matthias Becker / Georg Spöttl (Hrsg.)

Kompetenzdiagnostik in der beruflichen Bildung – Probleme und Perspektiven

PETER LANG
Internationaler Verlag der Wissenschaften

Bibliografische Information der Deutschen Nationalbibliothek
Die Deutsche Nationalbibliothek verzeichnet diese Publikation in der
Deutschen Nationalbibliografie; detaillierte bibliografische Daten sind im
Internet über http://dnb.d-nb.de abrufbar.

Gedruckt mit freundlicher Unterstützung
des House of Competence im Karlsruher Institut
für Technologie sowie der Universität Bremen.

Korrektorat: Nevenka Moll
Redaktion: Martin Stöckel

Gedruckt auf alterungsbeständigem,
säurefreiem Papier.

ISSN 1865-844X
ISBN 978-3-631-61660-4
© Peter Lang GmbH
Internationaler Verlag der Wissenschaften
Frankfurt am Main 2011
Alle Rechte vorbehalten.

www.peterlang.de

Inhaltsverzeichnis

Einführung

Martin Fischer, Matthias Becker, Georg Spöttl

In der Berufsbildung hat die Bewertung und Feststellung beruflicher Kompetenz schon immer einen hohen Stellenwert gehabt. Da die Verwertbarkeit einer beruflichen Qualifikation als Ergebnis eines Kompetenzentwicklungsprozesses auf dem Arbeitsmarkt so bedeutend ist, besitzt die Gesellen- und Facharbeiterprüfung bis heute eine Steuerungsfunktion für die Berufsausbildung als „heimlicher Lehrplan". Kompetenzdiagnostik will aber prinzipiell im Sinne einer pädagogischen Diagnostik nicht nur funktional feststellen, ob eine Person geeignet ist, einen Beruf auszuüben. Ziel einer solchen Diagnostik ist es, Erkenntnisse zur Struktur, zu Niveaus, zum Profil und zur Entwicklung beruflicher Kompetenzen zu gewinnen, um Bildungsprozesse verbessern zu können. Dabei treten höchst verschiedene Probleme auf, die in diesem Buch aus unterschiedlichen Blickwinkeln bearbeitet werden:

- „Kompetenz" ist bereits ein Begriff, der trotz aller Bemühungen um ein einheitliches Verständnis nicht per se als geklärt gelten kann. Kompetenz ist im jeweiligen Forschungs- und Verwertungszusammenhang stets als Arbeitsbegriff neu zu bewerten und darzulegen. Für die „berufliche Kompetenz" gilt dies ganz besonders, weil die persönlichen Fähigkeiten, Kenntnisse und Fertigkeiten immer vor dem Hintergrund ihrer Verwendung im Beruf zu betrachten sind.

- Der Vergleich beruflicher Kompetenzen erfordert einen Maßstab, der nicht so ohne weiteres festzulegen ist. Woran sollen berufliche Kompetenzen gemessen werden? Vergleiche werden aber auf der persönlichen Ebene (Individualdiagnostik), der Ebene der Gemeinschaften und der ausbildenden Organisationen (Eignungsdiagnostik) wie auf der Systemebene (Systemdiagnostik) angestellt. Die dahinter liegenden Fragen nach der Einschätzung von Lernenden in Bezug auf ihr Wissen, ihre fachlichen Leistungen, ihre Lernmotivation, ihre sozialen Fähigkeiten und ihre Könnerschaft in verschiedenen beruflichen Zusammenhängen werden ganz uneinheitlich beantwortet und je nach Vergleichsebene mit unterschiedlichem Erkenntnisinteresse bearbeitet. Die Aussagekraft bestehender diagnostischer Verfahren ist dementsprechend auf bestimmte Ausschnitte beruflicher Kompetenz beschränkt oder sieht sich mit Problemen der Operationalisierbarkeit und Praktikabilität konfrontiert.

- Die methodischen Ansätze und die ihr zugrunde liegenden Theorien zur Kompetenzdiagnostik werden auch durch politische Anforderungen beeinflusst, denn Systemvergleiche und Messungen unter großen Populationen (Large Scale Assessments) stellen Einordnungsprobleme u. a. in den Europäischen Qualifikationsrahmen und Messprobleme u. a. der Item-Response-Theorie in den Vordergrund und wirken teils reduktionistisch, weil sie einen Fokus auf Niveaueinstufungen sowie Kennzahlen und deren Güte legen. Der Einfluss verschiedener Kontexte wird dabei leicht unterbewertet und der Zusammenhang der personenbezogenen Eigenschaft „Kompetenz" mit der Domäne, in der sie wirkt und erfasst werden kann, gerät aus dem Blick.

Der Zusammenhang zwischen einem geeigneten Kompetenzverständnis, der Aussagekraft und Qualität angewendeter Verfahren und den zu unterstützenden Kompetenzentwicklungsprozessen wird in den Beiträgen dieses Buches untersucht.

In Teil 1 dieses Buches werden grundlegende *Problemstellungen der beruflichen Kompetenzmodellierung und Kompetenzdiagnostik* diskutiert. Eine grundlegende Problemstellung besteht in der Frage, inwiefern Kompetenzdiagnostik im Bereich beruflicher Arbeit und Bildung den üblichen testtheoretischen Gütekriterien gerecht wird. Diese Frage wird in einigen Beiträgen dieses ersten Teils angesprochen, und selbstverständlich werden testtheoretische Gütekriterien nicht als irrelevant erachtet. Zugleich wird aber deutlich, dass berufliche Kompetenzdiagnostik durch eine besondere Problematik gekennzeichnet ist, die eben mit der Berufsbezogenheit der zu ermittelnden Kompetenzen zu tun hat: Offensichtlich muss eine Krankenschwester etwas anderes wissen und können als ein Kraftfahrzeugmechatroniker. Also steht in Frage, inwiefern berufliche Kompetenztests diese „Domänenspezifität" von Kompetenz auch angemessen abbilden. Mit dieser Fragestellung beschäftigen sich fast alle Beiträge dieses Abschnitts, und es ist interessant zu sehen, wie unterschiedlich die Entscheidungen dann dennoch ausfallen, mit denen diagnostische Herangehensweisen begründet werden.

Den einen Pol bilden diagnostische Verfahren, die tatsächliche oder vermeintliche Kompetenzfacetten derart untersuchen, dass den testtheoretischen Gütekriterien weitgehend Rechnung getragen werden kann – und zwar mit vertretbarem Aufwand auch in groß angelegten Vergleichstests („Large Scale Assessments"). Hier wird explizit in Kauf genommen, dass womöglich nur Ausschnitte beruflicher Kompetenz analysiert werden.

Der andere Pol wird durch Ansätze gebildet, die berufliche Handlungskompetenz möglichst ganzheitlich zu erfassen versuchen und für diesen Zweck auch einen engen Bezug zu den beruflichen Arbeitsaufgaben herstellen. Allerdings ist hier der Entwicklungsaufwand hoch: Unterstellt ist Wissen über das Aufgabenspektrum innerhalb des jeweils untersuchten Berufs sowie die Relevanz der einzelnen Aufgaben innerhalb dieses Spektrums. Der Testaufwand ist ebenfalls hoch und umso höher, je näher die Testaufgaben den realen Arbeitsaufgaben kommen. Vor allem Reliabilität und Objektivität der diagnostischen Verfahren sind schwieriger zu erreichen, ebenso wie der Einsatz innerhalb von „Large Scale Assessments". Hier gilt es, optimierte Verfahren zu entwickeln, um zu praktikablen Lösungen zu kommen. Ansätze zur Entwicklung, Etablierung und theoretischen Absicherung solcher Verfahren finden sich in den Beiträgen dieses Buchteils.

Im Teil 2 des Buches widmen sich verschiedene Autoren den *Anwendungsfeldern und Methoden der Kompetenzmessung in der beruflichen Bildung,* und die gerade angesprochenen Schwierigkeiten begegnen uns hier wieder. Die in diesem Teil dargestellten Anwendungsfelder beziehen sich auf die Kompetenzmessung im Bereich der *Elektrotechnik-Facharbeit*, beleuchten *soziale und interkulturelle Kompetenzen* und beschäftigen sich mit *Kompetenzen im internationalen Vergleich*. Fast alle Beiträge zeigen implizit oder explizit, wie wichtig der jeweilige berufliche, bildungspolitische oder kulturelle Kontext für Fragen der Kompetenzmessung ist. Ganz klar wird zum Ausdruck gebracht, dass dieser jeweilige berufliche, bildungspolitische, kulturelle Kontext für eine berufliche Kompetenzdiagnostik weit größere Bedeutung hat als für die Analyse von Kompetenzen im allgemeinbildenden Bereich, wie sie etwa in den PISA- und TIMMS-Vergleichsstudien erhoben wurden. Ja sogar die prognostische Aussagekraft von PISA-Ergebnissen relativiert sich im beruflichen Bereich. Insgesamt werden die Schwierigkeiten sehr deutlich, die bei der Etablierung eines einheitlichen europäischen Arbeitsmarkts über europäische und nationale Qualifikationsrahmen und Leistungspunktesysteme zu überwinden sind.

Im dritten Teil des Buches werden *Perspektiven für die Kompetenzdiagnostik im Bereich beruflicher Arbeit und Ausbildung* aufgezeigt. Hier wird darauf hingewiesen, dass ein wesentliches Charakteristikum beruflicher Ausbildung in der Herstellung von „Arbeitsvermögen" besteht, das nicht nur individuelles Leistungsvermögen, sondern die Zusammenarbeit mit Anderen einschließt. Gefragt sind daher nicht nur individuelle Kompetenzen und nicht nur überfachliche „Sozial"-Kompetenzen, sondern die fachliche Zusammenarbeit des Einzelnen mit anderen Arbeitspersonen unter den Bedingungen gesellschaftlicher und betrieblicher Arbeitsverhältnisse. Eine derart skizzierte „kollektive Kompetenz" wird von der beruflichen Kompetenzdiagnostik bislang noch kaum erfasst, obwohl gerade hierin ein wesentliches Element von „Beruflichkeit" liegen könnte.

Teil 1:
Problemstellungen der Kompetenzmodellierung und Kompetenzdiagnostik

Kompetenzmodelle als Grundlage für eine valide Kompetenzdiagnostik
Anforderungen an Theoriebildung und Empirie

Georg Spöttl

1 Einleitung

Die vermutlich größte Schwierigkeit bei der Messung beruflicher Kompetenzen ergibt sich aus der Domänenspezifikation des Wissens und Könnens und der daraus resultierenden Befähigung, Arbeitsaufgaben oder Aufgaben im gesellschaftlichen Leben wahrzunehmen. Das heißt im Falle der Berufsbildung, dass dann, wenn es um den Beruf geht, etwas von diesem und den damit verbundenen Aufgaben verstanden werden muss, um einschätzen zu können, was gelernt werden soll. Dieser simpel scheinende Sachverhalt wird dann besonders relevant, wenn man sich vergegenwärtigt, dass etwas zu lernen heißt, sich zu entwickeln, zu verändern, um zum Könner in einer Domäne oder in gesellschaftlichen Fragen zu werden. Es wird hier bereits deutlich, dass im Falle von Kompetenzen bei fehlendem Bezug zu einer Fachdisziplin vielfältige Dimensionen relevant werden, die nicht so ohne Weiteres eindeutig definierbar und damit als „Kompetenz" des Subjekts messbar gemacht werden können. Diese Tatsache ist zweifellos der Grund dafür, dass der Kompetenzbegriff in unterschiedlichen wissenschaftlichen Traditionen unterschiedlich konzeptualisiert wird (vgl. Weinert 2001a). Das Diskussionsspektrum zu den Kompetenzbegriffen umfasst eine Auseinandersetzung mit sehr differierenden Definitionen und theoretischen Konzeptionalisierungen, wobei bildungsrelevante Kompetenzen (z. B. funktionale, durch Bildung beeinflussbare, kontextbezogene, domänenspezifische kognitive Leistungsdispositionen) betrachtet werden. Damit findet eine Abgrenzung sowohl

> „von grundlegenden, eher bereichsübergreifenden und kontextunspezifischen Grundfunktionen (z. B. im Sinne des Intelligenzkonzepts oder des Konzepts der Arbeitsgedächtniskapazität) als auch von umschriebenen Kenntnissen und Fertigkeiten (im Sinne erworbenen inhaltsbereichsspezifischen Wissens und automatisierter Skills)" (Weinert 2007, S. 90)

statt. In der beruflichen Bildung, vor allem dem dualen System und den damit verbundenen beruflichen Aufgaben in den Betrieben, ist es naheliegend, dass es besonders auf bereichsspezifisches und bereichsübergreifendes, auf kontextspezifisches und kontextübergreifendes Wissen und Können, auf Kenntnisse und Fertigkeiten und Fähigkeiten im Sinne von inhaltsspezifischem Wissen und Können ankommt. Es liegt auf der Hand, dass bei der Konzeptualisierung bildungsrelevanter Kompetenzen oftmals fachspezifische und fachübergreifende Kompetenzen und das Durchdringen und

Beherrschen von Arbeitsprozessen[1] Kern der konzeptionellen Ansätze sein muss. Hierzu gehört, dass Personen, die sich aus der Perspektive der Lebensspanne in der Berufsbildung befinden, bereits einen Kompetenzerwerb absolviert haben, z. B. in der allgemeinbildenden Schule, im täglichen Umfeld, im betrieblichen Praktikum und in der Gesellschaft. Im vorliegenden Aufsatz geht es darum, einen Beitrag zur Entwicklung von Kompetenzmodellen aus einer Forschungsperspektive zu leisten, bei der Kontexte und daran gebundene Arbeitsprozesse im Zentrum stehen. Dabei sollen berufliche Kompetenzen und das Verhältnis von Personen zu beruflichen Aufgaben die zentrale Rolle spielen. Berufliche Aufgaben sind allerdings an Arbeitsprozesse gebunden, weshalb diese und die in diesem Zusammenhang relevante Vielfalt von Kompetenzen bei den Überlegungen eine Rolle spielen.

2 Kompetenzbegriff in der Berufsbildung

Zahlreiche Autoren sind in den vergangenen Jahren der Frage nachgegangen, welcher Kompetenzbegriff der wohl am besten geeignete ist.

Nach Weinert (Weinert 2001b, S. 27)

> „versteht man unter Kompetenzen die bei Individuen verfügbaren oder durch sie erlernbaren kognitiven Fähigkeiten und Fertigkeiten, um bestimmte Probleme zu lösen, sowie die damit verbundenen motivationalen, volitionalen und sozialen Bereitschaften und Fähigkeiten [sic!], um die Problemlösungen in variablen Situationen erfolgreich und verantwortungsvoll nutzen zu können".

---

1   Arbeitsprozesse sind alle Vorgänge, Abläufe, vernetzten Abläufe und zusammenhängende Abläufe in einem Unternehmen, die einen Prozess ausmachen. In deren Ausgestaltung schlagen sich betriebliche, individuelle und gesellschaftliche Anforderungen und Interessen nieder, die zu unterschiedlichen Organisationsformen von Arbeit führen können. Arbeitsprozesse kommen stets unter Beteiligung von Personen zustande. Personen gestalten Abläufe, beeinflussen Abläufe und führen Abläufe zu Prozessen zusammen. Zwischen den Personen und Prozessen besteht eine Wechselbeziehung, wobei das Niveau dieser Beziehung von den Gestaltungsvorstellungen der beteiligten Person beeinflusst wird. Die Beziehung ist so zu gestalten, dass Personen die Kontrolle über die Prozesse behalten. Personen bearbeiten Gegenstände verschiedener Art oder kommunizieren mit diesen (z. B. Kunden), erstellen ein Produkt oder erbringen eine Dienstleistung und sie wenden dafür geeignete Verfahren an und setzen erforderliche Werkzeuge ein, die in bestimmten Fällen erst hergestellt werden müssen. In letzter Konsequenz wird mittels der Prozesse immer ein Ergebnis erzeugt, das bei Menschen oder auf dem Markt auf Interesse stößt. Um das von Personen angestrebte Ergebnis zu erreichen, werden von diesen Maschinen, Verfahren, Methoden, Werkzeuge und andere Hilfsmittel verwendet und unter Beachtung von Vorgaben, den gesellschaftlichen Interessen und Rahmenbedingungen und den eigenen Vorstellungen eingesetzt. Dabei geht es auch darum, Prozesse ökonomisch so zu gestalten, dass sie ethisch und ökologisch akzeptabel sind. Damit in Verbindung stehen herausfordernde Situationen, die sich auf einzelne Aufgaben, eine Kombination von Aufgaben, die Abwicklung von Aufträgen oder aber auch auf die Bewältigung besonderer Problemstellungen mit Bezug auf ein Produkt, auf eine Anlage, ein Vernetzungssystem oder eine Dienstleistung konzentrieren. Diese Herausforderungen werden von Personen bewältigt, was erhebliche Wirkungen auf die Gestaltung der Abläufe hat.

Um das Konstrukt differenzierter zu erfassen, wurden Kompetenzen im Schwerpunktprogramm der Deutschen Forschungsgemeinschaft (DFG) unter Ausklammerung der volitionalen und motivationalen Aspekte enger definiert „als kontextspezifische kognitive Leistungsdispositionen, die sich funktional auf Situationen und Anforderungen in bestimmten Domänen beziehen" (Klieme & Leutner 2006, S. 4).

Auffällig bei Weinert ist, dass dort „Wissen" nicht benannt ist, sondern von Problemen und deren Lösung, basierend auf kognitiven Fähigkeiten und Fertigkeiten, die Rede ist. Wissen ist zwar keine Kompetenz, aber ohne Wissen ist Kompetenz nicht denkbar. Vor allem dann nicht, wenn Kompetenz als erlernbares Personenmerkmal charakterisiert wird, in welcher Wissen, Handlungsdispositionen, motivationale und emotionale Dispositionen und Werte eine Rolle spielen (vgl. Straka & Macke 2009). Werden Kompetenzen als „Wechselwirkung" (Parchmann 2010, S. 135) aus objektiven Anforderungen einerseits und individuellen Dispositionen andererseits in Bezug auf die Anforderungen zum Handeln verstanden, dann spielen die erlernbaren Personenmerkmale eine zentrale Rolle.

In den Veröffentlichungen von Nickolaus, Gschwendtner & Geißel (2008), Nickolaus (2008) und Straka & Macke (2009) werden weitere, aufschlussreiche Positionen vertreten. Während Nickolaus (2008) seine Überlegungen vor allem testtheoretisch ausrichtet und von daher prüft, welche Definition geeignet scheint, gehen Straka & Macke (2009) von lerntheoretischen Überlegungen aus und definieren Begriffe wie Aufgabe, Information, Handeln, Kenntnisse, Wissen, Werte und Verhaltensdisposition, um daraus ein „Sachstrukturmodell" zu entwerfen mit den Ebenen

- externe Bedingungen,

- singuläre Ebene (Zustand, Prozesse),

- singuläre Ebene (Handeln x Information, ggf. Lernprozesse),

- interne Bedingungen (Lernergebnisse).

Das Modell der „Sachstruktur" mit den verschiedenen Ebenen (unter Berufung auf Hacker 1998; Anderson & Krathwohl 2001; Bloom u. a. 1956 u. a.) dient Straka & Macke als Grundlage für begriffliche Klärungen und weiterhin für die Konstruktion von Tests.

Greift man auf die Diskussion zurück, die sich zwischen der Allgemeinbildung und Berufsbildung in den letzten Jahren entwickelt hat, dann kann festgehalten werden, dass

- in der Allgemeinbildung bei Kompetenzen die allgemeinen Standards wegweisend sind und

- in der Berufsbildung das Konzept der Handlungskompetenz im Zentrum steht (vgl. Brand, Hofmeister & Tramm 2005, S. 6).

Dieser Unterschied hat erhebliche Konsequenzen für die Definition dessen, was Kompetenzen sind. In der Allgemeinbildung weist der Weg zur Definition von Kompetenzen vom Inhalt (eines Faches) über die damit zu verknüpfende kognitive Leistung zur situierten Aufgabe (vgl. ebd. und Klieme 2004), wohingegen in der Berufsbildung die Handlungskompetenz bereits im Arbeitsprozess situiert ist, also darin zum Ausdruck kommt. Deshalb sollte in der Berufsbildung die Generierung von Testaufgaben zur Kompetenzmessung gegenläufig zur Allgemeinbildung verlaufen, nämlich ausgehend von der beruflichen Situation, die sich in Arbeitsprozessen manifestiert. Anknüpfend an die berufliche Situation muss deutlich werden, welche Leistungen zu deren Bewältigung zu erbringen sind und welches Wissen und Können dafür erforderlich ist. Ein Kompetenzbegriff muss also als Ausdruck der an einen Arbeitsprozess gebundenen Kompetenzstruktur definiert werden. Die damit verbundenen Erschwernisse bei der Kompetenzmessung selbst werden hier nicht diskutiert. Es steht jedoch fest, dass es sich um eine theoriegeleitete Modellbildung handelt, der die psychometrische Modellprüfung nachfolgen muss.

Geht man wie hier skizziert an die Sache heran, dann wird bei genauerer Betrachtung deutlich, dass sich hinter den Arbeitsprozessen die Sachstrukturen im weitesten Sinne, oder etwas genauer, neben den Sachstrukturen auch soziale Strukturen und einige andere Facetten verbergen (genauer aufgeklärt werden soll dies weiter unten). Personen, bspw. Facharbeiter, reagieren nicht nur auf diese Strukturen sondern gestalten sie auch mit. Sie versuchen, die mit den Arbeitsprozessen verbundenen Anforderungen so weit wie erforderlich zu beherrschen, mitzugestalten und zu bewältigen. Dafür setzen sie ihr Wissen und Können ein, handeln je nach situativer, aber auch struktureller Anforderung, erfüllen dabei eine gesetzte Qualität, beachten Normen, Werte und Standards. Kompetenz ist also Ausdruck dessen, was eine Person im jeweiligen Kontext bewältigt, welche gesellschaftlichen und ethischen Werte, welche ökologischen und ökonomischen Normen und Standards dabei bedacht werden, wie sie die Herausforderung der sachlichen und sozialen Strukturen beherrscht, wie sie diese mitgestaltet, wie sie handelt und welche Leistung (Performanz) sie dabei erreicht. Kompetenzmessung muss also fest stellen, in welchem Umfang eine Person den definierten Anspruch auf einem bestimmten Niveau einlöst. Weil dabei die Sachstrukturen eine erhebliche Rolle spielen (sie stellen für beruflich Tätige das Kristallisationsfeld für vielfältige Heraus- und Anforderungen dar), ist es erforderlich, ausgehend von diesen Strukturen Kompetenzmodelle zu definieren, um die Anforderungen und die damit zusammenhängenden Niveaus feststellen zu können. Eine Person benötigt Kompetenz, um die Herausforderungen der Arbeitsprozesse nicht nur zu bewältigen sondern auch mitzugestalten. Ein dafür geeigneter *Arbeitsbegriff* für Kompetenz scheint zu sein:

Bei einem Einzelnen ist die Bereitschaft und Befähigung vorhanden, berufliche, gesellschaftliche und private Aufgaben, Anforderungen und Problemfälle mit durchdachtem Bezug zu den Sach- und Sozialstrukturen zu bewältigen und diese Aufgaben und Anforderungen individuell, sozial und ethisch verantwortlich sowie ökologisch verträglich lösungsorientiert zu bearbeiten.

Dieser Begriff schließt domänenspezifisches Wissen und Können, Fertigkeiten und Fähigkeiten ein.

Hartig stellt fest, dass sich in der empirischen Bildungsforschung ein Kompetenzbegriff durchgesetzt hat, der Kompetenzen definiert als „kontextspezifische kognitive Leistungsdispositionen, die sich funktional auf bestimmte Klassen von Situationen und Anforderungen beziehen" (Hartig & Klieme 2006, S. 128). Damit liegt dem Kompetenzbegriff eine duale Struktur zugrunde: Kompetenzen werden nicht allein durch latente Konstrukte auf der Seite des Individuums bestimmt, sondern zugleich durch gesellschaftlich-normative Anforderungen (vgl. Spöttl & Musekamp 2009). Erst wenn das individuell Gekonnte mit dem gesellschaftlich Geforderten zusammenfällt, spricht man einer Person Kompetenz zu (vgl. Straka & Macke 2009).[2] Ein geeignetes Vorgehen zur Diagnose beruflicher Kompetenzen muss daher sowohl die objektiven Anforderungen der Arbeitswelt als auch die psychischen, physischen, mentalen und intellektuellen Entsprechungen berücksichtigen, die zur Erfüllung der Anforderungen benötigt werden. Eine sehr konsistente Darstellung dieser allgemeinen Zusammenhänge liefern Straka & Macke (2008), indem sie einen allgemeinen kategorialen Rahmen für Handeln und seine Bedingungen entwerfen. In diesem kategorialen Rahmen können auch kompetenzdiagnostische Fragestellungen sinnvoll verortet werden (vgl. z. B. Straka 2003).

Darin unterscheiden sie in Anlehnung an Klauer (1973) und Gagné (1965) drei Ebenen des Handelns: die Ebene der internen Bedingungen, die Ebene der externen Bedingungen und die Ebene der aktuellen Vollzüge (Handlungsebene, siehe Abb. 1).

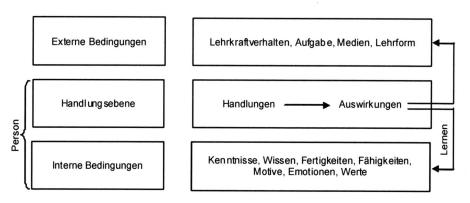

Abb. 1:   Allgemeiner begrifflicher Rahmen für Handeln und seine Bedingungen nach Straka

---

2   Darin unterscheidet sich das Kompetenzkonstrukt von rein psychischen Konstrukten wie der Intelligenz. Aus forschungspragmatischen Gründen wird aus diesem „kognitiven Dispositionsbegriff" zudem alles Affektive ausgeklammert. Ob eine kompetente Person bspw. auch geneigt ist, ihr Können zu zeigen (motivationaler Aspekt), ist dann separat zu erfassen.

Die *externen Bedingungen* umfassen alle objektiv und unabhängig von der Person vorhandenen Gegebenheiten, die sich ihr beim Handeln stellen. Im Kontext von Lernen in der (betrieblichen) Ausbildung ist dies zum Beispiel das Verhalten des Ausbilders oder es sind die zugewiesenen (Lern-) und Arbeitsaufgaben. Die *internen Bedingungen* sind die vorhandenen, zeitlich relativ stabilen psychischen, physischen, mentalen und intellektuellen Voraussetzungen, die eine Person in die verschiedenen Situationen einbringt, denen sie sich stellt. Dazu gehören beispielsweise Kenntnisse, Motive oder Emotionen. Auf *der mittleren Ebene der aktuellen Vollzüge (Handlungsebene)* treffen Personen mit ihren jeweiligen internen Bedingungen auf externe Bedingungen und handeln. Handeln ist damit, anders als die internen und externen Bedingungen, nicht zeitlich stabil, sondern flüchtig. In dem Moment, in dem gehandelt wird, ist die Handlung selbst Vergangenheit. Jedoch kann Handeln überdauernde Auswirkungen sowohl auf die internen als auch auf die externen Bedingungen haben. Hat Handeln Auswirkungen auf die internen Bedingungen der Person, sprechen Straka und Macke von „Lernen".

Diese drei Ebenen werden auf der Grundlage von pädagogisch-psychologischen Konzepten weiter differenziert und für eine lern-lehr-theoretische Didaktik nutzbar gemacht. Für die Systematisierung von Aktivitäten zur Kompetenzerfassung ist eine selektive Darstellung ausreichend. Diese betrifft in erster Linie die Unterscheidung zwischen Handeln und Verhalten, den Begriff der Information und dessen Zusammenhang mit dem Handlungsbegriff sowie die Begriffe Disposition, Können und Wissen. Straka & Macke (2009) messen bei dieser Betrachtung den gesellschaftlich-normativen Anforderungen (vgl. Spöttl & Musekamp 2009) nicht die Bedeutung bei, die ihnen zukommt. Wie oben formuliert gilt, dass erst dann, wenn das individuell Gekonnte mit dem gesellschaftlich Geforderten zusammenfällt, einer Person Kompetenz zugesprochen werden kann. Vorhandensein von Wissen und Können wird in diesem Artikel als Voraussetzung für Handeln gesehen. Eine Person handelt in der Regel erst, wenn sie überzeugt ist, dass das Handeln aufgrund eigenen Könnens zu einem Ergebnis führt.

Der oben formulierte Arbeitsbegriff von Kompetenz beinhaltet im Sinne der Dualstruktur sowohl die gesellschaftlich-normativen Anforderungen als auch die im Individuum verhafteten latenten Konstrukte. Gleichzeitig wird deutlich, dass immer auch sachstrukturelle Zusammenhänge eine Rolle spielen, die Wirkungen auf das Individuum haben und dessen Handeln beeinflussen und Anforderungen definieren. Hier wird eine dritte Dimension relevant, die Auswirkungen auf das Kompetenzkonstrukt hat und auf die situativen Anforderungen zurückzuführen ist. Franke (2005, S. 171) spricht von multivariaten Zusammenhängen und Wechselwirkungen zwischen verschiedenen Merkmalen und Komponenten von Anforderungen, die bei der gegenwärtigen Diskussion um Kompetenzmessung wenig berücksichtigt werden, weil bivariate Zusammenhänge dominieren. Die Position von Franke stützt ein komplexes Verständnis beruflicher Handlungskompetenz. Er hält substanzielle Fortschritte auf dem Gebiet der Kompetenzforschung nur für möglich, wenn „Theorien entwickelt werden, die dem Forschungsgegenstand angemessen sind. Kompetenzen sind dynamische

Systeme, in denen (fast) alles mit allem zusammenhängt" (a. a. O., S. 176). Für ihn ist die klare Trennung von Prädiktor- und Kriteriumsvariablen nicht zielführend und er fordert dazu auf, die Verlaufsformen, Stufen, Bedingungen, die verschiedenen Dimensionen und Ursachen von Kompetenzentwicklung genauer zu erforschen und aufzuklären (ebd.). Er wendet sich damit gegen eine Separierung der Kompetenzmessung in berufsfachliche oder kognitive Dimensionen oder gegen eine isolierte Betrachtung von Fähigkeiten, Fertigkeiten, moralischem Urteilsvermögen und anderen Komponenten. Scheib führt aufgrund einer ähnlichen Sichtweise den Begriff „Berufskompetenz"[3] ein (vgl. Scheib 2005, S. 112) und geht davon aus, dass damit ein Raum geöffnet wird, um „integrative Kompetenzbereiche neu zu schneiden bzw. beide Deutungsansätze beruflicher Handlungskompetenz (…) in einem Modell zu integrieren" (ebd.).

Scheib wendet den Begriff „Berufskompetenz" auf die Domäne Produktion an und identifiziert drei Kompetenzbereiche:

- prozessspezifische Kompetenzen, bestehend aus Arbeitsprozesswissen, prozessspezifischen Fertigkeiten und Fähigkeiten und Mitwirkungskompetenz,

- Teamkompetenzen und

- Instandhaltungskompetenz (vgl. a. a. O., S. 113 ff.).

Ausgehend von der Definition der Kompetenzbereiche formuliert Scheib Indikatoren, die er zur Grundlage der Leistungsmessung nach einem eigens entwickelten Modell macht. Einen ähnlichen Ansatz verfolgt das Projekt KOMET (vgl. 2010, S. 25 f.), das Kriterien „beruflicher Kompetenz" definiert. Die Definition der acht Kriterien[4] von KOMET ist nicht nur sehr weit gefasst, sondern sie verstehen sich einerseits als Indikatoren und andererseits als Beschreibungen übergeordneter Kategorien von Beruflichkeit (a. a. O., S. 25). Während Scheib durch den Bezug zur Domäne in der Lage ist, präzise Indikatoren für die Leistungsmessung zu benennen, bleibt bei KOMET offen, wie der Prozess der Umsetzung der Kriterien beruflicher Kompetenz in Items stattfindet, sodass der eindeutige Bezug zu den Kompetenzkriterien nicht transparent wird. Für beide Ansätze gilt jedoch, dass sie den Versuch unternehmen, die Komplexität von Berufskompetenz einerseits oder beruflicher Kompetenz andererseits zu erfassen, um dabei die psychometrischen Ansätze zu überwinden. Die implizite Aussage der beiden Ansätze ist, dass die kognitionsdominanten Erklärungsmodelle für die Kompetenzfeststellung in der beruflichen Arbeitswelt unzureichend

---

3   „Berufskompetenz bezeichnet die Summe aller Kenntnisse, Fertigkeiten und Fähigkeiten, über die ein Mitarbeiter verfügen sollte, um den Anforderungen, die moderne Produktionskonzepte an ihn stellen, gerecht zu werden. Dies bedeutet, dass ein berufskompetenter Mitarbeiter Arbeitsaufgaben selbstständig, flexibel lösen kann sowie fähig und bereit ist, dispositiv in seinem Berufsumfeld und innerhalb der Arbeitsorganisation mitzuwirken" (Scheib 2005, S. 112).

4   Kriterien beruflicher Kompetenz nach KOMET: Funktionalität, Anschaulichkeit/ Präsentation, Nachhaltigkeit/ Gebrauchswertorientierung, Wirtschaftlichkeit/ Effizienz, Geschäfts- und Arbeitsprozessorientierung, Sozialverträglichkeit, Umweltverträglichkeit, Kreativität.

sind, weil es nicht allein auf Wissen, Fertigkeiten, basale Fertigkeiten und Fähigkeiten ankommt, sondern auf die Beherrschung von Arbeitsprozessen. Danach müssen Theorien in der Lage sein, die Kompetenzen für die Bearbeitung von beruflichen Aufgaben und Problemstellungen im Arbeitsprozess erklären zu können.

Konsequenz aus derartigen Überlegungen kann nur eine gründliche Erforschung folgender drei Schwerpunkte sein, um die Voraussetzungen zur Gestaltung von Kompetenzmodellen zu schaffen, die die Grundlage für eine valide Kompetenzdiagnostik hergeben:

1. Theoriegeleitete, empirische Untersuchungen zur „Binnenstruktur" von Kompetenzen in beruflichen Handlungsbereichen. Im Einzelnen: Binnenstruktur von Kompetenzen sowie deren Niveaustufungen und Graduierungen differenziert darstellen; Identifikation relevanter Kompetenzdimensionen und Klassifikation von Testitems.

2. Darstellung der Beziehungen zwischen unterschiedlichen Domänen und den dort relevanten Kompetenzen und deren Querverbindungen.

3. Validierung von Messverfahren zur Kompetenzerfassung und Bestimmung der Konstrukt- und Kriteriumsvalidität. Im Einzelnen: Weiterentwicklung vorhandener und/oder neuer diagnostischer Instrumente für die berufliche Bildung; Etablieren standardisierter Testverfahren und Einbringen alternativer Testmethoden.

Der vorliegende Aufsatz bietet nicht genügend Raum, um diese Forschungsschwerpunkte anzugehen. Es bleibt hier bei Überlegungen zur theoriegeleiteten Gestaltung von Kompetenzmodellen.

3 Kompetenzmodelle und deren Einordnung in die Diskussion

Formal betrachtet können in der Literatur fünf Typen für Kompetenzmodelle mit vielfältigen Ausprägungen identifiziert werden:

1. *Kompetenzerklärungsmodelle*
   Sie erklären das Zustandekommen und ein Repertoire von könnerhaftem Handeln.

2. *Kompetenzstrukturmodelle*
   Darin wird beschrieben, was Kompetenz ausmacht, durch welche Facetten sie bestimmt ist und wie diese zusammengesetzt sind.

3. *Kompetenzniveaumodelle*
   Sie geben eine Vorstellung davon, welche Kompetenz einen Meister seines Faches auszeichnet und mit welcher Kompetenz ein Neuling anfängt.

4. *Kompetenzentwicklungsmodelle*
   In diesen wird beschrieben, wie und unter welchen Bedingungen sich Kompetenzen bei Personen entwickeln.

5. *Kompetenzmessmodelle*
Mit Hilfe dieser wird gemessen, wie weit jemand mit seiner Kompetenzentwicklung fortgeschritten ist.

Drei dieser Modelle (1; 3; 4) verweisen deutlich auf Entwicklungsdimensionen bei Personen, eines (2) verweist auf Sachstrukturen und deren Relevanz und ein weiteres (5) darauf, dass der Status der Kompetenzentwicklung per Messung festgestellt werden kann. In der beruflichen Bildung werden der Charakter der einzelnen Kompetenzmodelle und die Folgen der Anwendung des einen oder anderen bisher eher am Rande diskutiert. Wird eine Kompetenzmessung durchgeführt, dann ist oft eine Kombination mehrerer Modelle hinterlegt (beispielsweise 1; 4 und 5). Für die Berufsbildung typische Anwendungsfälle gemischter Kompetenzmodelle werden von Geißel (2008, S. 121 f.) und Gschwendtner (2008, S. 103 f.) aufgezeigt.
Bei den Kompetenzmodellen der genannten Autoren kommen rudimentäre und strukturelle elektrotechnische bzw. kfz-spezifische Kenntnisse zum Tragen, weiterhin findet eine Kompetenzstufenbildung mit schwierigkeitsbestimmenden Merkmalen statt, und es werden Kompetenzentwicklungsstadien aufgezeigt. Eine Ausweitung des Ansatzes auf Arbeitsprozessbezüge steht noch aus.

3.1 Ziele der Erforschung von Kompetenzen

Folgt man Seeber & Lehmann, dann können Fragen zur Kompetenzmessung prinzipiell auf der „Ebene des Individuums und zum anderen auf Aggregatebenen" (2009, S. 2) untersucht werden. Damit in Verbindung stehen immer Forschungsinteressen. Die Autoren unterscheiden vier Ebenen:

a) *Kompetenzmodelle zur individuellen Steuerung von Lernprozessen und für konkrete Entscheidungssituationen.*
Die Kompetenzfeststellung erfolgt in Lehr-Lern-Prozessen, wobei Leistungen von Schülerinnen und Schülern über verschiedene diagnostische Verfahren oder Bewertungen ermittelt werden. Dies kann fachbezogen oder fächerübergreifend erfolgen. Das Ergebnis sind Zertifikate und Noten.

b) *Kompetenzmodelle auf der Aggregatebene.*
Hier erfolgt die Kompetenzmessung auf der Ebene von Klassen oder Ausbildungsgruppen in Institutionen. Sie dient vor allem der Optimierung institutioneller Rahmenbedingungen für die Kompetenzentwicklung: Ziel ist dabei meist die Weiterentwicklung der didaktischen Kultur einer Institution. „Eine kriteriumsorientierte Kompetenzmessung [kann, d. V.] dazu beitragen, diagnostische Prozesse auf institutioneller Ebene zu verbessern und (…) einen Beitrag zur Professionalisierung diagnostischer Kompetenzen von lehrendem und ausbildendem Personal leisten" (ebd.).

c) *Kompetenzmodelle auf der Ebene des Bildungs- und Berufsbildungssystems.*
Bei diesen Modellen geht es um die Sicherstellung verlässlicher Daten über den (Aus-)Bildungsstand von Schülerinnen und Schülern und Auszubildenden in bestimmten Berufen oder Bildungsgängen. Geklärt werden sollen auch mögliche

Diskrepanzen zwischen Zielen und Ansprüchen des beruflichen Ausbildungssystems und den tatsächlich erreichten Kompetenzen. Zudem soll das Verhältnis von Kompetenzen, Zertifikaten und mittel- und langfristigen Verwertungsperspektiven aufgeklärt werden. Einzuordnen sind hier auch die zu klärenden Fragen im Rahmen der Implementierung des DQR (Deutscher Qualifikationsrahmen) und die offenen Fragen zur Verbesserung des Prüfungswesens bei Berufsabschlüssen, zur Verbesserung der Prüfungspraxis und zur Entwicklung von Ausbildungsordnungen und Curricula.

d) *Kompetenzmodelle aus der Forschungsperspektive.*
Die Bestimmung sowohl theoretisch als auch empirisch fundierter Kompetenzmodelle in der beruflichen Bildung als Ausgangspunkt für die Entwicklung adäquater Messverfahren ist derzeit nur wenig entwickelt, und der Sachverhalt stellt ein offenes Forschungsfeld dar. Nur ganz wenige und sehr unterschiedliche Ansätze werden derzeit diskutiert. Im Einzelnen sind es Ansätze um die Forschungsgruppe Nickolaus (2008), KOMET (2010) und Hensge u. a. (2008).

In der Summe bestehen gravierende Lücken in der theoretisch-konzeptionellen Ausdifferenzierung von Kompetenzen und den ihnen jeweils zugrunde liegenden bedeutungsvollen Wissensstrukturen für Arbeitsprozesse in den Berufen und Berufsfeldern und berufsübergreifenden Bereichen. Auch ist nicht geklärt, welche Rolle Ausbildungsordnungen oder Curricula oder gar Arbeitsanforderungen bei Kompetenzmodellen spielen sollen.[5]

Um die Messung von beruflichen Kompetenzen auf eine solide Grundlage stellen zu können, sind erhebliche Forschungsleistungen zu erbringen. Ansätze der Kompetenzmessung besitzen eine enorme Tragweite: Im Endeffekt geht es um die Benotung und Zertifizierung von Jugendlichen, um die Evaluation von beruflichen Bildungsprogrammen/Institutionen und um die Feststellung der Qualität von beruflicher Bildung.

---

5   Allen Modellen ist gemein, dass sie in erster Linie Wissenskomponenten zugrunde legen. Sie gehen davon aus, dass die Lerner vor allem eine genügend große Menge an „Wissen" (z. B. Faktenwissen, Konzeptwissen und prozedurales Wissen) angesammelt haben müssen, um ihnen eine bestimmte Kompetenz zumessen zu können. Empirische Ergebnisse der psychologisch-kognitiven Lern- und Lehrforschung fordern jedoch eine Paradigmenverschiebung: von der Wissensmenge hin zur Wissensstruktur (Schneider & Stern 2010, S. 2). Linn (2006) und de Corte (2010) führen dazu aus: „knowledge is multi-faceted. There is knowledge about abstract concepts, knowledge about how efficiently to solve routine problems, knowledge about how to master complex and dynamic problem situations, (...) knowledge about how to regulate one's own emotions and so forth." Diese in differierenden Kontexten erworbenen Wissensfacetten oder auch "pieces of knowledge", als die sie DiSessa (1988) bezeichnet, führen zu einer sehr unterschiedlichen funktionalen Struktur und Charakteristik des im Gedächtnis gespeicherten und damit des in neuen Situationen abrufbaren und transferierbaren Wissens. Folge davon ist: „if a persons´ knowledge is structured in detrimental ways, (s)he can have a high amount of knowledge in a domain but may still not be able to apply it to solve relevant real-life problems" (Schneider & Stern 2010, S. 2).

3.2 Überlegungen zu domänenbezogenen Kompetenzmodellen

Neben den dargestellten Ansätzen für Kompetenzmodelle wurden in verschiedenen Projekten weitere Ansätze zusammengetragen bzw. entwickelt (vgl. Hensge u. a. 2008; Gatzen 2007). Bei diesen handelt es sich vorwiegend um formalisierte Überlegungen dazu, wie Kompetenzen strukturiert werden können. Als Grundlage für messtheoretische Überlegungen sind diese Ansätze kaum geeignet. Die genannten Ansätze sind meist weder theoretisch abgesicherte Modelle noch können sie situativ in komplexe Situationen beruflicher Arbeitsprozesse eingebettet werden. Sie sind in der Regel Erklärungshilfen für Kompetenzstrukturen.

In den Ausführungen in diesem Artikel wird davon ausgegangen, dass Kompetenzen und Kompetenzmodelle domänenspezifisch zu formulieren sind, um die Anforderungen einer Domäne abbilden zu können. Das schließt nicht aus, dass die Strukturen von Kompetenzmodellen übertragbar sind und auch übergreifende Fähigkeiten wie logisches Denkvermögen, Argumentationsfähigkeit, Problemlösefähigkeit und andere Aspekte in die jeweiligen Fachkompetenzen einfließen. Die domänenbezogene Gestaltung von Kompetenzmodellen erlaubt es, grundlegende Zieldimensionen der Domäne zu benennen und die dazugehörigen Kompetenzen arbeitsprozessbezogen zu definieren. Das heißt, dass nicht von einer vorrangig probabilistischen Modellierung ausgegangen wird, sondern von komplexen Situationen und fachlich und sozialkulturell geprägten Aufgaben und Problemen, die sich in Arbeitsprozessen manifestieren.

Bereits Rychen (2003) stellte dazu fest, dass die „Anforderungen die Strukturen von Kompetenzen definieren." Danach orientiert sich die Strukturierung von Kompetenzen typischerweise an zu bewältigenden Anforderungen. Diese wiederum werden durch die Arbeitsprozesse bestimmt. Demnach sind Kompetenzen nach den Inhalten relevanter Situationen und den zur Lösung der in ihnen eingebetteten Aufgaben und der dafür notwendigen Anforderungen zu definieren. Die Struktur von Kompetenzen orientiert sich damit an Arbeitsprozessen und den damit verbundenen Anforderungsdimensionen, die letztlich in der Kompetenz eines Individuums zum Ausdruck kommen.[6]

Geht man davon aus, dass entgegen der Auffassung von Schecker & Parchmann (2006, S. 47) nicht allein kognitive Voraussetzungen, über die Lernende verfügen sollen, für das Lösen von Problemen in einem bestimmten Gegenstands- und Anforderungsbereich maßgeblich sind, so scheint es fraglich, ob bestimmte Anforderungen überhaupt normativ vorgegeben werden können. Es reicht deshalb vermutlich nicht aus, allein mit Blick auf kognitive Zusammenhänge Kompetenzmodelle zu gestalten. Naheliegender ist es hingegen, Kompetenzmodelle über externe Bedingungen (siehe Abschnitt 2) anforderungsbezogen und mit dem Ziel der Leistungsmessung zu formu-

---

6   Nicht eingeschlossen werden in diese Überlegungen Fragen von Literalität bspw. in Mathematik und Sprache. Die Überlegungen konzentrieren sich auf Berufsspezifitäten.

lieren. Welche Kompetenzen jedoch nötig sind, um eben diese normativ geforderte Performance zu erbringen, ist eine empirisch zu ergründende Frage. Diese muss nicht zwangsläufig unabhängig von Individuen sein.

Ausgehend von unserem Kenntnisstand zu Domänen ist es möglich, aufgrund zahlreicher Studien ein Kompetenzmodell für die Domäne Kfz-Service und -Reparatur vorzuschlagen.[7] An die Domäne sind immer Fähigkeitsmuster gebunden, die sich mit verschiedenen Testmethoden identifizieren lassen und die nach Straka der Handlungsebene zuzuordnen sind (vgl. Abb. 1).

4   Domänenbezogene Modellansätze und deren Dimensionierung

Eine Auseinandersetzung mit den theoretisch stärker ausdifferenzierten Modellen von Schecker & Parchmann (2006) und Hartig & Klieme (2006) gibt hilfreiche Hinweise zu domänenbezogenen Grundkonzeptionen für Kompetenzmodelle. Beide Autorenpaare setzen sich mit Fragen zu Kompetenzstrukturmodellen und Kompetenzniveaumodellen auseinander. Schecker & Parchmann (2006, S. 47) differenzieren zudem in normative und deskriptive Modelle. Hartig & Klieme heben hervor, dass sich die Struktur von Kompetenzen aus der Struktur der für Lernen relevanten Aufgaben und Anforderungen ergibt. Weiterhin stellen sie fest, dass „Kompetenzdimensionen gleichbedeutend mit der Frage danach [sind, d. V.], welche Kompetenzen in einem bestimmten Zusammenhang differenziert erfasst werden können oder erfasst werden sollen" (Hartig & Klieme 2006, S. 132). Noch deutlicher wird dies bei Shavelson (2010, S. 46 f.), wenn er feststellt, dass „the closer the task reflects real life situations, the more likely the person's responses on the task reflect responses she makes in life." Wird diese Überlegung auf die Domäne Kfz-Service und -Reparatur übertragen, dann lässt sich auf der Grundlage der empirischen Arbeiten zur Identifikation von Arbeitsprozessen ein nach Kernarbeitsprozessen[8] strukturiertes Kompetenzmodell entwerfen (vgl. Spöttl & Becker 2006; Becker & Spöttl 2008).

---

7   „Ein domänenspezifisches Kompetenzmodell soll sich vor allem dadurch auszeichnen, dass es einerseits fundierte Aussagen über seine Struktur, d. h. über die Art und Anzahl der zu unterscheidenden Kompetenzdimensionen in einer bestimmten Domäne, und andererseits zur Graduierung, d. h. welche Anforderungssituationen bei welcher individuellen Kompetenzausprägung zu bewältigen sind, zulässt. Hierbei sind neben übergeordneten institutionellen Anforderungen (vgl. den „Qualifikationsrahmen für Deutsche Hochschulabschlüsse") besonders die spezifischen Charakteristika eines Fachs (curriculare Aspekte, Inhaltsbereiche, situative Einbettung) sowie die mit ihnen verbundenen kognitiven [und darüber hinaus, d. V.] Anforderungsniveaus zu berücksichtigen" (Zlatkin-Troitschanskaia & Kuhn 2010, S. 17).

8   Als Kernarbeitsprozesse werden dabei Teil-Arbeitsprozesse verstanden, die einen vollständigen Arbeitsablauf beinhalten (vgl. Fußnote 1).

Modell 1: Die in Abbildung 2 genannten übergeordneten Kompetenzkategorien dienen der Strukturierung der unterschiedlichen Anforderungsniveaus. Diese werden in den Kernarbeitsprozessen detailliert beschrieben. Kernarbeitsprozesse sind immer Teil eines (betrieblichen) Arbeitsprozesses, in welchem sich multidimensionale Herausforderungen manifestieren. Ein Kernarbeitsprozess in der Domäne Kfz-Service und -Reparatur ist beispielsweise der „Standardservice an Fahrzeugen". Dieser zählt zu den präventiven Maßnahmen und ist zentraler Bestandteil der Geschäftsabläufe in einem Autohaus oder anderen Betriebsinstandhaltungsfeldern. Als einer der Kernarbeitsprozesse wird der Standardservice deshalb ausgewiesen, weil es auf der Ebene des präventiven Services noch weitere Kernarbeitsprozesse gibt, wie beispielsweise den „Tausch von Verschleißteilen". Von Kernarbeitsprozessen ist in diesem Falle die Rede, weil sie in einen Gesamtprozess präventiver Instandhaltung eingeordnet sind und deshalb die Regeln der Instandhaltung zu befolgen sind, die sich innerhalb der arbeitsorganisatorischen Einbettung im Betrieb in den relevanten Anforderungen und Aufgaben widerspiegeln. Charakteristisch für die hier genannten Kernarbeitsprozesse ist, dass die Bearbeitung daran gebundener Einzelaufgaben gegebenen Vorgaben und Regeln zu folgen hat. Das heißt, es müssen besondere Teilleistungen gemeistert werden. Das ist nur möglich, wenn die jeweilige Person über (Kern-)Kompetenzen verfügt, mittels derer der Standardservice und die dazugehörigen Einzelaufgaben bewältigt werden können. Beispielsweise zählt der Ölwechsel an Fahrzeugen zum Standardservice. Dieser ist nach vorgegebenen Regeln durchzuführen, wobei Daten wie Ölmenge, Auswahl der Qualität und Viskosität des Öls und die Entsorgung des alten Öls vorgegebenen Anforderungen zu folgen hat. Um die erlaubte Ölmenge zu identifizieren, ist in die Datenblätter (per Internet, CD oder Hardcopy) des in Frage stehenden Motors zu gehen. Hierfür sind genaue Kenntnisse über Motortypen, Kennziffern von Motoren und der Fahrgestellnummer notwendig. Diese Kenntnisse helfen auch für die Feststellung von Viskosität und Qualität. Um die Kennziffern von Viskosität und Qualität interpretieren zu können, sind einschlägige theoretische Kenntnisse der Ölnormen erforderlich. Diese Art der Determinierung und Regelvorgabe gilt beim Service für nahezu alle einzelnen Aufgaben und definiert letztlich einen „sachlichen" Rahmen, innerhalb dessen gelernt wird.

Beim Service, der Reparatur und Instandhaltung von Fahrzeugen lassen sich die vielfältigen Aufgaben nach übergeordneten Kompetenzkategorien strukturieren, so wie in Abb. 2 gezeigt. Diesen Kategorien lassen sich Kernarbeitsprozesse zuordnen, die in Verbindung mit Kernkompetenzen stehen, welche hier nur schlaglichtartig angedeutet sind. Deutlich wird aber der Bezug zur Arbeitsrealität.

Die mit einem Kernarbeitsprozess verbundenen Implikationen und damit verbundenen Teilleistungen werden sichtbar, wenn die Kategorien, mit denen sich Facharbeit selbst genauer betrachten lässt, charakterisiert werden. Facharbeit lässt sich über drei Kategorien hinlänglich erfassen, nämlich die „Gegenstände der Facharbeit", die „Arbeitsorganisationsformen, Arbeitsmethoden, eingesetzten Werkzeuge und Organisation des Werkzeugeinsatzes" und die „Anforderungen an Facharbeit" (vgl. Spöttl 2009, S. 233 ff.). Im Einzelnen:

Abb. 2:   Strukturmodell Kfz-Service & Reparatur

- *Gegenstände der Facharbeit*
  Der Gegenstand umfasst die technischen Systeme, die Funktionen der Systeme und Komponenten, die Architektur und die Funktionssicherheit, die administrativen Dienstleistungen, den Kunden und die damit verbundenen Anforderungen. Auch nicht weiter definierte Phänomene können eine Rolle spielen wie bspw. das unregelmäßige Auftreten bekannter und unbekannter Fehler

- *Arbeitsorganisationsformen, Arbeitsmethoden, eingesetzte Werkzeuge und Organisation des Werkzeugeinsatzes*
  Diese Kategorie umfasst die Betriebsorganisation, die Organisation des Arbeitsplatzes in Verbindung mit dem Einsatz von Werkzeugen und den jeweiligen Arbeitsmethoden und die daraus resultierenden Anforderungen.

  Die Organisationsformen und Werkzeuge haben erheblichen Einfluss auf die Komplexität der Arbeitszusammenhänge und die anzuwendenden Arbeitsmethoden. Sie sind wichtige Elemente für Anforderungen an Facharbeit und deren Qualität und haben Einfluss auf Arbeitszusammenhänge und detaillierte Arbeitsabläufe.

- *Anforderungen an Facharbeit*
  Anforderungen an Facharbeit, die von „außen" und „innen" an sie herangetragen werden. Anforderungen an die Facharbeit resultieren aus Kundeninteressen, gesetzlichen Vorgaben und gesellschaftlichen Interessen, aus Unternehmensinteressen, Gesundheits- und Sicherheitsinteressen und den Ansprüchen der Fachkräfte

selbst. Diese Kategorie ist vielfältig, sichert die gesellschaftliche Rückbindung der Aufgabenbewältigung und macht deutlich, dass Facharbeit entweder als bloßer Job verrichtet werden kann oder als gesellschaftlich relevante Aufgabe, die auch moralischen und ethischen Ansprüchen entsprechen muss.

Die Beschreibung von Kernarbeitsprozessen mit Hilfe der drei Kategorien schafft die Voraussetzungen, um Kernkompetenzen für das Erbringen von „Teilleistungen" zu benennen, die Grundlage für die Kompetenzmessung sind. In Tab. 1 (vgl. Becker u. a. 2002) ist auszugsweise die Detaillierung des Kernarbeitsprozesses „Kfz-Service und Reparatur" einschließlich der dazugehörigen Kernkompetenzen dargestellt. Darin wird die inhaltliche Struktur dieses Elements der Domäne sichtbar, organisiert nach den weiter oben beschriebenen drei Kategorien, über die die Aufgaben und Anforderungen definiert sind.

Die Dimensionalität von Kompetenzen wird demnach am Beispiel des skizzierten Kompetenzstrukturmodells in Abb. 2 deutlich. Mit der Differenzierung von Kernarbeitsprozessen und daraus generierten Kernkompetenzen sind Voraussetzungen gegeben, um Kompetenzen kontextbezogen und differenziert zu strukturieren und auf Basis der Kompetenzdiagnostik theoretisch zu validieren und weiterzuentwickeln. Die Strukturierung erfolgt dabei auf Grundlage empirisch fundierter Kenntnisse eines Sektors. Diese Kenntnisse helfen, Kompetenzdimensionen und Kernarbeitsprozesse zu ordnen. Als Ordnungsprinzip kommt dabei zur Anwendung, ob Aufgaben und Anforderungen klar umrissen und abgrenzbar sind und welchen Stellenwert sie für Facharbeit haben. Für die Strukturierung von großer Bedeutung ist, ob Aufgaben und Anforderungen in einem eindeutig determinierten Arbeitsfeld nach Vorgaben zu bearbeiten sind oder ob das Arbeitsfeld genauer eingrenzbar ist und die Aufgaben ohne genauere Regeln bei Nutzung von Erfahrungswissen zu bewältigen sind. Dazwischen liegt ein erweitertes, in der Technik auf Techniksysteme bezogenes Arbeitsfeld, bei dem Aufgaben und Anforderungen bei Orientierung an gängigen Regeln bearbeitet werden können oder aber es stehen nicht Techniksysteme im Mittelpunkt, sondern deren Komponenten. An diesen sind schwierige, detailgenaue Aufgaben und Probleme zu meistern, wobei Regeln nicht oder nur in einem größeren Definitionsrahmen verfolgbar sind.

Die hier stärker auf Technik und Techniksysteme bezogene Argumentationslinie muss durch Betrachtung der Anforderungen aufgrund von Herausforderungen durch Normen, durch gesellschaftliche Rahmenbedingungen, durch betriebliche Vorgaben, durch die Wünsche und Vorstellungen von Kunden und durch die Gestaltungsansprüche der Facharbeiter an Facharbeit ausgeweitet werden. Auch daraus resultieren wesentliche Hinweise für die Strukturierung.

Das Fahrzeug und der grundlegende Service	Der Standardservice dient der Aufrechterhaltung der Verkehrs-, Betriebs- und Funktionssicherheit und damit dem Erhalt des Gebrauchswertes von Fahrzeugen und Systemen. Es sind alle vorgeschriebenen Serviceaufgaben für Vorbereitung, Durchführung und Übergabe des Standardservice wahrzunehmen. Im Vordergrund stehen das Überprüfen von Funktions- und Verschleißzuständen mit Methoden standardisierter und individualisierter Servicekonzepte, die Routine-Diagnose sowie das servicerelevante Zusammenwirken von Baugruppen und Bauelementen.
Standardservice, Standarddiagnose und kleine Inspektion	**Kernkompetenzen:** a) Vorbereiten von Standardservice, Routine-Diagnose und Verfahren der integrierten Diagnose. b) Kommunikationsformen für Vorbereitung, Durchführung und Übergabe mit außer- und innerbetrieblichen Kunden kennen und sicher anwenden. c) Erlernen des Umgangs mit Serviceinformationen und Dokumentationen sowie Diagnoseinformationen, fachgerechte Auswahl und Einsatz von Betriebs- und Hilfsstoffen, Werkzeugen und Servicemethoden. d) Fahrzeugzustände/Verschleiß bewerten und Auffälligkeiten beschreiben und an zuständige Stellen weiterleiten. e) Entsorgungssysteme für Betriebs- und Hilfsstoffe sowie Betriebsmittel sicher einsetzen.

Inhalte von Arbeiten und Lernen

Gegenstand der Facharbeit	Werkzeuge, Methoden und Organisation der Facharbeit	Anforderungen an (Fach-)Arbeit, Technik, Betrieb
• Servicevorbereitung • Kundenberatung, Auftragsannahme, Fahrzeug-Identifikation • Serviceumfang erheben • Verkehrs-, Betriebs- und Funktionssicherheit sicherstellen bei verschiedenen Aggregaten und Fahrzeugtypen Aggregate: Fahrwerk, Triebwerk, Motor- und Motormanagement, elektrische Anlage	**Werkzeuge:** • Kunden- und Fahrzeugdateien • Auftragsplanungs-, Steuerungs- und Kalkulationssysteme • Hersteller-, werkstatt- und kundenbezogene Servicedokumente • Einschlägige Normen (SAE, ISO). • Diagnose-/Auslesegeräte **Methoden:** • Kommunikation mit Kunden und betrieblichen Einheiten • Auftragsplanungs- und -steuerungssysteme • Sicht- und Funktionskontrollen • Servicerelevante Ersatzteile einbauen und Betriebsflüssigkeiten auffüllen/ergänzen • Prüf- und Einstellarbeiten • Fehlerspeicher auslesen • Ver- und Entsorgungssysteme • Betriebsmittel einsetzen • Arbeiten und ET-Teile für Kunde und Betrieb dokumentieren **Organisation:** • Servicekonzepte • Auftragsabwicklungsverfahren	**an Facharbeit:** • Betriebs- und herstellerbezogene Regelungen für die Gestaltung der Serviceaufgaben und deren Auswirkungen auf eine kundenorientierte Arbeits- und Betriebsorganisation • Werkstattorientierte Gestaltung von APS-Systemen **an Technik:** • Technische Normen und Vorschriften für Betriebs- und Schmierstoffe, Beleuchtung, Reifen • Herstellerbezogene Vorgaben und Einstellwerte • Ergonomische Gestaltung von Diagnose-, Informations- und Kommunikationsgeräten und ihrer Software **an Betrieb:** • Gesundheitsverträgliche und sichere Arbeit • Transparenter Umgang mit Umweltschutz- und Entsorgungsbestimmungen • Werkstattgerechtes Qualitätsmanagement im Betrieb

Tab. 1:   Detaillierung eines Kernarbeitsprozesses

Folgt man der Definition von Kompetenzniveaumodellen nach Hartig & Klieme (2006, S. 133), wonach sich diese nach der konkreten inhaltlichen Beschreibung empirisch erfasster Kompetenzen mit der Frage auseinandersetzen, *„welche spezifischen Anforderungen eine Person mit einer hohen Kompetenz bewältigen kann und welche Anforderungen eine Person mit einer niedrigen Kompetenz gerade noch bewältigt und welche nicht"*, dann wäre dafür die in Abb. 2 gezeigte Strukturierung (oder Abwandlungen davon) geeignet.

Klieme & Leutner gehen bei der Strukturbildung nach Kompetenzniveaus davon aus, dass diese Frage nach der Art und Anzahl der Kompetenzkategorien beantwortet wird (vgl. 2006, S. 6). Das wird in Abb. 2 untermauert. Sie gehen weiter davon aus, dass mittels der Kompetenzniveaus die Frage beantwortet wird, „welche konkreten situativen Anforderungen Personen bei welcher Ausprägung einer Kompetenz bewältigen können" (a. a. O., S. 6 f.). Dies stellen sie mit Hilfe von Tests fest und modellieren danach ein Strukturmodell. An dieser Stelle ergibt sich ein Unterschied zum vorliegenden Strukturmodell. Das vorgestellte Modell wurde auf der Grundlage einer empirischen Erhebung der Kernarbeitsprozesse definiert, bei denen es um die Erfassung von Anforderungsniveaus der zu bewältigenden Aufgaben und Probleme geht. Messungen von Kompetenzen lassen sich mit diesem Modell in Verbindung bringen, weil für die verschiedenen Ebenen, die Niveaus entsprechen, Items definiert werden können. Eine messtheoretische Validierung des Modells folgt. Die Ergebnisse werden wichtige Erkenntnisse zur Modellprüfung liefern. Eine besondere Herausforderung ist dabei die Gestaltung von Items, weil sich diese aufgrund der Mehrdimensionalität der Kernkompetenzen nicht alleine auf die kognitive Dimension beschränken dürfen (vgl. den Beitrag von Becker in diesem Buch).

Modell 2: Ein entscheidender Schritt weiter – gegenüber dem soeben aufgezeigten Kompetenzmodell – führt zu einem Strukturmodell mit drei Dimensionen oder Kompetenzausprägungen, gegliedert nach (Arbeits-)Prozess- und Anforderungsstrukturen auf der Grundlage eines Basiskonzepts. Dem vorher beschriebenen zweidimensionalen Modell wird eine dritte Dimension, nämlich das sogenannte Basiskonzept, hinzugefügt. Der Vorteil dieses Schrittes ist, dass damit eine Domäne stärker nach sehr unterschiedlichen Anforderungstypen strukturiert werden kann. Das Prinzip dieser Strukturierung ist auch auf andere Domänen übertragbar. Die Voraussetzungen, über die ein Lernender verfügen soll, um Aufgaben und Probleme in bestimmten beruflichen Situationen zu lösen, werden darin im ersten Schritt nicht explizit benannt, sind jedoch bei allen Überlegungen relevant, weil bei der empirisch geleiteten Identifikation von (Arbeits-)Prozess- und Anforderungsstrukturen immer auch herausgearbeitet werden muss, welche Anforderungen an das Lösen von Aufgaben und Problemen zu stellen sind. Hervorzuheben ist, dass Grundlage für das nachfolgend skizzierte Modell nicht Sachstrukturen von Gegenstands- und Anforderungsbereichen sind, sondern die Arbeitsprozess- und Anforderungsstrukturen der realen Welt bzw. im hier vorliegenden Fall der Domäne Kfz-Service und Reparatur.[9] Mit der dritten Dimension, dem Basiskonzept, wird die Domäne strukturiert. Dadurch wird deutlich, dass berufliche Situationen nicht von traditionellen Fächern (bspw. Mathematik, Technische Kommunikation, Technologie) geprägt sind, sondern von sehr unterschiedlichen Anforderungstypen aus beruflichen Situationen heraus, in welchen „Fächerwissen" kontextbezogen von den handelnden Personen genutzt wird.

Bei der Frage nach der Anzahl der Dimensionen eines Kompetenzmodells erfolgt eine Beantwortung in Anlehnung an Schecker & Parchmann (2006, S. 53 f.), wobei dem dreidimensionalen, präskriptiven Modell gefolgt wird. Dieses eignet sich zur Strukturierung der empirisch ermittelten Arbeitsprozesse sowie zu deren Spezifizierung und Anforderungsstrukturierung. Der Terminus „Dimension" wird von Schecker & Parchmann geklärt, indem dieser für die übergeordneten Strukturelemente eines Kompetenzmodells (2006, S. 53) benutzt wird. Die Dimensionen werden nach „Komponenten" untergliedert, die in ihren Raumkoordinaten eine Kompetenz ergeben.

Das dreidimensionale Kompetenzmodell für die Domäne Kfz-Service & -Reparatur ist in Abbildung 3 gezeigt. Die beim Basiskonzept genannten vier Komponenten sind Subdomänen von Kfz-Service und -Reparatur und benennen die zentralen Aufgabenbereiche als Anforderungen und Kernarbeitsprozesse. Daran anknüpfend werden beim Lösen von Aufgaben und Problemen in beruflichen Situationen Handlungen ausgeführt, die alle Kompetenzdimensionen der Handlungskompetenz nach dem Modell der Kultusministerkonferenz umfassen. Die Konstruktion von Tests kann genau an dieser Stelle ansetzen (vgl. Hartig & Jude 2007, S. 18). Mittels der Dimension „Anforderungen" werden vier Niveaus charakterisiert, ganz danach, wie das Schwierigkeitsniveau von zu lösenden Problemen, Aufgaben und Anforderungen zunimmt. Tabelle 2 (vgl. Becker 2009, S. 241) zeigt, wie sich die Subdomänen in den einzelnen Niveaus spezifizieren lassen. Um zu untermauern, dass die Schwierigkeit beim Lösen von Aufgaben und Problemen zunimmt, wird die Subdomäne „Diagnose" auf Niveau 1 bis 4 nachstehend näher beschrieben (vgl. Becker 2010).

Die Subdomäne Diagnose

„Den Vorgang des Auffindens von Fehlerursachen bezeichnet man als Diagnose. Dabei soll erkannt werden, was den Fehler verursacht hat (Fehlerursache), wie sich der Fehler bemerkbar macht (Fehlersymptom), wie er sich auswirkt (Fehlerauswirkung), was eigentlich defekt ist (Fehlerort) und wie der Fehler beseitigt werden kann (Fehlerabhilfe)" (Becker 2003, S. 9).

---

9   Anders betrachtet können die Arbeitsprozess- und Anforderungsstrukturen allein auf Arbeitsprozesse reduziert werden, weil darin alle Implikationen, also auch die Anforderungsstrukturen, aufgehoben sind. Dieser Gedanke liegt auch dem ersten Modell zugrunde.

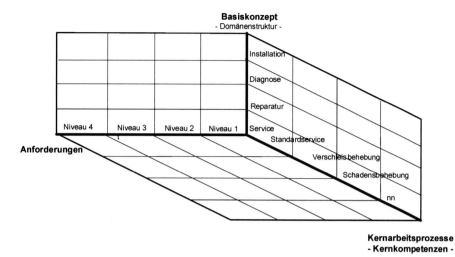

Abb. 3:   *Kompetenzmodell – Beispiel: Domäne Kfz-Service & Reparatur*

Schwierigkeitsniveau Subdomäne	1	2	3	4
Service	Standardservice: Pflege und Wartung	Inspektion	Inspektion mit Zusatzarbeiten	Inspektion/ Sicherheitsprüfungen/ Abnahmen
Reparatur	Austauschreparatur	Verschleißreparatur	Schadensbehebung	Aggregateüberholung
Diagnose	Routinediagnose	Integrierte Diagnose	Regelbasierte Diagnose	Erfahrungsbasierte Diagnose
Installation	Zusatzinstallation/ Anbauteile	Zusatzinstallation/ Einbaubauteile	Erweiterungsinstallation	Systemerweiterung und –integration

Tab. 2:   *Subdomänen und Schwierigkeitsniveaus / Anforderungen bei Kfz-Service und -Reparatur*
           (Becker 2009, S. 241)

Niveau 1 / Routinediagnose: Zur Routinediagnose gehört die standardisierte Überprüfung der Funktionsfähigkeit ausgewählter Systeme im Kraftfahrzeug. Bei der Routine-Diagnose wird kein Fehler aufgrund eines Fehlersymptoms oder einer Fehlfunktion gesucht. Im Rahmen von Routine-Kontrollen erfolgt eine Fehlerprüfung von Systemen, die intakt sein können oder nicht. Für die meisten mechanischen Systeme erfolgt die Routinediagnose durch eine Sichtprüfung (Undichtigkeit von Motor, Getriebe, Abgasanlage, Kühlsystem, Gelenkmanschetten) oder sonstige Prüfung unter Einsatz der Sinne (Geräuschprüfung, Überprüfung von Sitz und (Gelenk)spiel, Geruchsentwicklung). Für elektronische Systeme gehört insbesondere die Fehlerspeicherauslese zur Routinediagnose. Kompetenzen zur Routinediagnose beschränken sich auf einfache Gegenüberstellungen von Soll- und Istwerten bzw. Gut- und Schlecht-Einschätzungen sowie Algorithmen zur Ermittlung der Fehlerspeichereinträge.

Niveau 2 / Integrierte Diagnose: Bei der integrierten Diagnose werden Fehlerursachen, die eindeutig bestimmbar sind, häufig auftreten oder deren Auswirkungen unbedingt verhindert werden sollen, durch Algorithmen gefunden und entweder in einen Fehlerspeicher eingetragen oder im laufenden Betrieb adaptiert. Lässt sich das Fehlerbild so genau analysieren, dass die Fehlerauswirkung ohne äußeren Eingriff rückgängig gemacht werden kann, so spricht man von Adaption. Dabei „lernt" das System, wie die Fehlerauswirkung so in den Griff zu bekommen ist, dass die Fehlerursache „unschädlich" ist. Kompetenzen zur integrierten Diagnose sind insbesondere dadurch geprägt, dass die Tragweite und Aussagekraft von Fehlerspeichereinträgen und „Lernwerten" der Adaption eingeschätzt und darauf aufbauend geeignete Diagnoseprozeduren ausgewählt werden können.

Niveau 3 / Regelbasierte Diagnose: Über die integrierte Diagnose hinaus ist die regelbasierte Diagnose durch die Auswahl und Abarbeitung regelhaft aufgebauter Fehlersuchpläne geprägt. Dabei sind ausgeprägte Analysefähigkeiten notwendig, um in Abhängigkeit von Prüfergebnissen nachfolgende Diagnoseschritte festzulegen. Insbesondere müssen Ergebnisse der Routinediagnose und integrierten Diagnose zur Überprüfung von potenziellen Fehlerursachen genutzt werden. Hierzu gehört auch, Diagnosemethoden auszuwählen und einzusetzen sowie Reparaturabläufe und -umfänge in Abhängigkeit von Diagnoseresultaten zu bestimmen.

Niveau 4 / Erfahrungsbasierte Diagnose: Über die Anwendung von Regeln zur Diagnose hinaus ist der Umgang mit unklaren Fehlerbildern der Kern der erfahrungsbasierten Diagnose. Die erfahrungsbasierte Diagnose ist durch Kompetenzen gekennzeichnet, die zur Eingrenzung von fehlerhaften Systembereichen und zur Bestimmung von Diagnosewegen benötigt werden. Dazu gehört es, ausgehend von Ergebnissen der regelbasierten Diagnose, von Indizien (Kundenaussagen, Symptomen) und von Erfahrungswerten, Serviceunterlagen und Herstellermitteilungen zu Rate zu ziehen und situationsabhängige Fehlersuchpläne und Prüfpläne zu entwickeln. Zudem ist in Zusammenarbeit mit Hotlines und Herstellerabteilungen ein Eingrenzen von Fehlerquellen Kern der Diagnoseaufgaben auf Niveau 4.

Die dritte Dimension – die Kernarbeitsprozesse – ist sowohl als Detaillierung jeder Subdomäne zu verstehen sowie als Festschreibung des damit verbundenen Niveaus, das in der Qualität der Aufgaben und der zu lösenden Probleme festzumachen ist. Als Kompetenz sichtbar wird dies in der Definition der Kernkompetenzen, die im Sinne von Lernergebnissen formuliert werden. Die Kernarbeitsprozesse werden empirisch ermittelt und beinhalten alle Implikationen beruflicher Situationen (vgl. Becker & Spöttl 2008).

Dieses dreidimensionale Modell ist als Kompetenzstruktur- und Niveaumodell geeignet. Es greift als Basiskonzept auf die Domänenstruktur eines Sektors zurück und über die empirisch erfassbaren Kernarbeitsprozesse werden die Kernkompetenzen und deren Anforderungsniveaus definiert. Dadurch wird auf das jeweilige Kompetenzniveau verwiesen (vgl. Klieme, Maag-Merki & Hartig 2007, S. 11 ff.).

Ein weiterer wichtiger Schritt ist eine empirisch-psychometrische Absicherung dieses Modells, was die Konstruktion von Testitems voraussetzt. Durch die qualitative Strukturierung der Domäne sind dafür wichtige theoretische und messmethodische Voraussetzungen geschaffen, weil in Anlehnung an das eine oder andere Modell die Konzeptionalisierung von Testitems möglich ist. Die aufgezeigte Strukturiertheit der an sich komplexen Domäne Kfz-Service & -Reparatur lässt darauf schließen, dass theoretische und messmethodische Konzeptualisierungen möglich scheinen.

5 Entwicklung eines Testrahmens

Die dargestellten Kompetenzmodelle werden als pragmatisch akzentuierte Konzepte verstanden, wie sie ähnlich in der Arbeitspsychologie (vgl. Hacker 1998; Volpert 1992) oder Handlungstheorie von Aebli (1980) entwickelt wurden. Der Bezug zu authentischen Zusammenhängen in beruflichen Situationen steht im Mittelpunkt, wobei sich die Frage nach den Bildungsinhalten neu stellt, soll die Chance gedanklicher Durchdringung der beruflichen Praxis und vor allem deren (Mit-)Gestaltung weiter gewahrt werden. Das Problem der Bildungsinhalte ist in diesem Zusammenhang nur einlösbar, wenn die „Frage nach den kategorialen Zusammenhängen zu einem (beruflichen) Lebens- und Handlungsbereich, die Frage nach den Schlüsselproblemen, den geltenden Denkfiguren und den zentralen Begriffen für das Verständnis der ökonomischen oder der technischen Perspektive" (Brand, Hofmeister & Tramm 2005, S. 7 f.) neu gestellt wird. Der direkte Weg von den Kernarbeitsprozessen zu arbeitsanalogen Testaufgaben wäre demnach eine unzulässige Verkürzung, weil dadurch die Gefahr besteht, dass Bildungs- und Gestaltungsansprüche ausgeblendet werden und die instrumentellen Zwecke dominieren. Zu klären wäre also, wie die Bezüge zwischen Testitems und Arbeitsprozessen gestaltet werden müssen, um diese weitergehenden Ansprüche einzulösen. Zu klären wären in diesem Zusammenhang auch die curricularen Fragen. Unter Validitätsaspekten ist danach zu fragen, wofür qualifiziert werden soll, welche Konzepte, Begriffe, Probleme, Fakten, Fähigkeiten, Leistungen, aber auch welche Gestaltungsansprüche zugrunde gelegt werden sollen. Die Theorie der Kompetenz ist also im Sinne von Chomsky (1988) in eine Theorie der Bildungsprozesse zu integrieren. Das beginnt damit, dass bei der Konstruktion von Items bereits darauf geachtet wird, dass die in den authentischen Kernarbeitsprozessen implementierten Fakten, Normen, Regeln, Verfahren und eindimensionalen und mehrdimensionalen Anforderungen auch unter bildungstheoretischen Gesichtspunkten hinterfragt werden.

Mit dem dreidimensionalen Kompetenzmodell sind Voraussetzungen geschaffen, die empirisch erhobenen Aufgaben und Probleme in einer Domäne so zu beschreiben, dass die darin enthaltenen Anforderungen und Anforderungsniveaus definierbar sind.

Damit werden die objektiven Anforderungen, die jeweils empirisch abgesichert werden müssen, transparent. In einem nächsten Schritt geht es darum, Kompetenzen mittels statistischer Mittel zu identifizieren. Erst bei diesem Schritt stellt sich heraus, wie valide das Modell tatsächlich ist. Kompetenzmessung kann nach diesen Überlegungen an Situationen, an Aufgaben, Anforderungen und Problemen und deren Lösungen anknüpfen, die für berufliche Situationen und Funktionen von Bedeutung sind. Die konkrete Anknüpfung an Arbeitsprozesse und deren Implikationen ermöglicht eine realitätsnahe Gestaltung von Testitems, die an den oben beschriebenen Dimensionen der Kernarbeitsprozesse ansetzt.

Will man, was dem heutigen Stand der Forschung entspricht (vgl. Griffin, Gillis & Calvitto 2007), nicht nur feststellen können, ob eine Person beispielsweise einen Fehler gefunden oder eine korrekte Antwort auf eine Frage gegeben hat, sondern auch erfahren, welche Lösungsschritte gegangen wurden oder wie das Lösungsverhalten zu interpretieren ist, dann empfiehlt es sich, Testitems nicht unverbunden nebeneinander zu definieren und auch aufsteigend, nach Niveaus, zu ordnen. Ziel muss es dann sein, die Testitems so zu konfigurieren, dass die Qualität einer vollbrachten Leistung identifiziert werden kann. Voraussetzung ist, dass es dabei gelingt, die Testitems nach einer Systematik zu ordnen. Möglichkeiten für Systematisierungsprinzipien wurden in den beiden skizzierten Kompetenzmodellen aufgezeigt. Schwierig wird dieses Vorhaben dann, wenn man zur Kenntnis nimmt, dass es erheblichen Aufwand verursacht, Aufgaben zu identifizieren, mit denen ein Leistungsfortschritt eindeutig nachvollzogen werden kann. Die definierten Kernarbeitsprozesse und deren Strukturierung nach Subdomänen und Anforderungsniveaus bieten bereits gute Voraussetzungen für diese Arbeitsschritte. Über Kompetenzmodelle und Kompetenzfeststellungen soll das mittels der Kernarbeitsprozesse bestimmte Abbild von Realität erfasst werden. Das macht es erforderlich, vorherrschende Kompetenzmessverfahren so weit zu modifizieren, dass die in den Domänen immanenten Anforderungen und Aufgaben ausdifferenziert werden und zum Inhalt von Testaufgaben und Testverfahren werden. Diese Überlegungen decken sich mit der Idee „of variable expectations and levels of performance quality and allows competence to be a construct used to interpret the quality of performance on a coherent series of tasks" (Griffin, Gillis & Calvitto 2007, S. 22), so wie sie aus den Arbeitsprozessen generiert und in Abschnitt 4 beispielhaft vorgestellt wurden.

Die Arbeits- und Kernarbeitsprozesse stellen ein Kontinuum dar und demonstrieren eine Qualität von zu erbringenden Leistungen. Zugleich wird durch die Kernarbeitsprozesse Kohäsion belegt und ein Level-Spektrum aufgezeigt, woraus sich Indikatoren für probabilistische Tests gewinnen lassen. Voraussetzung für diese Schritte ist allerdings eine eindeutige Identifikation der Struktur der Kernarbeitsprozesse, die die Qualität der geforderten Leistung zum Ausdruck bringt. Das kann entweder über Experten-Workshops geschehen oder durch Arbeitsprozessanalysen wie im vorliegenden Fall (vgl. Becker & Spöttl 2008).

6   Schlussfolgerungen

Beim Design valider Tests ist es erforderlich, eine einheitliche Rangfolge der Testaufgaben zu gewährleisten. Das ist für alle Individuen einer Stichprobe notwendig. Die Testaufgaben müssen ermöglichen, dass Personeneigenschaften (Kompetenz als komplexes Personenmerkmal, vgl. Straka & Macke 2009, S. 14) identifizierbar sind, die für die Kontexte, die Gegenstand der Kernarbeitsprozesse sind, von Bedeutung in dem Sinne sind, dass Aufgaben bearbeitet und Probleme gelöst werden. Die Testaufgaben müssen deshalb Kernarbeitsprozessen entstammen und das Charakteristische eines Konstruktes ausmachen.

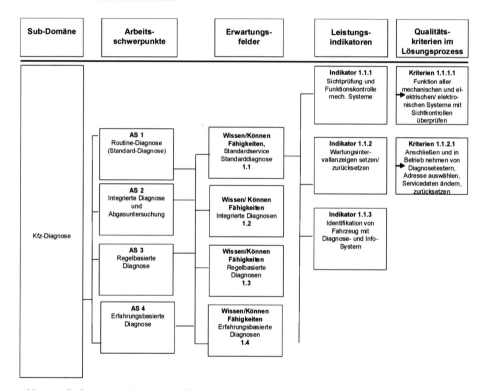

Abb. 4:   Definition von Leistungsindikatoren und Qualitätskriterien für Testitems

Zur Einlösung dieses Anspruches sind Leistungsindikatoren zu benennen, um daraus Qualitätskriterien formulieren zu können, die als Personenmerkmale geeignet sind (vgl. Abb. 4). Auf der Grundlage der über Arbeitsprozessanalysen identifizierten Kernarbeitsprozesse und der dazugehörigen Detailbeschreibungen ist es möglich, derartige Leistungsindikatoren zu benennen. Für die Standarddiagnose ist in Abb. 4 skizziert, worauf sich die Leistungsindikatoren und Qualitätskriterien beziehen. Nach deren Ausdifferenzierung kann hieran die Gestaltung von Testaufgaben anknüpfen.

Die Leistungsindikatoren sollen dabei in erster Linie Anhaltspunkte geben für das Niveau von Anforderungen und Problemlösungen, wohingegen die Qualitätsindikatoren Auskunft geben sollen über die „Intensität" der Beherrschung, der Meisterung von Aufgaben und Problemen im Kontext von Kernarbeitsprozessen.

Durch dieses Verfahren wird es möglich, dass die Sachverhalte der Kernarbeitsprozesse und Kernkompetenzen in Personenmerkmalen definiert werden, die dann der Schlüssel zur Gestaltung der Testitems sind, um die Validität des Modells zu überprüfen. Die Items sind in diesem Falle so zu gestalten, dass sie enge Bezüge zu den Kernarbeitsprozessen aufweisen und die darin immanenten Leistungsanforderungen zum Ausdruck bringen.

Mit der Entwicklung domänenspezifischer Kompetenzmodelle für bedeutsame Fachdisziplinen oder Domänen können Grundlagen geschaffen werden, die – unter Voraussetzung ihrer adäquaten messmethodischen Umsetzung – dem Erhebungszweck einer individuellen Diagnostik der Leistungen im Rahmen einer Berufsausbildung gerecht werden.

Literatur

Aebli, H. (1980): Denken: Das Ordnen des Tuns, Band I: Kognitive Aspekte der Handlungstheorie. Stuttgart: Klett-Cotta.

Anderson, L. W.; Krathwohl, D. R. (2001): A taxonomy for learning, teaching, and assessing: a revision of Bloom's taxonomy of educational objectives. New York u. a.: Longman.

Becker, M. (2003): Diagnosearbeit im Kfz-Handwerk als Mensch-Maschine-Problem. Konsequenzen des Einsatzes rechnergestützter Diagnosesysteme für die Facharbeit. Bielefeld: W. Bertelsmann.

Becker, M. (2009): Kompetenzmodell zur Erfassung beruflicher Kompetenz im Berufsfeld Fahrzeugtechnik. In: C. Fenzl; G. Spöttl; F. Howe; M. Becker (Hg.): Berufsarbeit von morgen in gewerblich-technischen Domänen. Bielefeld: W. Bertelsmann, S. 239–245.

Becker, M. (2010): Definition der Schwierigkeitsniveaus von Subdomänen in Kfz-Service & Reparatur. Flensburg: Unveröffentlichtes Manuskript.

Becker, M.; Spöttl, G. (2008): Berufswissenschaftliche Forschung. Ein Arbeitsbuch für Studium und Praxis. Frankfurt/M. u. a.: Peter Lang.

Becker, M.; Spöttl, G.; Hitz, H. ; Rauner, F. (2002): Aufgabenanalyse für die Neuordnung der Berufe im Kfz-Sektor. Förderkennzeichen: K345600, im Auftrag des Bundesministeriums für Bildung und Forschung (BMBF).

Brand, W.; Hofmeister, W.; Tramm, T. (2005): Auf dem Weg zu einem Kompetenzstufenmodell für die berufliche Bildung – Erfahrungen aus dem Projekt ULME. In: Berufs- und Wirtschaftspädagogik – online, Jg. 8, S. 1–21. Online verfügbar: http://www.bwpat.de/ausgabe8/brand_etal_bwpat8.pdf [Stand: 22.02.2010].

Chomsky, N. (1988): Aspekte der Syntaxtheorie. Frankfurt: Suhrkamp.

Corte, E. de (2010): Historical developments in the understanding of learning. In: OECD (Ed.): Organisation for Economic Co-Operation and Development: The nature of learning: Using research to inspire practice. Paris: OECD, pp. 35–68.

DiSessa, A. A. (1988): „Knowledge in pieces". In: G. Forman; P. B. Pufall (eds.): Constructivism in the computer age. Hillsdale, NY: Erlbaum, pp. 49–70.

Franke, G. (2005): Facetten der Kompetenzentwicklung. Bonn: W. Bertelsmann.

Gagné, R. M. (1965): The conditions of learning. In Deutsch: Die Bedingungen des menschlichen Lernens. Hannover: Schroedel, 1980.

Gatzen, H. H. (2007): Anrechnung beruflicher Kompetenzen auf Hochschulabschlüsse. BMBF-Projekt, FK: 21050224. Hannover: Leibniz Universität.

Geißel, B. (2008): Ein Kompetenzmodell für die elektrotechnische Grundbildung: Kriteriumsorientierte Interpretation von Leistungsdaten. In: R. Nickolaus; H. Schanz (Hg.): Didaktik der gewerblich-technischen Berufsbildung. Konzeptionelle Entwürfe und empirische Befunde. Baltmannsweiler: Schneider Verlag Hohengehren, S. 121–142.

Griffin, P.; Gillis, S.; Calvitto, L. (2007): Standards-referenced asessment for Vocational education and training in schools. Australian Journal of Education, 51(1), pp. 19–38.

Gschwendtner, T. (2008): Ein Kompetenzmodell für kraftfahrzeugtechnische Grundbildung. In: Kriteriumsorientierte Interpretation von Leistungsdaten. In: R. Nickolaus; H. Schanz (Hg.): Didaktik der gewerblich-technischen Berufsbildung. Konzeptionelle Entwürfe und empirische Befunde. Baltmannsweiler: Schneider Verlag Hohengehren, S. 103–120.

Hacker, W. (1998): Allgemeine Arbeitspsychologie. Psychische Regulation von Arbeitstätigkeiten. Bern: Huber.

Hartig, J. (2006): Kompetenzen als Ergebnis von Bildungsprozessen. In: Journal des Deutschen Instituts für Internationale Pädagogische Forschung. Ausgabe Nr. 10, S. 2–7.

Hartig, J.; Jude, N. (2007): Empirische Erfassung von Kompetenzen und psychomotorische Kompetenzmodelle. In: J. Hartig; E. Klieme (Hg.): Möglichkeiten und Voraussetzungen technologiebasierter Kompetenzdiagnostik. Bonn: BMBF, Reihe Bildungsforschung, Band 20, S. 17–36.

Hartig, J.; Klieme, E. (2006): Kompetenz und Kompetenzdiagnostik. In: K. Schweizer (Hg.): DIPF-Arbeitseinheit: Bildungsqualität und Evaluation. Berlin: Deutsches Institut für Internationale Pädagogische Forschung; Springer, S. 127–143.

Hensge, K.; u. a. (2008): Kompetenzstandards in der Berufsbildung. Forschungsprojekt 4.3.201. Bonn: Bundesinstitut für Berufsbildung.

Klauer, K. J. (1973): Revision des Erziehungsbegriffs. Grundlagen einer empirisch-rationalen Pädagogik. Düsseldorf: Pädagogischer Verlag Schwann.

Klieme, E. (2004): Was sind Kompetenzen und wie lassen sie sich messen. In: Pädagogik, Nr. 6, S. 10–13.

Klieme, E.; Leutner, D. (2006): Kompetenzmodelle zur Erfassung individueller Lernergebnisse und zur Bilanzierung von Bildungsprozessen. Überarbeitete Fassung des Antrags an die DFG auf Einrichtung eines Schwerpunktprogramms. Online verfügbar: http://www.kompetenzdiagnostik.de/images/Dokumente/antrag_spp_kompetenzdiagno stik_ueberarbeitet.pdf [Stand: 14.01.2009].

Klieme, E.; Maag-Merki, K.; Hartig, J. (2007): Kompetenzbegriff und Bedeutung von Kompetenzen im Bildungswesen. In: J. Hartig; E. Klieme (Hg.): Möglichkeiten und Voraussetzungen technologiebasierter Kompetenzdiagnostik. Bonn: BMBF, Reihe Bildungsforschung, Band 20, S. 5–15.

KOMET (2010): Berufliche Kompetenzen messen – das Projekt KOMET (Elektroniker) des Bundeslandes Hessen. Abschlußbericht. Bremen: I:BB.

Linn, M. C. (2006): The knowledge integration perspective on learning and instruction. In: R. K. Sawyer (ed.): The Cambridge handbook of the learning sciences. New York: Cambridge University Press, pp. 243–264.

Nickolaus, R. (2008): Editorial. Modellierungen zur beruflichen Fachkompetenz und ihre empirische Prüfung. In: Zeitschrift für Berufs- und Wirtschaftspädagogik, 104. Band, Heft 1, S. 1–6.

Nickolaus, R.; Gschwendtner, T.; Geißel, B. (2008): Entwicklung und Modellierung beruflicher Fachkompetenz in der gewerblich technischen Grundbildung. In: Zeitschrift für Berufs- und Wirtschaftspädagogik, 104. Band, Heft 1, S. 48–73.

Parchmann, I. (2010): Kompetenzmodellierung in den Naturwissenschaften. Vielfalt ist wertvoll, aber nicht ohne ein gemeinsames Fundament. In: E. Klieme; D. Leutner; M. Kenk (Hg.): Kompetenzmodellierung. Zwischenbilanz des DFG-Schwerpunktprogramms. Weinheim: Beltz, S. 135–142.

Rychen, S. (2003): Introduction. In: S. Rychen; L. H. Salganik (eds): Defining and selecting key competencies. Göttingen: Hogrefe, S. 1-13.

Schecker, H.; Parchmann, I. (2006). Modellierung naturwissenschaftlicher Kompetenz. In: Zeitschrift für Didaktik der Naturwissenschaften, H. 12, S. 45–66. Online verfügbar: http://www.ipn.uni-kiel.de/zfdn/pdf/003_12.pdf [14.11.2008].

Scheib, Th. (2005): Indikatoren für die Leistungsmessung beruflicher Handlungskompetenz in modernen Produktionsprozessen. Bielefeld: W. Bertelsmann.

Schneider, M.; Stern, E. (2010): The cognitive perspective on learning: Ten cornerstone findings. In: OECD (ed.): Organisation for Economic Co-Operation and Development: The nature of learning: Using research to inspire practice. OECD: Paris, pp. 69–90.

Seeber, S.; Lehmann, R. (2009): Anmerkungen und Vorschläge zu einem Forschungsprogramm „Kompetenzmessung in der beruflichen Bildung". Unveröffentlichtes Manuskript, Berlin.

Shavelson, R. J. (2010): On the measurement of competency. In: Empirical Research in Vocational Education and Training, Vol. 2 (1), pp. 41–63.

Spöttl, G. (2009): Kompetenzmodelle in der beruflichen Bildung – Grenzen und Chancen. In: C. Fenzl; G. Spöttl; F. Howe; M. Becker (Hg.): Berufsarbeit von morgen in gewerblich-technischen Domänen. Bielefeld: W. Bertelsmann, S. 233–238.

Spöttl, G.; Becker; M. (2006): Arbeitsprozessanalysen – Ein unverzichtbares Instrument für die Qualifikations- und Curriculumforschung. In: R. Huisinga (Hg.): Bildungswissenschaftliche Qualifikationsforschung im Vergleich. G.A.F.B.-Verlag, Frankfurt, S. 111–138.

Spöttl, G.; Musekamp, F. (2009): Berufsstrukturen und Messen beruflicher Kompetenz. In: berufsbildung, Jg. 63, H. 118, S. 20–23.

Straka, G. A.; Macke, G. (2008): Handlungskompetenz – und wo bleibt die Sachstruktur? In: Zeit-schrift für Berufs- und Wirtschaftspädagogik, 104. Band, S. 590–600.

Straka, G. A.; Macke, G. (2009): Berufliche Kompetenz: Handeln können, wollen und dürfen. Zur Klärung eines diffusen Begriffs. In: Berufsbildung in Wissenschaft und Praxis, H. 3, S. 14–17.

Volpert, W. (1992): Wie wir handeln – was wir können. Ein Disput als Einführung in die Handlungspsychologie. Heidelberg: Asanger.

Weinert, F. E. (1999): Concepts of Competence. Definition and Selection of Competencies: Theoretical and Conceptual Foundations (DeSeCo).

Weinert, F. E. (2001a): Vergleichende Leistungsmessung in Schulen – eine umstrittene Selbstverständlichkeit. In: F. E. Weinert (Hg.): Leistungsmessungen in Schulen. Weinheim u. a.: Beltz-Pädagogik, S. 17–31.

Weinert, F. E. (2001b): Concept of competence: A conceptual clarification. In: D. S. Rychen; L. Salganik (eds.): Defining and Selecting Key Competencies. Göttingen, pp. 67–92.

Weinert, S. (2007): Kompetenzentwicklung und Kompetenzstruktur im Vorschulalter. Zeitschrift für Erziehungswissenschaft, 10. Jahrgang, Sonderheft 7, S. 89–106.

Zlatkin-Troitschanskaia, O.; Kuhn, C. (2010): Messung akademisch vermittelter Fertigkeiten und Kenntnisse von Studierenden bzw. Hochschulabsolventen. Analyse zum Forschungsstand. Online verfügbar: http://www.wipaed.uni-mainz.de/ls/ArbeitspapiereWP /gr_Nr.56.pdf [Stand: 30.11.2010].

Zum Zusammenhang von Objektivität, Reliabilität und Validität bei verschiedenen Erhebungsmethoden der beruflichen Kompetenzdiagnostik

Frank Musekamp

1 Anlass und Fragestellung

Die Erfassung von Kompetenzen gewinnt in dem Maße an Bedeutung, wie in nationalen und internationalen Zusammenhängen auf Indikatoren gesetzt wird, um Steuerungsentscheidungen in Bildungssystemen zu treffen und zu legitimieren. Diese Indikatoren sind zunehmend output- statt inputbezogen, also auf Lernergebnisse ausgereichtet statt auf investierte Ressourcen. Durch die Messung von Kompetenzen als Output-Indikatoren sollen wissenschaftliche Evidenzen für die Leistungsfähigkeit von Bildungssystemen gesammelt werden und für die Bildungspraxis sowie Bildungspolitik nutzbar gemacht werden (vgl. Jornitz 2008).

Gleichzeitig sind Kompetenzabschätzungen auch unmittelbar für Individuen relevant. In der Praxis der beruflichen Bildung werden sie seit Jahrzehnten millionenfach vorgenommen. Täglich werden an Berufsschulen Noten vergeben und jährlich zehntausende Prüfungen abgenommen. Insbesondere in Abschlussprüfungen besteht ein hoher Anspruch an die Aussagekraft der durchgeführten Messungen, da über die Vergabe von Qualifikationen entschieden wird, die den Zugang zu beruflichen Anstellungen ermöglichen. Es besteht die Forderung, immer realitätsnähere Prüfungsformen einzuführen, um dem Anspruch der Erfassung einer als Leitziel festgeschriebenen „beruflichen Handlungskompetenz" gerecht zu werden (Reetz 2005). Gleichzeitig wird beklagt, dass die Güte der in Deutschland durchgeführten Prüfungen nicht den in der Wissenschaft üblichen Standards entspricht (z. B. Straka 2003).

Reetz (2010) proklamiert, dass bei beruflichen Abschlussprüfungen neben den diagnostischen Gütekriterien Objektivität, Reliabilität und Validität auch sogenannte konzeptionelle Kriterien von Relevanz sind, die „die Konzeption der beruflichen Handlungskompetenz betreffen". Darunter fasst er u. a. den Grundsatz der Handlungsorientierung, der Praxisnähe, der Prozessorientierung sowie der Authentizität. Die Berücksichtigung dieser „neuen Leitbilder" spiegele die betriebliche Realität wider und führe so zu einer größeren Komplexität und Differenziertheit der Prüfungsaufgaben. Als Konsequenz werden immer mehr Abschlussprüfungen in anerkannten Ausbildungsberufen stärker handlungs-, arbeits- bzw. geschäftsprozessorientiert ausgerichtet. Prüfungen umfassen zunehmend Elemente, in denen die Teilnehmer ihr Können in realitätsnahen oder gar realen Arbeitszusammenhängen unter Beweis stellen müssen (betrieblicher Arbeitsauftrag, Fachgespräch oder Projektaufgabe). Diese realen Leistungen werden dann durch Beobachtung einer Bewertung zugänglich gemacht.

Vorreiter sind die 1997 neugeordneten IT-Berufe (IT-Berufe 1997) und die 2004er Modernisierung der Metallberufe (Metallberufe 2004).

Reetz (2010) geht dabei von einem Spannungsverhältnis zwischen klassischen testtheoretischen Gütekriterien und den „konzeptionellen Konzepten" aus, wie er sie nennt: „Diagnostische und konzeptionelle Gütekriterien stellen also teilweise gegensätzliche Ansprüche an die Gestaltung von Prüfungen: Während bei den diagnostischen Gütekriterien die Genauigkeit der Messungen im Vordergrund steht, verlangen die konzeptionellen Qualitätskriterien, dass vor allem auch schwer messbare berufliche Anforderungen bzw. Qualifikationen geprüft werden" (S. 111).

Ihren Ursprung hat diese Argumentationsweise im Prüfungswesen des deutschen Ausbildungssystems. Sie zeichnet sich durch eine große Nähe zu den realen Aufgaben in der Arbeitswelt aus, für die die Prüfungen als Befähigungsnachweis gelten sollen (siehe z. B. Borch & Weißmann 1999). Es wird angenommen, dass das zu erfassende Konstrukt der „beruflichen Handlungsfähigkeit" ebenso vielschichtig und komplex ist wie die manifesten Leistungen in der beruflichen Arbeitswelt. Demnach sei Kompetenz ein weites Konstrukt, welches nur ausreichend gut erfasst werden könne, wenn es ganzheitlich erfasst würde.

Dem steht eine eher wissenschaftsnahe Auffassung gegenüber, die den klassischen Gütekriterien Validität, Reliabilität und Objektivität die Priorität einräumt. Verfahren, die ihre Rückschlüsse von manifesten Leistungen auf die zugrunde liegenden Kompetenzen auf der Grundlage von Beobachtungen tatsächlichen Handelns ziehen, werden dort mit dem Argument kritisiert, dass sie die klassischen Gütekriterien für Tests nur unzureichend erfüllen (z. B. Abele & Gschwendtner 2010; Beck 1987). Eine realitätsnahe Erfassung von Kompetenzen stellt aus dieser Perspektive keinen Fortschritt dar, solange die Ergebnisse durch große Beobachtungs- und Einschätzungsdifferenzen der Prüfenden nicht intersubjektiv vergleichbar sind.

Eine ähnliche Debatte wird mit Bezug auf die widerstreitenden Konzepte „Authentic-" und „Conventional-Measurement" international seit Ende der 1990er Jahre in den allgemeinbildenden Fächern geführt.[1] Authentic-Measurement wird dort relativ unscharf als „real" oder „lebensnah" beschrieben und dem klassischen Testen via Multiple-Choice-Aufgaben gegenübergestellt. Die Vorteile des Authentic-Measurement werden nicht selten über die Nachteile des klassischen Testens formuliert und als Lösung angeboten. Klassisches Testen

• fördere eine Mentalität der „Einzig-richtigen-Lösung",

• verenge das Curriculum auf Testrelevantes,

---

[1] Zum Begriffspaar *Authentic* vs. *Objective* gibt es viele synonym oder zumindest ähnlich gebrauchte Bezeichnungen, z. B. „performance tasks" versus „objective testing techniques" (Gillis & Griffin 2008, S. 227).

- fokussiere allein auf unterscheidbare Fertigkeiten und

- benachteilige Personen aus bildungsfernen Schichten (vgl. Hambleton & Murphy 1991, S. 8).

Dieser Ansicht widersprechen andere Autoren wie in der deutschen Debatte mit Bezug auf die klassischen Gütekriterien (z. B. Terwilliger 1997). Ziel dieses Beitrags ist es zu klären, ob Beobachtungs- und Ratingverfahren für die Kompetenzmessung überhaupt geeignet sind und wenn ja, in welchen Zielsetzungen ein Vorteil des Authentic-Measurements im Vergleich zu Objective-Testing zu erwarten ist. Dazu werden die klassischen Gütekriterien in ihren Zusammenhängen dargestellt und vorhandene Dilemmata herausgearbeitet. Es wird gezeigt, dass die *Weite des Kompetenzkonstrukts* und der *Verwendungszusammenhang der Ergebnisse* wichtige Aspekte sind, wenn es darum geht, verschiedene Ansätze zu legitimieren.

2 Begriffsklärungen

Bei allem Disput über den Kompetenzbegriff und dessen empirische Erfassung besteht insoweit Einigkeit, dass man Kompetenzen nicht direkt beobachten kann, weil sie im Innern von Menschen verortet sind, und dass man deshalb auf die Interpretation beobachtbarer Hinweise angewiesen ist (z. B. Erpenbeck & von Rosenstiel 2003). Kompetenzen sind somit ein Konstrukt. Erkenntnistheoretisch entspricht dies der Unterscheidung zwischen Kompetenz und Performanz bei Chomsky (1971) und der testtheoretischen Unterscheidung zwischen manifesten Variablen und latenter Variable (Borsboom 2008). Kompetenzerfassung ist das Schlussfolgern von beobachtbarem Verhalten auf nicht-beobachtbare Konstrukte. Da das Konstrukt niemals direkt erfasst werden kann, findet der Schluss immer *unter Unsicherheit* statt. Das Bestimmen der Güte eines Erhebungsinstruments ist der Versuch, das Ausmaß dieser Unsicherheit zu bestimmen.

Beobachtbare Hinweise sind zunächst uninterpretierte, objektive Leistungen, die von einem Probanden auf unterschiedliche Weise erbracht und von einem Testanwender oder einer Testanwendung erfasst werden. Die dazu verwendeten Erhebungsinstrumente bestehen aus Items, die die Probanden zur Erbringung einer Leistung veranlassen. Items lassen sich einerseits in Bezug auf ihre Ähnlichkeit klassifizieren, die zwischen der Erhebungssituation und derjenigen realen Situation besteht, für die das zu messende Konstrukt relevant ist (*Bezugssituationen*, vgl. Musekamp 2009). Andererseits lassen sie sich in Bezug auf den Grad der Standardisierung unterscheiden, den sie den Probanden bei der Bearbeitung des Erhebungsinstrumentes vorgeben.

Es sind insbesondere die zwei Unterscheidungen „Nähe zur Bezugssituation" und „Grad der Standardisierung", die Authentic-Measurement von Objective-*Measurement* abgrenzen. Während Ersteres tendenziell nah an die Bezugssituation angelehnt ist und die Leistungserbringung eher flexibel gestaltet wird, zeichnet sich Objective-Measurement oft durch eine gewisse Ferne zwischen Erhebungs- und Bezugssituation aus und erlaubt den Probanden nur eng umgrenzte Spielräume in der Leistungserbringung. Items können demnach sowohl Fragen in einem Papiertest als auch Beobachtungspunkte in weniger standardisierten (flexiblen) Settings der Leistungserbringung sein. Authentic-Measurement und Objective-Measurement sind kein absolutes Gegensatzpaar, vielmehr bestehen graduelle Unterschiede in Bezug auf die beiden Aspekte *Nähe und Distanz* sowie *Standardisierung und Flexibilität*.

Je nach Domäne, in der Kompetenzen erfasst werden sollen, sind die beiden Unterscheidungen *Nähe zur Bezugssituation* und *Standardisierung* nicht unabhängig voneinander. Je näher eine Testsituation an die Bezugssituation angelehnt ist, desto weniger standardisiert ist sie in der Regel und desto mehr Daten müssen für eine Erfassung aufgenommen und verarbeitet werden. Dies gilt in der Tendenz, jedoch nicht über alle Domänen in gleicher Weise: Während sich beispielsweise das kaufmännische Rechnen in einer Papier-Bleistift-Testsituation kaum vom Rechnen in einer Bezugssituation unterscheiden muss, ist für stärker handwerkliche Domänen in der Regel eine größere Distanz zwischen Test- und Bezugssituation anzunehmen.

Vor dem Hintergrund dieser Überlegungen werden in diesem Beitrag statt des englischen Begriffspaares *Authentic* vs. *Objective* die deutschen Begriffe *standardisierte Verfahren* vs. *flexible Verfahren* der Kompetenzmessung verwendet. Dies unterstreicht die graduelle Unterscheidung beider Extreme *vollkommene Standardisierung* z. B. in Multiple-Choice-Tests und *vollkommene Flexibilität* z. B. bei der Beobachtung von realem Arbeitshandeln.

Um den Grad der Unsicherheit in einer Kompetenzerhebung abschätzen zu können, wird der Test auf seine Güte geprüft. Unsicherheit entsteht insbesondere daraus, dass

- Fehler bei der Datenerhebung passieren können,

- nur eine begrenzte Auswahl einer theoretisch unendlich großen Zahl an Leistungen herangezogen wird, um auf Kompetenz zu schließen.

Die wissenschaftliche Kompetenzdiskussion zeichnet sich im Gegensatz zur alltagssprachlichen dadurch aus, dass der Rückschluss von Beobachtbarem auf Unsichtbares möglichst nachvollziehbar geschieht. Zu diesem Zweck beschreibt Testtheorie den Zusammenhang zwischen manifesten Leistungen und dem Konstrukt der Kompetenz in formaler Weise. Alle Überlegungen in diesem Text beziehen sich auf die Anwendung testtheoretischer Ansätze, im engeren Sinne des Rasch Modells.

Um nachvollziehen zu können, wie gut der Rückschluss von beobachteten Daten auf das Konstrukt der Kompetenz gelingt, werden die Gütekriterien Validität, Reliabilität und Objektivität als die wichtigsten diagnostischen Maße herangezogen.

3   Gütekriterien im Zusammenhang

Objektivität, Reliabilität und Validität werden in Anlehnung an Bortz und Döring (2006) folgendermaßen definiert: Objektivität ist die Unabhängigkeit eines Tester-gebnisses vom Testanwender, Reliabilität die Genauigkeit des Testergebnisses und Validität meint das Ausmaß, mit dem ein Test das Konstrukt auch tatsächlich erfasst, welches erfasst werden soll (vgl. Abbildung 1).

Validität, Reliabilität und Objektivität sind nicht unabhängig voneinander. Objektivi-tät als die Unabhängigkeit der Daten von der Erhebungs- bzw. Auswertungsperson ist Voraussetzung dafür, dass ein Test ein Konstrukt mit hoher Genauigkeit erfassen kann (Reliabilität). Wenn zwei Testanwender bei der Durchführung und Auswertung bei gleichen oder vergleichbaren Probanden zu unterschiedlichen Ergebnissen kom-men, so erhöht sich der Messfehler, und die Reliabilität wird reduziert.[2] Eine hohe Reliabilität wiederum ist die Voraussetzung für eine hohe Validität, denn ein unge-naues Messinstrument misst nicht, was es zu messen vorgibt.

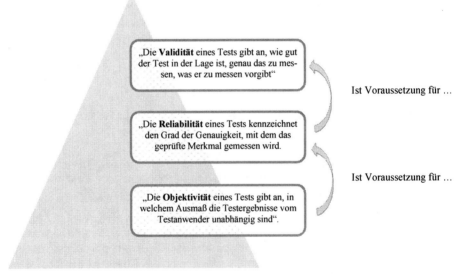

Abb. 1:   Gütekriterien im Zusammenhang, eigene Darstellung, Definitionen gemäß Bortz & Döring (2006)

Durch die hierarchische Gliederung der drei Gütekriterien wird deutlich, dass Fehler, die auf der untersten Ebene der Objektivität passieren, sich bis in die höchste Ebene der Validität fortpflanzen. Flexiblere Erhebungsinstrumente laufen dabei eine größere Gefahr, durch Beobachtungs- und Bewertungsfehler die Güte des Instruments zu re-

---

2   Somit ist die Reliabilität maximal so hoch wie die Objektivität des Tests und muss streng ge-nommen nicht gesondert ermittelt werden.

duzieren als stärker standardisierte Verfahren, in denen keine Beobachtungen nötig sind, weil die Leistungsdaten ohne Einfluss des Testanwenders aufgenommen werden.

Mit Ausnahme der Inhaltsvalidität (vgl. den Beitrag von Becker in diesem Buch) kann das Ausmaß jedes der drei Kriterien über Korrelationen bestimmt werden (siehe Tabelle 2).

Gütekriterium	Korrelation zwischen
Objektivität	... mehreren Testanwendern (Äquivalenz)
	... mehreren Zeitpunkten bei einem Testanwender (Stabilität)
Reliabilität	... parallelen Tests, die das gleiche Konstrukt erfassen (Paralleltest-Reliabilität)
	... den gleichen Tests, die zu unterschiedlichen Zeitpunkten vorgelegt werden (Re-Test-Reliabilität)
	... zwei Hälften desselben Tests (Split-Half-Reliabilität)
	... allen Items im Test (interne Konsistenz, Cronbachs α)
Validität	... Testpunktwert und externem Kriterium (Kriteriumsvalidität)
	... Testpunktwert und anderen Konstrukten (Konstruktvalidität)

Tab. 1:   Korrelationen zur Bestimmung der Güte von Instrumenten zur Kompetenzerfassung

Ein enges Verständnis der Gütekriterien beschränkt sich auf die Höhe eines oder mehrerer der angegebenen Korrelationskoeffizienten aus Tabelle 1. Insbesondere werden die interne Konsistenz (Cronbachs α) als Maß für die Reliabilität und die Korrelation zwischen einem externen Kriterium und dem Testpunktwert als Maß für die Validität eines Instruments herangezogen. Anhand dieser beiden Maße lässt sich ein Phänomen beschreiben, dass Slomp & Fruit als Test-Unbestimmtheit („testindeterminism") bezeichnen (2005, S. 198).

Da Reliabilität die Voraussetzung für Validität ist, hat es zunächst den Anschein, dass beide Gütekriterien unabhängig voneinander erhöht werden können: Kann man die Reliabilität eines Tests erhöhen, so steigt auch dessen Validität. Dies gilt vor allem für kurze Tests oder Tests in einem frühen Stadium ihrer Entwicklung. Durch das Hinzufügen von Items steigt Cronbachs α, und auch die Validität des Tests wird erhöht. Allerdings gibt es Hinweise darauf, dass die Reliabilität nur bis zu einem gewissen Grad unabhängige Voraussetzung für Validität sein kann. Bei einem gegebenen Test gilt, dass die Höhe der Reliabilität multipliziert mit der Höhe der Validität konstant ist, dass also ein Zugewinn des einen Gütekriteriums mit einem Verlust des anderen einhergeht (vgl. Slomp & Fruite 2005). Dies lässt sich an einem Beispiel veranschaulichen. Geht man davon aus, dass ein Test ein Konstrukt mit einer bestimmten Reliabilität und Validität erfasst, so könnte die Reliabilität erhöht werden, indem die Items im Test homogener gestaltet werden. Im Extrem würde das bedeuten, dass alle Items identisch werden. Wenn das der Fall ist, würde man dem Test rein inhaltlich absprechen, dass er noch das misst, was er zu messen vorgibt. Dies würde sich auch in der Vorhersagekraft des Tests für ein externes Validierungskriterium negativ niederschlagen. Dementsprechend führt die Erhöhung der Reliabilität im Prinzip zu einer Reduktion der Validität.

Umgekehrt gilt: Versucht man die Validität eines gegebenen Tests zu erhöhen, indem man verschiedene Aspekte des zu messenden Konstrukts durch Items repräsentiert, so reduziert sich die Reliabilität des Tests, weil die heterogeneren Items zu einem geringeren Grad miteinander korrelieren (Cronbachs α sinkt). Dies könnte jedoch gleichzeitig die Korrelation des Testwertes mit einem externen Validierungskriterium erhöhen und somit zu einer höheren Validität des Instrumentes führen.

Auf welchem Niveau der Testgüte sich der Kompromiss zwischen Reliabilität und Validität einspielen kann, wie hoch also die Konstante aus dem Produkt von Reliabilität und Validität absolut sein kann, hängt von der Beschaffenheit des latenten Konstrukts ab, wie im Folgenden deutlich wird.

4 Zur Bedeutung von Konstruktweite und Verwendungszusammenhang für die Testgüte

Unter dem Kompetenz-Konstrukt können in qualitativer Hinsicht verschiedene Konzepte verstanden werden, z. B. die Fähigkeit, bestimmte Klassen von Situationen und Anforderungen zu bewältigen (Hartig & Klieme 2006, S. 128) oder die Fähigkeit *und Bereitschaft* zur Lösung bestimmter Aufgabenklassen (z. B. Weinert 2001, S. 17 f.). Unabhängig davon, wie Kompetenz in ihren Qualitäten definiert wird (z. B. Fähigkeit und Bereitschaft), besteht die Möglichkeit, das Konstrukt durch Hinzufügen oder Herauslösen von Elementen gleicher Qualitäten zu weiten oder zu verengen. Unter *Konstruktweite* wird hier das Ausmaß verstanden, mit dem aus einem latenten Konstrukt verschiedenartige manifeste Leistungen resultieren können. Zur Verdeutlichung ist vorstellbar, dass ein bestimmtes Kompetenz-Konstrukt aus der Fähigkeit besteht, verschiedene Regeln korrekt anzuwenden. Je mehr Regeln das Konstrukt umfasst, desto weiter wird es, desto vielfältiger werden die Leistungen, die kompetente Personen erbringen können. Hinzu kommen Interdependenzen zwischen den Regeln, wenn diese sich zum Beispiel in bestimmten Anwendungszusammenhängen widersprechen oder hierarchisch gegliedert sind. Ebenso ist denkbar, dass der Einsatz einzelner (Regelanwendungs-)Fähigkeiten den Einsatz anderer kompensieren kann.

Die Weite des zu messenden Konstrukts hat Einfluss auf die Reliabilität eines Tests. Deuten sehr verschiedenartige Leistungen auf das Vorhandensein einer bestimmten Kompetenz hin, so werden zwei Tests zu jenem Konstrukt nicht sehr hoch miteinander korrelieren.

Abbildung 2 beschreibt die Beziehung zwischen Validität und Reliabilität bei einem bestehenden Test. Auf der Y-Achse ist der Verlust an Validität abgetragen, der entsteht, wenn man ceteris paribus die Reliabilität des Tests erhöhen will. Auf der X-Achse befindet sich analog der Verlust an Reliabilität bei steigender Validität.

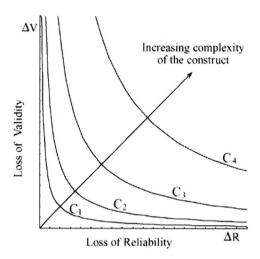

Abb. 2: Die Interdependenz von Reliabilität und Validität in Abhängigkeit der Konstruktweite, Quelle: Slomp & Fruit (2005, S. 203)

Prinzipiell lässt sich erkennen, dass die Erhöhung des einen Gütekriteriums mit der Senkung des anderen einhergeht. Reduziert man den Verlust an Validität – also wandert man die ΔV-Achse gen Ursprung – so erhöht sich der Verlust an Reliabilität. Bei minimalem Validitätsverlust hat man einen maximalen Reliabilitätsverlust.

Im Falle eines engen Konstrukts (C1), kann die Validität verhältnismäßig stark erhöht werden, ohne einen zu großen Verlust an Reliabilität zu verursachen. Je weiter das Konstrukt wird, desto größer werden die Reliabilitätsverluste bei steigender Validität. Dies ist unter anderem deshalb der Fall, weil bei einem engen Konstrukt mit einem gegebenen Test ein verhältnismäßig großer Teil aller möglichen Leistungen explizit erfasst werden kann, während bei einem weiteren Konstrukt ein gleichgroßer Test nur einen verhältnismäßig kleineren Teil abfragen kann, wodurch die Unsicherheit des Rückschlusses von Leistung auf Kompetenz steigt (vgl. Slomp & Fruite 2005, S. 200).

Die testtheoretische Lösung des Reliabilitäts-Validitäts-Dilemmas besteht in der Verengung der zu messenden Konstrukte (Rost 2004, S. 392 ff.). Es wird vorgeschlagen, mehrere enge Konstrukte statt weniger komplexer zu erfassen, um der Beschaffenheit eines umfassenden Konstrukts möglichst nah zu kommen. Dies könnte man als *partialisiertes Testen* bezeichnen. Inwieweit partialisiertes Testen eine angemessene Methode der Kompetenzerfassung ist, hängt sehr stark vom Verwertungszusammenhang der Ergebnisse ab. Insbesondere für das Kriterium der Validität gibt es darum weitergehende Definitionen, wobei nicht allein statistische Kennwerte berücksichtigt werden, sondern auch der Einzelfall der Testwert-Interpretation und Verwendung. Prominent ist die Definition Messicks:

„Validität ist eine integrierte evaluative Einschätzung darüber, zu welchem Ausmaß empirische Belege und theoretische Argumentationen die Angemessenheit und Richtigkeit von Interpretationen und Aktionen stützen, die auf der Basis von Testwerten und anderen Erhebungsverfahren getroffen werden" (Messick 1990, S. 2, übersetzt durch den Autor).

Durch diese Erweiterung der Definition wird nicht nur der Test an sich in den Blick der Validitätsprüfung genommen, sondern darüber hinaus die adäquate Interpretation und Verwendung der generierten Testergebnisse. Hartig und Jude (2007, S. 17) differenzieren drei Verwertungszusammenhänge für die Ergebnisse aus Kompetenzerfassungen:

1. individuumsbezogene Förder-, Platzierungs- und Auswahlentscheidungen,

2. Evaluation pädagogischer Maßnahmen und Beobachtung von Bildungssystemen,

3. wissenschaftliche Grundlagenforschung.

Man spricht von High-Stakes-Testing[3], wenn die Resultate des Tests direkte und bedeutende Einflüsse auf die Individuen haben, die getestet werden (siehe z. B. Heubert & Hauser 2000). Dieser Einfluss sinkt tendenziell von der individuumsbezogenen Förder- und Platzierungsentscheidung (1.) in Richtung wissenschaftlicher Grundlagenforschung (3.).

Zwischen Konstruktweite und Testgüte ergibt sich daraus je nach Verwertungszusammenhang ein Dilemma. Zwar besteht unabhängig vom Verwertungszusammenhang immer der Wunsch nach einer möglichst hohen Güte verwendeter Erhebungsinstrumente. Im Rahmen wissenschaftlicher Grundlagenforschung können aber tendenziell größere Unsicherheiten (also kleinere Reliabilitäts- und Validitätskoeffizienten) in Kauf genommen werden als in individualdiagnostischen Zusammenhängen. Folglich müssten in High-Stakes-Settings vornehmlich die engeren Konstrukte erfasst werden, weil dort die Güte auf höherem Niveau optimierbar ist. Enge Konstrukte lösen aber gerade dort Unbehagen aus, wo Testergebnisse mittelbar oder unmittelbar entscheidungsrelevant werden, also auf den Ebenen 1 und 2. Es wird nicht nur gewürdigt, welche engen Konstrukte in die Kompetenzerfassung mit eingehen, es wird insbesondere wahrgenommen, welche Konstrukte aus ökonomischen oder methodischen Gründen nicht berücksichtigt werden können. Ergebnisse aus derartigen Erhebungen werden als „reduktionistisch" kritisiert:[4] „Wie bei den meisten Einschränkungen dasjenige am Interessantesten ist, was ausgegrenzt wird, so ist auch hier zu fragen, was unter den Tisch fällt, ohne dorthin zu gehören" (Koch 2010, S. 8). Dieses Dilemma wird in Abbildung 3 schematisch dargestellt.

---

3   „Stakes" ist der englische Begriff für „Wett(-Einsatz)".

4   Vgl. z. B. die Beiträge der Tagung „Bildungsstandards auf dem Prüfstand – Der Bluff der Kompetenzorientierung. Auf dem Weg zum homo oeconomicus?", die im Juni 2010 von der Gesellschaft für Bildung und Wissen e.V. veranstaltet wurde (http://www.bildung-wissen.eu/tagungen.html).

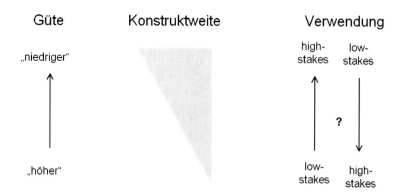

Abb. 3: *Dilemma zwischen Testgüte und Verwendungszusammenhang in Abhängigkeit der Konstruktweite*

Der Einsatz von Tests löst demnach je nach Verwendungszusammenhang mehr oder weniger Unbehagen bei den Stakeholdern[5] eines Tests aus. Nur in der Wissenschaft, sofern es ihr ausschließlich um Wahrheitsfindung geht, ist es richtig zu sagen, ein Test sei besser als kein Test, denn anschließend wisse man mehr als zuvor. Für die meisten anderen Stakeholder birgt ein Test auch immer Gefahren, da die unter Unsicherheit gewonnenen Ergebnisse positive oder negative Konsequenzen nach sich ziehen können. Es hat den Anschein, dass das Unbehagen wächst, je partialisierter Tests konzipiert werden, weil dadurch das Nicht-Erfasste bzw. das Nicht-zu-Erfassende besonders offensichtlich wird. So besteht die Befürchtung, dass das Nicht-Erfasste zwar von großer Bedeutung für die Zukunft von Individuen ist, aber im Rahmen von bildungspolitischen oder institutionellen Entscheidungen aufgrund von testbasierten Evidenzen nicht (mehr) berücksichtigt werden könnte und stattdessen Maßnahmen in den Vordergrund rücken könnten, Testergebnisse zu manipulieren (vgl. Lind 2009).

5 Gütekriterien in flexiblen Verfahren der Kompetenzmessung

Wenn die Frage beantwortet werden soll, inwieweit flexible Erhebungsverfahren in der Kompetenzmessung ihre Berechtigung haben, so sind ebenfalls die Aspekte der Konstruktweite (weit vs. eng) und des Verwendungszusammenhangs (high-stakes vs. low-stakes) in die Überlegungen miteinzubeziehen.

---

5 Als *Stakeholder* werden all jene Personen und Institutionen bezeichnet, für welche der Test in irgendeiner Weise Relevanz erfährt, die also einen Einsatz leisten oder zu verlieren haben. Zuvorderst geht es um Probanden und Testanwender sowie Personen und Institutionen, die Testergebnisse zur Kenntnis nehmen bzw. verwenden.

Wie eingangs beschrieben, besteht im High-Stakes-Setting der deutschen Prüfungspraxis die Tendenz, unter Verweis auf die Geschäfts- und Arbeitsprozessorientierung sowie unter Rückgriff auf die Handlungskompetenz ganzheitliche – also flexiblere – Verfahren der Kompetenzerhebung zu etablieren. Diese bestehen z. B. aus Beobachtungen von realen Arbeiten oder simulierten Arbeitsproben sowie in der Bewertung von Leistungsdokumentationen[6]. Angenommen wird, dass dadurch das weite Konstrukt der beruflichen Handlungskompetenz erfassbar wird. Während Beobachtungsverfahren in Prüfungszusammenhängen in hohem Maße akzeptiert sind, werden sie in der Grundlagenforschung der empirischen Bildungsforschung eher skeptisch gesehen. So kritisiert Straka (2003) die häufig fehlende Dokumentation der Verfahrensgüte und die prinzipiell schwierig zu kontrollierende Zuweisung von Bewertungen zu Leistungen durch die Prüfer bspw. in der Prüfungsform „Kundenberatungsgespräch". All dies mindert die Objektivität der Verfahren und damit zwangsläufig auch die darüber liegenden Kriterien der Reliabilität und Validität.

Andererseits ermöglichen es weniger standardisierte Verfahren im Rahmen von High-Stakes-Testing, der Einzelperson des Probanden individueller zu begegnen. So besteht z. B. die Möglichkeit, Schwächen in bestimmten Bereichen des Prüfungsstoffs durch Stärken in anderen zu kompensieren. Dies reduziert die objektive Güte der Ergebnisse und damit die Vergleichbarkeit und Interpretierbarkeit der Summe aller Prüfungen, wird *dem Individuum* angesichts der Tragweite einer Prüfungsnote aber eventuell eher gerecht. Diese Flexibilität kommt dem Vorwurf des Reduktionismus im Rahmen partialisierter Tests zuvor.

Aber auch in Zusammenhängen der wissenschaftlichen Grundlagenforschung ist der Nutzen von Leistungsbeobachtungen nicht unumstritten. Je flexibler die Verfahren, desto größer sind die potenziellen Datenmengen, die in einer Testsituation aufgenommen und verarbeitet werden müssen, um sie statistischen Verfahren zuzuführen. Beispielsweise produziert ein einziger realer Arbeitsprozess von wenigen Minuten Dauer eine theoretisch unendlich große Zahl an visuellen, auditiven, olfaktorischen und haptischen Reizen, die unmöglich im Voraus vorhersehbar und als Indikatoren für Kompetenz klassifizierbar sind. Diese sogenannten „elementaren" Daten erhalten erst in bestimmten Kombinationen ihre Bedeutung als Indikator für Kompetenzen. Aber auch diese Kombinationen sind in aller Regel so zahlreich und spezifisch, dass sie nicht ex-ante – also vor der eigentlichen Erhebung – als zu erfassende Indikatoren bestimmt werden können, um sie dann standardisiert zu erfassen.

Langer und von Schulz Thun (2007) argumentieren zudem, dass der Versuch, elementare Daten als Indikatoren für Kompetenzen heranzuziehen, zu einer Trivialisierung der Messung führe, denn „Was leicht zu zählen ist, muß nicht bedeutsam sein"

---

6   Darunter fallen vor allem die Dokumentationen von Prüflingen zu selbst durchgeführten Projekten und Arbeitsaufträgen, wie es in den IT-Berufen und in der Metall- und Elektroindustrie vorgesehen ist. International, in der Allgemeinbildung sowie der Lehrerbildung fallen derartige Dokumentationen unter den Begriff der Portfolio-Methode (vgl. z. B. van der Schaaf & Stocking 2008).

(a. a. O., S. 18). Ein Konstrukt müsse für eine elementare Datenerhebung so lange konkretisiert werden, bis die zu erhebenden Indikatoren „ihren Bezug zum theoretischen Ausgangsbegriff" (a. a. O., S. 20) verlieren. Nach ihrer Ansicht sind Beobachtungen in Verbindung mit Rating-Verfahren eine Erfolg versprechende Methode zur direkten Verarbeitung zahlloser elementarer Indikatoren zu größeren Informationseinheiten, die durch die „Fähigkeit des menschlichen Gehirns zur ›*Indikatorenverschmelzung*‹ (ebd.)" ermöglicht würde.

Nickolaus, Gschwendtner & Abele (2009) sowie Abele & Gschwendtner (2010) halten die Möglichkeiten der Verobjektivierbarkeit von beobachtungsbasierten Daten aus realen Arbeitsprozessen oder Arbeitsproben für unzureichend, um auf dieser Grundlage die exakten theoretischen Vorstellungen von Kompetenz mit den noch exakteren statistischen Modellierungen zu prüfen. Beck (1987) kritisiert auf der Grundlage des kritischen Rationalismus, dass die Präzision der Beschreibungssprache (empirische Stufe) nicht mit der zunehmenden Differenziertheit der theoretischen Sprache Schritt hält. Im Rahmen von Beobachtungen komme es zu einer Verschmelzung von Datenerhebung und Theoriekonstruktion, die einer externen Kontrolle als wissenschaftlicher Notwendigkeit nicht zugänglich ist.

Beck (1987) unterstreicht insbesondere die Folgen des sogenannten Bedeutungsfehlers. Er liegt vor, wenn zwei Begriffe der Beobachtungssprache nicht vollständig eigene Aspekte der Realität beschreiben, sondern (teilweise) denselben (a. a. O., S. 77). Beispielsweise ist es möglich, dass Beobachter unter den fiktiven Kategorien „Gründlichkeit" und „planvolles Vorgehen" jeweils den realen Sachverhalt „Proband macht sich Notizen über den Arbeitsablauf" fassen. Dadurch wird nicht nur die Anforderung der Unabhängigkeit von Beobachtungen verletzt, die für die Anwendung vieler statistischer Prozeduren Voraussetzung ist (darunter das Rasch-Modell und die Faktorenanalyse). Je häufiger der Beobachtungsfehler auftritt, desto geringer ist der empirische Gehalt der Aussagen der Beobachter.

Als Konsequenz fordert er eine radikale „Elimination des Unterrichtsbeobachters [und des Beobachters in der empirischen Forschung im Allgemeinen, Anmerkung d. V.] aus dem Vorgang der Meßwertproduktion" (Beck 1987, S. 181). Vor dem Hintergrund der Verfügbarkeit immer komplexerer theoretischer Kompetenzmodelle und der Modellierbarkeit durch entsprechend komplexe Modelle der Testtheorie wird weithin dafür plädiert, den Zugewinn an theoretischer Genauigkeit nicht durch Genauigkeitsverluste bei der Datenerfassung aufs Spiel zu setzen.

6   Schlussfolgerungen und Ausblick

Die Kritik am „authentic measurement" behält ihre Grundlage insofern, als es in der beruflichen Bildung bis heute kaum empirische Belege gibt, inwiefern flexiblere Datenerfassungen den höher standardisierten Erhebungsmethoden überlegen sind (Terwilliger 1997). Tendenziell lassen sich eher Hinweise dafür finden, dass Beurteilungen, die auf Beobachtungen und Ratings beruhen, eher fehleranfällig sind (Beck 1987; Praetorius, Lenske & Helmke 2010). In anderen Domänen ließ sich bereits auch für sehr flexible Kompetenzerhebungsverfahren eine zufriedenstellende Güte der Instrumente nachweisen (z. B. Meisels, Liaw, Dorfman & Nelson 1995).

Wenn Kompetenzmessungen auf der Grundlage von Beobachtungsdaten mit den dargestellten Beeinträchtigungen einhergehen, gibt es dann überhaupt eine Begründung dafür, Kompetenzen in flexiblen Erhebungssettings zu erfassen und im Extremfall reales Leistungsverhalten menschvermittelt zu beobachten? Aus Sicht des Autors gibt es einige Argumente, die insbesondere in der beruflichen Bildung dafür sprechen. Über kurz oder lang werden dort alle Ergebnisse von Kompetenzerhebungen große Konsequenzen für Individuen und Institutionen erlangen (high-stakes), wie es im Prüfungsgeschehen schon seit Langem der Fall ist. Deshalb ist eine Grundlagenforschung nötig, die die Güte der dort angewandten Instrumente kontrolliert. Diese Grundlagenforschung an sich darf größeren Unsicherheiten unterliegen als die High-Stakes-Instrumente selbst, um die folgenden Fragen zunächst grundlegend zu beantworten:

Wie reliabel und valide sind Instrumente zur Erfassung weiter Konstrukte?

Pädagogisch und ordnungspolitisch relevante Kompetenzen in der beruflichen Bildung sind in der Regel weite Konstrukte (vgl. Spöttl, Becker & Musekamp, im Druck). Will man weite Konstrukte erfassen, so gehen hoch standardisierte Erhebungsinstrumente mit einer großen Distanz zwischen Test und Bezugssituation einher, so dass die standardisierten Instrumente besonders intensiv auf ihre Validität zu prüfen sind. Dazu müssen andere Instrumente zur Verfügung stehen, um Vergleichsmessungen in Erhebungssettings zu realisieren, die näher an die Bezugssituation angelehnt und damit notwendigerweise flexibler sind. So vergleichen z. B. Nickolaus, Gschwendtner & Abele (2009) die Leistungen bei der Fahrzeugdiagnose in einer Computersimulation mit den Leistungen an einem realen Fahrzeug. Zur Erfassung der Leistungsdaten in diesen flexibleren Erhebungsformen sind eigenständige Instrumente nötig.

Ist ein weites Konstrukt tatsächlich mehr als die Summe seiner Teile?

Bisher ist empirisch ungeklärt, ob ein Gesamtkonstrukt „berufliche Handlungskompetenz" tatsächlich mehr ist als die Summe seiner Teilkonstrukte (z. B. Fachwissen, Problemlösen usw.), wie es nicht selten behauptet wird (z. B. Shavelson 2010). Um das Verhältnis von engen Konstrukten zu weiteren Konstrukten zu ermitteln, ist es auch notwendig, Verfahren zur Verfügung zu stellen, die in der Lage sind, weite Konstrukte – evtl. unter verhältnismäßig großer Unsicherheit – zu erfassen.

Welche Rolle spielen psychomotorische Fähigkeiten im Verhältnis zu kognitiven?

Kompetenzen werden bisher in überwiegendem Maße über Multiple-Choice-Tests bzw. mittels Paper-Pencil-Tests mit (halb-)offenen Antwortmöglichkeiten erhoben. In der Folge zeigt sich regelmäßig ein sehr hoher Zusammenhang zwischen allgemeinen kognitiven Fähigkeiten (Intelligenz) und jedweder Art von kontextspezifischer Kompetenz (siehe Rindermann 2006). Auch in der beruflichen Bildung sind Korrelationen zwischen Fachwissen und Intelligenz relativ hoch.[7] In beruflichen Zusammenhängen spielen aber sehr häufig auch händische Arbeiten eine große Rolle, wobei deren Stellenwert bisher nie empirisch untersucht wurde. Bei der Erfassung dinglicher Leistungen ist auf flexiblere Erhebungsinstrumente wie Beobachtungen kaum zu verzichten.

Ist es nötig, (Arbeits- oder Geschäfts-)Prozesse explizit zum Gegenstand von Kompetenzerfassung zu machen?

Es wird zunehmend der Versuch unternommen, Verfahren zur Kompetenzfeststellung mithilfe von Computersimulationen zur realisieren (vgl. Hartig & Klieme 2007; Nickolaus, Gschwendtner & Abele 2009; Winther & Achtenhagen 2009). Die Vorteile computerbasierter Simulationen für die Erfassung von beruflichen Kompetenzen werden in vielen Aspekten gesehen (vgl. Jude & Wirth 2007, S. 54 ff.), unter anderem darin, dass mit ihrer Hilfe bei hoher Objektivität und unveränderten Reliabilitäten komplexe Situationen und Dynamik abgebildet werden können. Bisher werden in der beruflichen Bildung zwar Simulationen eingesetzt, um ein Interagieren mit dem Testgegenstand zu ermöglichen, bewertet wird dann aber nur das Endergebnis dieses Prozesses. Die Prozessmerkmale selbst, z. B. logisches Vorgehen, zeitsparendes Agieren usw., gehen bisher nicht in die Analysen mit ein. Sollte der Einbeziehung dieser Merkmale ein wichtiger Stellenwert im Kompetenzkonstrukt zugewiesen werden, ist die Erhebung über Beobachtungen ein gangbarer Weg.

Zur Beantwortung dieser Fragen sind einige Strategien denkbar, mit deren Hilfe auch in flexiblen Erhebungssettings eine ausreichend hohe Güte sichergestellt werden kann. So könnten z. B. Kombinationen und gleichzeitige Skalierungen von Daten aus Tests für enge und weite Konstrukte vorgenommen werden, um die Ergebnisse miteinander in Beziehung zu setzen. Auch eine Kombination von menschvermittelter Beobachtung und apparatebasierter Messung von Leistungen ist denkbar, um ein gegenseitiges Korrektiv zu ermöglichen.

Bis aus diesen Forschungsdesideraten Ergebnisse verfügbar sind, die das Vorgehen und die Methoden in High-Stakes-Settings stützen oder infrage stellen, bleibt für die Prüfungspraxis der eingeschlagene Weg einer stärkeren Anlehnung an reale Arbeiten unter Vernachlässigung der klassischen Gütekriterien. Damit ist die notwendige Akzeptanz von Abschlüssen auf Arbeitsmärkten sicher eher gegeben als mit hoch reliablen, aber partialisierten Tests.

---

7   Bivariate Zusammenhänge zwischen Fachwissen und Intelligenz liegen bei Kfz-Mechatronikern zwischen .43 und .48 und bei Elektronikern immerhin noch zwischen .22 und .30 (vgl. Nickolaus, Gschwendtner & Geißel 2008, S. 57). In Pfadanalysen reduziert sich der direkte Einfluss von Intelligenz auf Fachwissen, bleibt aber vermittelt über allgemein-schulische Kompetenzen wie Lese- und Mathematik-Fähigkeiten weiterhin von Relevanz (a. a. O., S. 59 f.).

Literatur

Abele, S.; Gschwendtner, T. (2010): Die computerbasierte Erfassung beruflicher Handlungs-kompetenz. Konzepte, Möglichkeiten, Perspektiven am Beispiel Kfz-Mechatronik. In: Berufsbildung in Wissenschaft und Praxis, Heft 1, S. 14–17.

Beck, K. (1987): Die empirischen Grundlagen der Unterrichtsforschung. Eine kritische Analyse der deskriptiven Leistungsfähigkeit von Beobachtungsmethoden. Göttingen: Verl. für Psychologie Hogrefe.

Borch, H.; Weißmann, H. (1999): Neue Qualifikationen erfordern neue Abschlussprüfungen. Eine Begründung für die neue Prüfungsform. In: Berufsbildung in Wissenschaft und Praxis, Jg. 28, H. 2, S. 14–19.

Borsboom, D. (2008): Latent Variable Theory. In: Measurement, H. 6, S. 25–53.

Bortz, J.; Döring, N. (2006): Forschungsmethoden und Evaluation. Für Human- und Sozial-wissenschaftler. Berlin, Heidelberg: Springer Medizin Verlag Heidelberg.

Chomsky, N. (1971): Aspekte der Syntax-Theorie. Frankfurt/M.: Suhrkamp.

Erpenbeck, J.; Rosenstiel, L. von (2003): Einführung Pkt. 1–6. In: J. Erpenbeck; L. von Rosenstiel (Hg.): Handbuch Kompetenzmessung: erkennen, verstehen und bewerten von Kompetenzen in der betrieblichen, pädagogischen und psychologischen Praxis. Stuttgart: Schäffer-Poeschel, S. IX–XL.

Gillis, S.; Griffin, P. (2008): Competency Assessment. In: J. Athanasou (Hg.): Adult Education and Training. Sydney: David Barlow Publishing, S. 227–249.

Hambleton, R. K.; Murphy, E. (1991): A Psychometric Perspektive on Authentic Measure-ment. Online verfügbar: http://www.eric.ed.gov/PDFS/ED334265.pdf [Stand: 30.06.2010].

Hartig, J.; Jude, N. (2007): Empirische Erfassung von Kompetenzen und psychometrische Kompetenzmodelle. In: J. Hartig; E. Klieme (Hg.): Möglichkeiten und Voraussetzungen technologiebasierter Kompetenzdiagnostik. Eine Expertise im Auftrag des Bundesministeriums für Bildung und Forschung. Bonn, Berlin, S. 17–36.

Hartig, J.; Klieme, E. (2006): Kompetenz und Kompetenzdiagnostik. In: K. Schweizer (Hg.): DIPF-Arbeitseinheit: Bildungsqualität und Evaluation. Berlin: Deutsches Institut für Internationale Pädagogische Forschung; Springer, S. 127–143.

Hartig, J.; Klieme, E. (Hg.) (2007): Möglichkeiten und Voraussetzungen technologiebasierter Kompetenzdiagnostik. Eine Expertise im Auftrag des Bundesministeriums für Bildung und Forschung. Bonn, Berlin.

Heubert, J. P.; Hauser, R. M. (2000): High stakes. Testing for tracking, promotion, and grad-uation. Washington, DC: National Academy Press.

IT-Berufe (1997): Verordnung über die Berufsausbildung im Bereich der Informations- und Telekommunikationstechnik. In: Bundesgesetzblatt, Jg. 1997, Nr. 48, S. 1741.

Jornitz, S. (2008): Was bedeutet eigentlich „evidenzbasierte Bildungsforschung"? Über den Versuch, Wissenschaft für Praxis verfügbar zu machen am Beispiel der Review-Erstellung. In: Die Deutsche Schule, Jg. 100, H. 2, S. 206–216.

Jude, N.; Wirth, J. (2007): Neue Chancen bei der technologiebasierten Erfassung von Kom-petenzen. In: J. Hartig; E. Klieme (Hg.): Möglichkeiten und Voraussetzungen technolo-giebasierter Kompetenzdiagnostik. Eine Expertise im Auftrag des Bundesministeri-ums für Bildung und Forschung. Bonn, Berlin, S. 49–56.

Koch, L. (2010): Kompetenz: Konstrukt zwischen Defizit und Anmaßung, Vortrag auf der Veranstaltung „Bildungsstandards auf dem Prüfstand – Der Bluff der Kompetenzorientierung. Auf dem Weg zum homo oeconomicus?". Köln. Veranstalter: Gesellschaft für Bildung und Wissen e.V. Online verfügbar: http://www.bildung-wissen.eu/tagungen/Koch-Defizit.pdf [Stand: 07.10.2010].

Langer, I.; Schulz Thun, F. von (2007): Messung komplexer Merkmale in Psychologie und Pädagogik. Ratingverfahren. Münster: Waxmannnn.

Lind, G. (2009): Amerika als Vorbild. Erwünschte und unerwünschte Folgen aus Evaluationen. In: T. Bohl; H. Kiper (Hg.): Lernen aus Evaluationsergebnissen – Verbesserungen planen und implementieren. Bad Heilbrunn: Klinkhardt, S. 78–97.

Meisels, S. J.; Liaw, F.; Dorfman, A.; Nelson, R. F. (1995): The Work Sampling System: Reliability and Validity of a Performance Assessment for Young Children. In: Early Childhood Research Quarterly, Jg. 10, H. 3, S. 277–296.

Messick, S. (1990): Validity of test interpretation and use. Princeton.

Metallberufe (2004): Verordnung über die Berufsausbildung in den industriellen Metallberufen. In: Bundesgesetzblatt, Jg. 2004, Nr. 34, S. 1502.

Musekamp, F. (2009): Entwicklung eines standardisierten Instruments zur Kompetenzerhebung im Kfz-Service. In: C. Fenzl; G. Spöttl; F. Howe; M. Becker (Hg.): Berufsarbeit von morgen in gewerblich-technischen Domänen – Forschungsansätze und Ausbildungskonzepte für die berufliche Bildung. Bielefeld: W. Bertelsmann, S. 246–251.

Nickolaus, R.; Gschwendtner, T.; Abele, S. (2009): Die Validität von Simulationsaufgaben am Beispiel der Diagnosekompetenz von Kfz-Mechatronikern. Vorstudie zur Validität von Simulationsaufgaben im Rahmen eines VET-LSA. Stuttgart. Online verfügbar: http://www.bmbf.de/pub/Abschluss-Bericht_Druckfassung.pdf [Stand: 03.11.2009].

Nickolaus, R.; Gschwendtner, T.; Geißel, B. (2008): Entwicklung und Modellierung beruflicher Fachkompetenz in der gewerblich-technischen Grundbildung. In: Zeitschrift für Berufs- und Wirtschaftspädagogik, Jg. 104. Band, Heft 1, S. 48–73.

Praetorius, A.-K.; Lenske, L.; Helmke, A. (2010): Auf der Suche nach Ursachen für Beurteilungsdifferenzen – Ist die Methode des Lauten Denkens für die Analyse unterrichtsbezogener Urteilsprozesse ertragreich? Vortrag auf der Veranstaltung „Tagung der Arbeitsgruppe für Empirische Pädagogische Forschung (AEPF)". Jena. Veranstalter: Friedrich-Schiller-Universität Jena.

Reetz, L. (2005): Situierte Prüfungsaufgaben. Die Funktion von Situationsaufgaben in Abschlussprüfungen des Dualen Systems der Berufsausbildung. In: Berufs- und Wirtschaftspädagogik – online, H. 8, S. 1–32. Online verfügbar: http://www.bwpat.de/ausgabe8/reetz_bwpat8.pdf [Stand: 11.08.2010].

Reetz, L. (2010): Untersuchungen zur Praxis der Erfassung beruflicher Handlungskompetenz bei den Abschlussprüfungen im dualen System der deutschen Berufsausbildung. In: D. Münk; A. Schelten (Hg.): Kompetenzermittlung für die Berufsbildung. Verfahren, Probleme und Perspektiven im nationalen, europäischen und internationalen Raum. Bielefeld: W. Bertelsmann, S. 101–117.

Rindermann, H. (2006): Was messen internationale Schulleistungsstudien? Schulleistungen, Schülerfähigkeiten, kognitive Fähigkeiten, Wissen oder allgemeine Intelligenz. In: Psychologische Rundschau, Jg. 57, H. 2, S. 69–86.

Rost, J. (2004): Lehrbuch Testtheorie – Testkonstruktion. Psychologie Lehrbuch. Bern u. a.: Huber.

Shavelson, R. J. (2010): On the measurement of competency. In: Empirical Research in Vocational Education and Training, Jg. 2, H. 1, S. 41–63.

Slomp, D. H.; Fruite, J. (2005): Following Phaedrus: Alternate choices in surmounting the reliability/validity dilemma. In: Assessing Writing, H. 9, S. 190–207.

Spöttl, G.; Becker, M.; Musekamp, F. (im Druck): Anforderungen an Kfz-Mechatroniker und Implikationen für die Kompetenzerfassung. In: R. Nickolaus; G. Pätzold (Hg.): Lehr-Lernprozesse in der gewerblich-technischen Berufsbildung. Stuttgart: Steiner.

Straka, G. A. (2003): Rituale zur Zertifizierung formell, non- und informell erworbener Kompetenzen. In: Wirtschaft und Erziehung (WuE), Jg. 55, H. 7–8, S. 253–259.

Terwilliger, J. (1997): Semantics, Psychometrics, and Assessment Reform: A Close Look at "Authentic" Assessments. In: Educational Researcher, Jg. 26, H. 8, S. 24–27.

van der Schaaf, M. F.; Stocking. K. M. (2008): Developing and validating a design for teacher portfolio assessment. In: Assessment & Evaluation in Higher Education, Jg. 33, H. 3, S. 245–262.

Weinert, F. E. (2001): Vergleichende Leistungsmessung in Schulen – eine umstrittene Selbstverständlichkeit. In: F. E. Weinert (Hg.): Leistungsmessungen in Schulen. Weinheim u. a.: Beltz-Pädagogik, S. 17–31.

Winther, E.; Achtenhagen, F. (2009): Simulationsaufgaben als innovatives Testverfahren für Industriekaufleute im Rahmen eines VET-LSA. In: Wirtschaft und Erziehung (WuE), H. 10, S. 317–325.

Valide Abschätzungen von Kompetenzen als eine notwendige Basis zur Effektbeurteilung pädagogischer Handlungsprogramme – Herausforderungen, Ansätze und Perspektiven[1]

Reinhold Nickolaus, Tobias Gschwendtner, Stephan Abele

1 Vorbemerkungen

Prinzipiell gibt es zahlreiche Möglichkeiten, die Effekte pädagogischer Handlungsprogramme abzuschätzen. Neben der in diesem Beitrag im Mittelpunkt stehenden Erfassung von Kompetenzausprägungen wäre es beispielsweise denkbar, eher sekundäre Erfolgsfaktoren wie z. B. Abbruch- bzw. Absolventenquoten, Übergänge in Beschäftigung bzw. die Akzeptanz bestimmter Abschlüsse heranzuziehen oder auch Erlebnisqualitäten der Adressaten und Lehrenden in den Blick zu nehmen. In der Regel oder zumindest z. T. dürften sowohl die sekundären Erfolgsfaktoren als auch Erlebnisqualitäten Zusammenhänge mit der Kompetenzentwicklung aufweisen. Die Kompetenzentwicklung ist wohl das zentrale Ziel aller pädagogischen Handlungsprogramme. Wie sich die erworbenen Kompetenzen verwerten lassen, ist primär auch von den Bedingungen außerhalb der pädagogischen Handlungsprogramme abhängig, weshalb sekundäre Indikatoren nur bedingt geeignet sind, die Effekte pädagogischer Handlungsprogramme befriedigend abzuschätzen. Sekundäre Effektindikatoren sind allerdings häufig leichter zu erfassen, als dies bei Kompetenzen – zumal beruflichen Handlungskompetenzen in einem umfassenderen Verständnis – gegeben ist.

Eine Annäherung an die valide Abschätzung von Kompetenzen ist vermutlich nur dann aussichtsreich zu betreiben, wenn zunächst für zentrale Kompetenzaspekte valide Tests entwickelt werden und der Anspruch auf eine *umfassende* valide Abschätzung beruflicher Handlungskompetenz zunächst zurückgestellt wird. Im Bereich der beruflichen Bildung ist es naheliegend, diese Annäherung zuerst im Bereich der Fachkompetenz zu betreiben, wozu in den letzten Jahren zahlreiche Arbeiten vorgelegt wurden. Das gilt einerseits für Arbeiten, die im Bereich der beruflichen Bildung versuchen, die Potenziale der Item-Response-Theorie bezogen auf ausgewählte Kompetenzfacetten wie die Fachkompetenz zu nutzen (vgl. z. B. Lehmann & Seeber 2007; Geißel 2008; Gschwendtner 2008; Nickolaus, Gschwendtner & Geißel 2008; Gschwendtner, Abele & Nickolaus 2009; Winther & Achtenhagen 2009; Seeber

1 Diese Veröffentlichung wurde ermöglicht durch eine Sachbeihilfe der Deutschen Forschungsgemeinschaft (Kennz.: DFG Ni 606/3-1 und 6-1) im Schwerpunktprogramm „Kompetenzmodelle zur Erfassung individueller Lernergebnisse und zur Bilanzierung von Bildungsprozessen" (SPP 1293).

2008, 2009), das gilt andererseits für Versuche, trotz der gravierenden und ungelösten konzeptionellen und messtechnischen Probleme, eine umfassende Abschätzung beruflicher Handlungskompetenzen und der darin eingelagerten Fachkompetenz auf der Basis klassischer Testtheorie vorzunehmen (vgl. z. B. Haasler & Erdwien 2009; Rauner u. a. 2009a/b).

Im Folgenden werden primär am Beispiel des Kfz-Bereichs die Herausforderungen, Ansätze und Perspektiven einer validen Abschätzung fachlicher Kompetenzen diskutiert, wobei auch deutlich werden wird, dass sich manche der thematisierten Probleme generell, d. h. auch in anderen Domänen bzw. Berufen, stellen. Dazu gehen wir (1) auf gängige Ansätze zur Abschätzung beruflicher Kompetenzen und deren Qualität ein, stellen (2) ausgewählte Erkenntnisse zu Kompetenzstruktur- und Niveaumodellen vor, reflektieren (3) Probleme reliablen Messens im Bereich fachlicher Problemlösefähigkeit, die in diesem Feld besonders virulent sind, und geben abschließend einen kleinen Ausblick zu künftigen Forschungsaufgaben.

2   Gängige Ansätze zur Abschätzung beruflicher Kompetenz(aspekte) und ihre Eignung zur Generierung valider Aussagen

In der beruflichen Bildung wird ein relativ breites Spektrum an Verfahren eingesetzt, um Aussagen zu Kompetenzausprägungen zu gewinnen. Relativ weit verbreitet – insbesondere in der beruflichen Weiterbildung, aber auch in der Berufsbildungsforschung – sind *Selbsteinschätzungen*, die allerdings mit erheblichen Objektivitätsproblemen behaftet und somit für valide Kompetenzabschätzungen unbrauchbar sind. Gestützt wird diese Aussage u. a. durch Metaanalysen von Zusammenhängen zwischen Selbsteinschätzungen und Fremdeinschätzungen oder auch von durch Tests gewonnenen Daten (vgl. z. B. Vollmers & Kindervater 2010). Bemerkenswert scheint in diesem Zusammenhang auch der Befund Versteges (2007), der bei Nutzung von Selbsteinschätzungen völlig andere Erklärungsmodelle für die Kompetenzentwicklung generierte als bei Nutzung testbasierter Daten als Kriteriumsvariable.

Weit verbreitet sind sowohl in der Bildungspraxis als auch in der Berufsbildungsforschung (kriterienorientierte) *Experteneinschätzungen*, die zum Teil auf der Basis standardisierter Anforderungen, zum Teil auch auf der Basis realer Arbeitsprozesse gewonnen werden. Insbesondere der letzte Typus, der in spezifischer Form zum Teil im Prüfungsgeschehen bei „betrieblichen Aufgaben" als Teil der Facharbeiterprüfungen zum Einsatz kommt, wird den Gütekriterien validen Testens keinesfalls gerecht. Dafür sprechen fragwürdige Verteilungen von Prüfungsergebnissen in manchen Berufen, die durch massive Häufungen sehr guter und guter Noten gekennzeichnet sind (Bosch 2009). In betrieblichen Kontexten scheinen z. T. auch Mildeeffekte einer objektiven Einschätzung entgegenzustehen (Abele 2011). Aber auch kriterienorientierte Experteneinschätzungen, die auf der Basis von standardisierten Aufgaben zustande kommen und eine hohe Interraterreliabilität aufweisen können, können vor allem in solchen Fällen auf gemeinsamen Misskonzepten beruhen, in denen man den Ratern Urteile abverlangt, die nur begrenzt operationalisierbar sind.

Auf breiter Ebene finden auch *Paper-Pencil-Tests* Verwendung, die nach den vorliegenden Erkenntnissen vor allem geeignet sein dürften, deklarative und spezifische Ausschnitte prozeduralen Wissens verlässlich abzuschätzen. Erhebliche Zweifel scheinen allerdings angebracht, auf diese Weise Kompetenzaspekte wie Fehleranalysefähigkeit oder, allgemeiner, fachliche Problemlösefähigkeit in beruflichen Kontexten adäquat zu erfassen. Ideal wären dazu zweifellos Aufgabenstellungen, die reale Anforderungen widerspiegeln, bzw. *reale Arbeitsaufgaben* selbst, wobei sich allerdings das Problem stellt, dass sich bei der Konfrontation mit nur wenigen komplexen Aufgaben erhebliche Reliabilitätsprobleme einstellen, die Ausweitung der Aufgaben bzw. Testzeiten an Grenzen stößt und die Schaffung standardisierter Anforderungssituationen erhebliche Umsetzungsprobleme bereitet. Vor diesem Hintergrund scheinen zumindest für wichtige Segmente die im Rahmen der Vorstudien zu einem Berufsbildungspisa entwickelten und einer kritischen Validitätsprüfung unterzogenen *computerbasierten Simulationen realer Arbeitsaufgaben* (Abele u. a. 2009; Gschwendtner, Abele & Nickolaus 2009; Nickolaus, Gschwendtner & Abele 2009) ein weiter verfolgenswerter Weg zu sein.

3   Ausgewählte Erkenntnisse zu Kompetenzstruktur- und Niveaumodellen und Implikationen für die valide Abschätzung beruflicher Fachkompetenz

Den im Folgenden referierten Studien zu Kompetenzstruktur- und Kompetenzniveaumodellen lag in der Regel ein Kompetenzverständnis im Anschluss an Klieme & Leutner (2006) zugrunde, das durch eine Konzentration auf kontextspezifische kognitive Dispositionen gekennzeichnet und funktional auf bestimmte Klassen von Situationen und Anforderungen in bestimmten Domänen bezogen ist. Bereitschaften, wie sie im holistischen Modell der deutschen Kultusministerkonferenz (KMK) inkludiert sind, wurden im Sinne einer Komplexitätsreduktion zunächst ausgegrenzt bzw. einer separaten Erfassung überlassen. Dafür waren primär pragmatische Überlegungen leitend, da es beim gegenwärtigen Kenntnisstand nicht Erfolg versprechend scheint, umfassende Kompetenzabschätzungen reliabel und valide vorzunehmen.

3.1   Strukturmodelle

Über die verschiedenen Domänen hinweg kristallisiert sich im Hinblick auf die Kompetenzstruktur zumindest eine zweidimensionale Struktur beruflicher Fachkompetenz heraus, die durch das relevante Wissen als erste Dimension und die Fähigkeit, dieses Wissen in wechselnden, auch problemhaltigen Situationen anzuwenden als zweite Dimension beschrieben werden können (Achtenhagen & Winther 2009; Gschwendtner, Abele & Nickolaus 2009; Gschwendtner 2008). Inkonsistent ist die

Befundlage zu Ausdifferenzierungen des Wissens, das in einem Teil der Studien eindimensional modelliert wird (Geißel 2008; Gschwendtner 2008; Lehmann & Seeber 2007; Nickolaus, Gschwendtner & Geißel 2008), in anderen hingegen mehrdimensional (z. B. Seeber 2008; Winther & Achtenhagen 2009; Gschwendtner 2011), wobei allerdings zu berücksichtigen bleibt, dass ein Teil der Modellierungen post hoc erfolgte. Bemerkenswert scheint, dass sich bisher das deklarative und prozedurale Wissen nicht als je eigene Dimensionen bestätigen lassen. Möglicherweise ist das auch auf Operationalisierungsprobleme zurückzuführen, da die Ausprägung prozeduralen Wissens in der Regel nicht losgelöst von deklarativen Wissensbeständen erhoben werden kann.

Dort, wo sich mehrdimensionale Modelle des Fachwissens eindimensionalen Modellen überlegen erweisen, ist zum gegenwärtigen Zeitpunkt noch keine durchgängige Systematik erkennbar, die domänenübergreifend strukturbildend ist. So ergibt sich beispielsweise im kaufmännischen Bereich bei Seeber (2009) ein zweidimensionales Modell, das mit den Subdimensionen „betriebs- und volkswirtschaftliche Aspekte" und „wertschöpfungsbezogene Anforderungen" aufgespannt wird. Winther & Achtenhagen (2009) referieren hingegen ein zweidimensionales Modell mit den Subdimensionen verstehensbasierter und handlungsbasierter Kompetenz.

Im gewerblich technischen Bereich ergaben sich bisher primär eindimensionale Modellierungen des Fachwissens.[2] Vereinzelt deutet sich allerdings an, dass sich zu Beginn der Ausbildung noch eine bessere Passung eines zweidimensionalen Modells ergibt, wie z. B. bei den Kfz-Mechatronikern, bei welchen die elektrotechnischen und metalltechnischen Leistungsdispositionen erst im Verlaufe des ersten Ausbildungsjahres zu verschmelzen scheinen (Gschwendtner 2008). In einem aktuell laufenden Projekt,[3] in dem bei der Testkonstruktion zur Erfassung des Fachwissens am Ende der Ausbildung versucht wurde, das gesamte Wissensspektrum abzudecken, ergibt sich allerdings auch im Kfz-Bereich eine mehrdimensionale Modellierung (Gschwendtner 2011). Diese Mehrdimensionalitäten wurden konfirmatorisch geprüft, d. h., die Dimensionen wurden im Vorfeld generiert. Dabei lassen sich Annahmen zur Mehrdimensionalität in unterschiedlichen Perspektiven entwickeln.

Becker (2009) vermutet beispielsweise, dass sich bezogen auf Kernarbeitsprozesse je eigene Dimensionen[4] ergeben, die er für Kraftfahrzeugmechatroniker in Service, Diagnose, Instandhaltungs- und Installationsaufgaben sieht.

---

2 Das gilt z. B. für die Modellierungen im Rahmen von ULME III (Lehmann & Seeber 2007) als auch für die ersten Modellierungen im Kfz- und Elektrobereich (Gschwendtner 2008; Geißel 2008; Nickolaus, Gschwendtner & Geißel 2008).

3 Kompetenzmodellierung und Kompetenzentwicklung in der gewerblich-technischen Ausbildung (DFG NI/ 606/6-1).

4 Der Terminus „Dimension" wird von Becker in diesem Kontext im Sinne empirisch abgrenzbarer Aufgabenfelder verwendet; ob sich diese Aufgabenfelder auch in testtheoretischer Perspektive als Dimensionen bestätigen, ist offen.

Denkbar wären ebenso Ausdifferenzierungen nach Arbeitsbereichen bezogen auf technologische Gegenstandsfelder, im Kfz-Bereich z. B. ausdifferenziert in Motor/Abgasanlage, elektronische und elektrotechnische Systeme, Komfort- und Sicherheitssysteme, Kraftübertragung und Fahrwerk/ Bremsen/ Lenkung oder nach den zum Einsatz kommenden Arbeitsmitteln wie z. B. elektronische Prüfmittel, Expertensysteme, mechanische Arbeits- und Prüfmittel, schriftliche Leitfäden und Checklisten (vgl. z. B. Gschwendtner 2011). Quer dazu liegen die oben thematisierten psychologischen Dimensionen des Fachwissens und der fachspezifischen Problemlösefähigkeit als Fähigkeit, dieses Wissen in wechselnden, auch unvertrauten Situationen adäquat einsetzen zu können. Im Kfz-Bereich kommen, wie vermutlich in vielen gewerblich-technischen Bereichen, mit großer Wahrscheinlichkeit motorische Fähigkeiten hinzu, die allerdings nicht in allen Anforderungskontexten leistungsrelevant werden. Zumindest in stark kognitionslastigen Anforderungssituationen wie der Fehlerdiagnose im Kfz- und Elektrobereich können die nahezu identischen Leistungen in simulierten und realen Anforderungssituationen (Abele u. a. 2009; Gschwendtner, Abele & Nickolaus 2009; Nickolaus, Gschwendtner & Abele 2009) so interpretiert werden, dass die in den realen Anforderungssituationen zusätzlich zu erbringenden motorischen Leistungen für das Gesamtergebnis nicht leistungsrelevant werden, was darauf zurückzuführen sein dürfte, dass die notwendigen manuellen Fertigkeiten von (nahezu) allen Probanden hinreichend beherrscht werden. Ob dies auch in anderen Anforderungsbereichen gilt, ist ungeklärt und bei manchen Anforderungen, wie anspruchsvollen Montagearbeiten, eher unwahrscheinlich.

Bezogen auf das Fachwissen ergab sich in der gegenwärtig laufenden und oben bereits erwähnten Studie eher überraschend eine mehrdimensionale Struktur, bestehend aus den Subdimensionen Service, Motor, Motormanagement, Start-Strom-Beleuchtung, Kraftübertragung und Fahrwerk. Abbildung 1 gibt einen Überblick zu den latenten Interkorrelationen zwischen den Subdimensionen, die lediglich für Motorenmanagement und Start-Strom-Beleuchtung eine Größenordung erreichen, die für eine gemeinsame Skalierung sprechen. Modellvergleichstests stützen die fünf- bzw. sechsdimensionale Struktur zusätzlich.

	(2)	(3)	(4)	(5)	(6)
(1) Service	.75	.63	.68	.45	.74
(2) Motor		.73	.74	.60	.63
(3) Motormanagement			.87	.32	.53
(4) Start/-Strom-/Beleuchtung				.50	.73
(5) Kraftübertragung					.73

Abb. 1:   Latente Korrelationen zwischen den Subdimensionen des Fachwissens

Im Hinblick auf eine valide Abschätzung der Fachkompetenz hat dieser Befund eine substantielle Erweiterung des Messaufwands zur Folge, da je Subdimension in der

Regel etwa 20 Items für eine reliable Erfassung notwendig sind. Spannend scheint in einer modellierungs- und messtechnischen Perspektive die Frage, ob sich die hier für das Fachwissen dokumentierte Ausdifferenzierung des Strukturmodells auch auf der Ebene der Wissensanwendung in realen Anforderungskontexten widerspiegelt. Des Weiteren stellt sich die Frage nach den Ursachen der Mehrdimensionalität. Während für die Unterscheidung des Fachwissens und der Fähigkeit, dieses Fachwissen anzuwenden, unterschiedliche kognitive und gegebenenfalls auch manuelle Fähigkeiten verantwortlich sein dürften, sprechen klassenspezifische Analysen zu den erzielten Leistungen in den einzelnen Subdimensionen des Fachwissens für die Vermutung, dass nicht zuletzt klassenspezifisch differente Curricula mit ursächlich sind (vgl. Abb. 2 und Abb. 3).

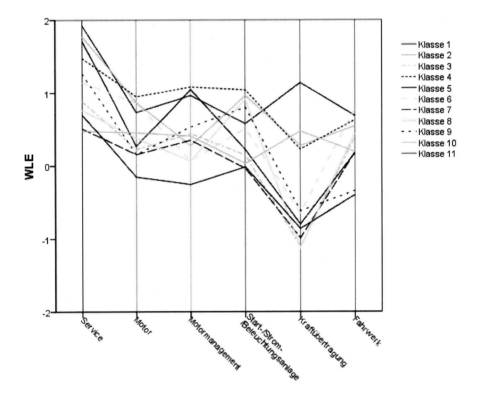

Abb. 2:   Kompetenzprofile der Klassen 1 bis 11

Deutlich wird aus diesen klassenspezifisch stark unterschiedlichen Leistungsprofilen, dass curriculare Gewichtungen höchst unterschiedlich vorgenommen werden und das Ergebnis der Mehrdimensionalität z. T. auch durch diese unterschiedlichen Schwerpunktsetzungen zustande kommt. Gestützt wird diese Vermutung durch die Ergebnisse zur Strukturmodellierung bei Ausschluss jener Klassen, die primär für stark alternierende Ergebnisse in den Subdimensionen verantwortlich sind.

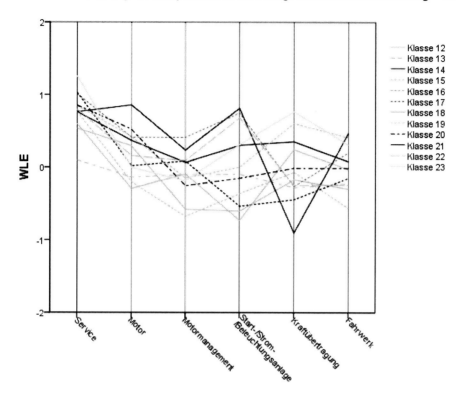

Abb. 3:   Kompetenzprofile der Klassen 12 bis 23

Vor diesem Hintergrund erscheint der obige Befund zur Mehrdimensionalität des Fachwissens in einem neuen Licht. Wenn unterschiedliche curriculare Gewichtungen neben den kognitiven Eingangsvoraussetzungen (Nickolaus u. a. 2010; Seeber & Lehmann 2011), die zentralen Prädiktoren der erbrachten Leistungen darstellen, ist in einer längerfristigen Perspektive davon auszugehen, dass die realen Anforderungen am Arbeitsplatz bzw. die zu deren Bewältigung notwendigen Fähigkeiten strukturrelevant werden. Zu prüfen wäre, ob sich die obige, primär an Gegenstandsfeldern orientierte Struktur der Subdimensionen auch noch bei erfahrenen Facharbeitern bzw. Meisterschülern als profilbildend erweist oder ob bei dieser Personengruppe eine an den Arbeitsprozessen orientierte Modellierung eine bessere Passung erbringt. Relevant ist in diesem Kontext auch die noch ungeklärte Frage nach der Relation des gegenstands- und arbeitsprozessbezogenen Wissens.

In einer didaktischen Perspektive deuten die oben präsentierten Ergebnisse zu den in den Klassen stark schwankenden Leistungen in den Subdimensionen auf die hohe Relevanz curricularer Schwerpunktsetzungen für die Kompetenzentwicklung hin. In den bisherigen Erklärungsmodellen fand dies wohl vor allem deshalb keinen Niederschlag, weil die curricularen Gewichte nicht systematisch kontrolliert bzw. bei der

Analyse berücksichtigt wurden. Künftige Untersuchungen sollten u. E. so angelegt werden, dass dieses Defizit überwunden werden kann.

Für Vergleichs-, gegebenenfalls auch internationale Vergleichsstudien zu erzielten Kompetenzausprägungen ergibt sich aus der obigen Befundlage auch die Konsequenz, relativ große Stichproben zu ziehen und nach Möglichkeit die curricularen Gewichtungen innerhalb der verschiedenen pädagogischen Handlungsprogramme zu kontrollieren.

3.2 Niveaumodelle

Die Arbeiten zur Niveaumodellierung sind bisher noch weniger weit fortgeschritten als jene zur Strukturmodellierung. Als relevante Schwierigkeitsmerkmale der Aufgaben, die zu den bisher primär post hoc erfolgten Niveaumodellierungen herangezogen wurden, erwiesen sich – zum Teil auch domänenübergreifend – die Vernetztheit des Wissens, die Bloomsche Taxonomie, der Vertrautheitsgrad aus der Sekundarstufe 1 und die curriculare Absicherung in der Sekundarstufe 2. Substantielle Korrelationen ergaben sich z. T. auch für die Modellierungsnotwendigkeit und die Anzahl der Lösungsschritte (Geißel 2008; Gschwendtner 2008; Nickolaus, Gschwendtner & Geißel 2008). Bemerkenswert scheinen dabei auch Parallelen zu den Schwierigkeitsprädiktoren, die im kaufmännischen Bereich identifiziert wurden (z. B. Achtenhagen & Winther 2009; Winther & Achtenhagen 2009), die ebenfalls Modellierungsleistungen, Aspekte der Bloomschen Taxonomie und die inhaltliche Komplexität umfassen. Seeber (2007) identifizierte bei Einzelhandelskaufleuten neben dem Anspruch an das „Verständnis fachlicher Zusammenhänge" und der Notwendigkeit der Aktivierung abstrakt-begrifflichen Wissens auch die Anwendung mathematischer Kenntnisse als relevante Schwierigkeitsindikatoren. Inwieweit mathematische Anforderungen strukturell oder als Schwierigkeitsmerkmale relevant werden, dürfte auch davon abhängig sein, inwieweit die Bewältigung beruflicher Anforderungen mathematische Fähigkeiten voraussetzt. Bestätigung findet diese Annahme z. B. bei Winther & Achtenhagen (2008), die mathematische Fähigkeiten für Rechnungswesen/ Controlling, nicht jedoch für betriebswirtschaftliche Inhalte als erklärungsrelevant ausweisen. Eine eher grobe Abschätzung zu den berufsspezifischen mathematischen Anforderungen lassen die Ergebnisse der IAB/BIBB Erhebungen zu, nach welchen in den Bauberufen auf Facharbeiterniveau weit häufiger mathematische Anforderungen relevant sind als z. B. bei Kfz-Mechatronikern (Parmentier 2001). Die deutlich unterdurchschnittlichen mathematischen Anforderungen bei Kfz-Mechatronikern könnten mit verantwortlich sein für die bisher für diesen Beruf fehlgeschlagenen Versuche, diese als modellierungsrelevant für die Fachkompetenz auszuweisen. Theoretisch wäre allerdings auch denkbar, dass zum Zeitpunkt der Erhebung fachliche und mathematische Fähigkeiten bereits „verschmolzen" waren und aus diesem Grund eindimensionale Modelle den besseren Modellfit aufwiesen.

Die im Rückgriff auf die oben angeführten Schwierigkeitsmerkmale generierten Niveaumodelle und die Analysen zu den erreichten Leistungsniveaus dokumentieren nahezu durchgängig deutliche Diskrepanzen zwischen curricularen Ansprüchen und den tatsächlich gezeigten Leistungen (Lehmann & Seeber 2007; Geißel 2008; Gschwendtner 2008; Nickolaus, Gschwendtner & Geißel 2008). Dies gilt sowohl für Tests am Ende der Ausbildung als auch für Testzeitpunkte am Ende des ersten Ausbildungsjahres. Längsschnittliche Niveaumodellierungen liegen bisher noch kaum vor. Als Herausforderung erweist sich dabei nicht zuletzt die Entwicklung sensitiver Items. Erste Analysen im Rahmen des bereits erwähnten, gegenwärtig laufenden Projektes deuten darauf hin, dass in Zeiten eines systematischen Kompetenzaufbaus, wie sie die Berufsausbildung darstellt, längere Zeiträume zwischen den Testzeitpunkten für die Generierung sensitiver Items problematisch werden können. Wir vermuten, dass Tests in Abständen von 1–1,5 Jahren notwendig werden, damit Entwicklungen befriedigend beschrieben werden können. Neben Wissens- bzw. Kompetenzzuwächsen ist in Teilsegmenten auch mit Regressionen zu rechnen (vgl. auch Nickolaus & Ziegler 2005).

Befriedigende längsschnittliche Modellierungen können vermutlich erst in den nächsten Jahren bzw. Jahrzehnten generiert werden, denn neben der Sensitivitätsproblematik stehen wir vor der Herausforderung, die Schwierigkeitsindikatoren nicht nur post hoc zu identifizieren, sondern systematisch zu variieren, was angesichts der Anzahl der (potenziellen) Schwierigkeitsindikatoren und realisierbaren Testzeiten erhebliche Stichprobenumfänge und/oder systematisch aufeinander aufbauende Studien erfordert.

4   Probleme reliablen Messens im Bereich fachlicher Problemlösefähigkeit

Wie oben bereits angedeutet, sind überschlägig für die Gewinnung von reliablen Kompetenzabschätzungen je Subdimension ca. 20 Items erforderlich. Im Bereich fachlicher Problemlösefähigkeit konzentrierten sich die Arbeiten bisher entweder primär auf analytische Aufgabenzuschnitte (z. B. unsere eigene Arbeitsgruppe) oder auf eher konstruktive Aufgabenstellungen, wie z. B. in den einschlägigen Arbeiten der Fachgruppe (FG) Berufsbildungsforschung der Universität Bremen (i:BB) (vgl. z. B. Rauner u. a. 2009a/b). Die Anzahl der Items genügt im Bereich des Problemlösens in allen Arbeiten den Ansprüchen bisher nicht bzw. nur bedingt. Mit zwei komplexen Aufgaben, wie z. B. im Projekt KOMET (Haasler & Erdwien 2009), sind keine reliablen Kompetenzabschätzungen zu erwarten, aber auch mit 8 komplexen Aufgaben, wie z. B. in der eigenen Validitätsstudie im Kfz-Bereich, befriedigen die erzielten Reliabilitätswerte (0.56 – 0.6) noch nicht. Da die Testzeit aus verschiedenen Gründen nicht beliebig erweiterbar ist, stellt sich die Frage, welche Möglichkeiten bestehen, einerseits die Reliabilität zu erhöhen und andererseits zugleich eine hinreichende inhaltliche Breite und damit auch Validität zu gewährleisten.

Denkbar ist der Ansatz, über die Bewertung von Teilleistungen (partial-credits) zum Ziel zu kommen. Das kann durch die Analyse der dokumentierten Lösungen oder durch im Anschluss an spezielle Impulse gezeigte Leistungen erreicht werden. Setzt man spezielle Impulse, so können diese das Lösungsverhalten gegebenenfalls beeinflussen und damit zu Verzerrungen des Ergebnisses führen. Lösbar scheint dieses Problem am ehesten über computergestützte Testformen, die Optionen in Bezug darauf eröffnen, erreichte Zwischenleistungen „abzugreifen". Paper-pencil-Formate scheinen dafür auch deshalb nur begrenzt geeignet, da deren Bearbeitung andere Fähigkeiten abzufordern scheint als reale Anforderungssituationen. Möglicherweise lässt sich dieses Problem jedoch auch durch eine spezifische Gestaltung der Items, insbesondere über die Variation der Komplexität lösen. Die Komplexität der Aufgaben würde dann nicht nur relevant für die Schwierigkeit der Aufgaben, sondern ebenso für deren dimensionale Zuordnung.

Denkbar wären auch Formen adaptiven Testens zur Lösung des Reliabilitäts- als auch des Validitätsproblems, wobei allerdings im Vorfeld erhebliche Aufwände entstehen würden. Befriedigende Niveaumodellierungen zur fachspezifischen Problemlösefähigkeit bzw. bezogen auf Kfz-Mechatronikern zur Fehleranalysefähigkeit liegen bisher noch nicht vor. Generell können die in dieser Domäne anfallenden Fehlerdiagnoseprobleme im Sinne von Dörner (1987) in der Regel als Interpolationsbarrieren klassifiziert werden. Das Ziel der Fehlersuche, die korrekte Diagnose der Fehlerursachen und das (wieder) funktionierende System, als auch die Hilfsmittel zur Störungsdiagnose (Expertensystem, Messtechnik) sind prinzipiell bekannt. Bei neueren Kraftfahrzeugen ergeben sich vor allem dann höhere Anforderungen, wenn sich die Unterstützungsleistung des Expertensystems als unzureichend erweist und eigenständig Strategien entwickelt werden müssen, um Fehler einzugrenzen. In diesem Falle erweisen sich für eine systematische Fehlerdiagnose gegebenenfalls als notwendig: (1) ein Wissen über die Elemente des elektromechanischen bzw. elektrotechnischen Systems bzw. die Fähigkeit, gegebenenfalls fehlendes Wissen, wie z. B. schaltungstechnisches Wissen, über das Expertensystem zu erschließen; (2) ein Wissen über die Funktionsweise einzelner Systemelemente, um deren Funktion überprüfen zu können; (3) ein Wissen, bei welchen Eingangswerten bzw. inneren Zuständen des Systems welche äußere Funktion zu erwarten ist; (4) die Fähigkeit, von äußeren Fehlfunktionen (z. B. Fehlzündungen) auf eine innere Fehlfunktion schließen zu können, und (5) die Fähigkeit, Fehlfunktionen messtechnisch eingrenzen zu können, was einerseits das oben angeführte Wissen und andererseits messtechnische Fähigkeiten voraussetzt. Letztlich setzt die Fehlerdiagnosefähigkeit bei komplexeren Fehlerfällen das „Verstehen" des technischen Systems voraus, wobei in der Literatur z. T. auch konträre Thesen zur Rolle des Wissens um die Funktion der Systemelemente und deren Zusammenspiel (innere Funktionalität) und die äußere Funktion des Gesamtsystems vertreten werden (Brown & De Kleer 1981; Greeno & Berger 1987; Neber 2000). Dies scheint vor dem Hintergrund verständlich, dass durch die zunehmende Integration von Systemen partiell lediglich fehlerhafte Systemkomponenten diagnostiziert und ausgetauscht werden müssen, ohne dass die innere Funktion des Systemelements verstanden sein muss. Dieser Integrationsprozess dominiert gegenwärtig vor allem im Bereich der Elektronik. Unseres Erachtens kann die Frage, ob ein detailliertes Wissen über die innere Funktionalität eines Systems für die Diagnose notwendig ist, nicht generell beantwortet werden – sie ist abhängig von der System- und Fehlercharakteristik. Je nach Aufbau, Funktionsweise und Komplexität des elektrotechnischen/ elektromechanischen Systems und der Fehlercharakteristik stellen sich bei der Fehlerdiagnose je eigene Anforderungen. Gegebenenfalls reicht auch Erfahrungswissen hin, um aus einer äußeren Fehlfunktion des Systems auf die Fehlerursache schließen oder um eine einschlägige Hypothese generieren zu können. Im Falle von Fehlerdiagnosen mit Unterstützung von Expertensystemen stehen bei manchen Fehlerfällen auch Hinweise in einer Güte zur Verfügung, die eigene Überlegungen auf die Anwendung empfohlener messtechnischer Prüfungen beschränkt. Interventionsstudien im elektrotechnischen Feld deuten darauf hin, dass insbesondere eigenständige Strategieentwicklungen zur Fehlereingrenzung erhebliche Probleme bereiten, die ihrerseits den Rückgriff auf ein möglichst ausdifferenziertes Systemwissen notwendig machen (Gschwendtner, Geißel & Nickolaus 2007).

Eine belastbare Niveaumodellierung setzt voraus, dass (1) das Spektrum typischer Fehlerfälle systematisch erschlossen wird, (2) diese Fehlerfälle systematisch für Testzwecke aufbereitet werden und (3) das Problem gelöst wird, zugleich den Anspruch an eine akzeptable Reliabilität *und* Validität einzulösen. Damit sind Herausforderungen benannt, die gegenwärtig u. E. nur bei Konzentration auf Teilsegmente erfolgreich bewältigt werden können.

Beispielhafte Beschreibungen der Anforderungen bei einem komplexen und einem einfacheren Fehlerfall im Kfz-Bereich sind im Folgenden im Anschluss an Nickolaus, Gschwendtner & Abele (2009, S. 24 ff.) wiedergegeben. Als erstes Beispiel wird ein Fehlerfall zum Motormanagement herangezogen. Die Analyse der Aufgabe erfolgt in drei Schritten: (1) Ausdifferenzierung von Teilaufgaben, (2) Identifikation der damit verbundenen Anforderungen, (3) Zuordnung kognitiver Anforderungen, wobei weitere Ausdifferenzierungen auf allen Ebenen möglich sind. Dabei könnte beispielsweise in Feinanalysen auf das von Minnameier (2005) vorgeschlagene Verfahren zurückgegriffen werden, das allerdings in hohem Grade aufwändig werden würde. Ausgangspunkt der ersten Aufgabe ist der nachstehende Arbeitsauftrag:

Beispiel 1 (komplexe Aufgabe; Lösungsquote: 14.6%; N=432)
Fehlerbeschreibung: **„Fahrzeug wurde vom ADAC angeliefert. ADAC-Servicetechniker berichtet, dass der Wagen nicht mehr anspringt. Anlasser dreht aber noch durch. „Motorstörung Werkstatt" wird angezeigt und „Motorkontrolllampe leuchtet".**

Aufgabe des Auszubildenden bzw. des Facharbeiters ist es, von dieser Fehlerbeschreibung ausgehend die Ursache des Fehlers zu diagnostizieren. Als Präsentationsmodi kommen dafür sowohl das reale Arbeitsfeld als auch Simulationen in Frage, für die wir zeigen konnten, dass sie sich auch kriterienbezogen als valide erweisen. Der Möglichkeitsraum der Fehlerursachen ist groß, dies gilt ebenso für die beschreitbaren Wege zu deren Eingrenzung.

Teilaufgabe 1: Anforderungen	
Arbeitsschritte: Informationsaufnahme aus dem Arbeitsauftrag, relevante Informationen identifizieren und entnehmen	*Kognitive Anforderungen:* Lesen, Kenntnis relevanter Fachbegriffe; Wissen, welche Informationen im Weiteren benötigt werden bzw. relevant werden könnten

Teilaufgabe 2: Anforderungen	
Arbeitsschritte: Entscheiden, welche Schritte im Anschluss an den Arbeitsauftrag zielführend sein können -> Entscheidung, das Expertensystem zur Fehleranalyse heranzuziehen, da einfachere Fehlerursachen vermutlich bereits durch den ADAC-Service-Techniker überprüft wurden	*Kognitive Anforderungen:* Hypothesenbildung zu möglichen Ursachen im Anschluss an die im Arbeitsauftrag enthaltenen Informationen und / oder Wissen, wie mit dem Expertensystem Hinweise zu den Fehlerursachen zu erlangen sind

Teilaufgabe 3: Anforderungen	
Arbeitsschritte: Expertensystem nutzen	*Kognitive Anforderungen:* Wissen zu den Nutzungsvoraussetzungen (eingeschaltete Zündung, Anschluss); Wissen zu den Nutzungsmöglichkeiten des Expertensystems (Unterstützungsmodi, Fehlerauslesen, bereitgestellte Informationen wie Schaltpläne, Einbaulage von Komponenten etc.); Wissen, welche Informationen nötig sind, um das Expertensystem adäquat zu nutzen (Schlüsselnummer, Motortyp)

Teilaufgabe 4: Anforderungen	
Arbeitsschritte: Fehler auslesen, Entscheidung, ob (gestützte) „Eigendiagnose"[5] oder „geführte Fehlersuche"	*Kognitive Anforderungen:* Deklaratives Wissen, welche Daten dazu eingegeben werden müssen und welche Systemeinheit relevant ist; Prozedurales Wissen, zur Aktivierung des Systems (Eingabe von Startdaten, Auswahl relevanter Systemeinheit, Start der Fehlerdiagnose); Wissen, welche Unterstützung die beiden Diagnosevarianten bieten; Hypothese, welcher Weg schneller zum Erfolg führt

---

5   Die beiden Diagnosevarianten unterscheiden sich im Anspruch an die Generierung einer eigenen Strategie. Je nach Fehlerfall wird der Akteur jedoch auch im Fall der geführten Diagnose mit einer Situation konfrontiert, in der er auf die selbstständige Generierung einer Strategie angewiesen ist.

Teilaufgabe 5 (nach Entscheidung für Eigendiagnose): Anforderungen	
Arbeitsschritte: Interpretation der Fehlerhinweise und vorgeschlagene Prüfstrategie umsetzen	*Kognitive Anforderungen:* Kenntnisse der Fachbegriffe, Verständnis der Referenzdaten (z. B. Widerstandskennwerte, Kennlinienverläufe), wozu fachspezifische Lesekompetenz nötig ist; Hinweise auf Prüfungsmöglichkeiten umsetzen (Wissen zu Messverfahren, Einbaulage der Komponenten), Messdaten interpretieren unter Rückgriff auf Fachwissen und die Hinweise im Expertensystem
Teilaufgabe 6: Anforderungen	
Arbeitsschritte: Nach Identifikation erwartungskonformer Messdaten und globalen Hinweisen auf sechs weitere Fehlermöglichkeiten eigene Analysestrategie entwickeln	*Kognitive Anforderungen:* Kenntnisse der Fachbegriffe, die in den Hinweisen enthalten sind; Wissen, wie die weiteren Fehlermöglichkeiten getestet werden können; Entscheidung, welche Fehlermöglichkeiten zuerst überprüft werden sollen unter Berücksichtigung des Aufwandes und ökonomischer Implikationen
Teilaufgabe 7: Anforderungen	
Arbeitsschritte: Entwickelte Analysestrategie umsetzen	*Kognitive Anforderungen:* Wissen zu adäquaten Messverfahren, Einbaulage der Komponenten und funktionaler Abfolge der Analyseschritte; Fähigkeit, fehlendes Wissen (mit Hilfe des Expertensystems) zu erschließen; Schaltpläne lesen, darauf aufbauend Messschritte festlegen; Wissen, welche Messwerte erwartungskonform sind und wie erwartungswidrige Messwerte zu interpretieren sind
Teilaufgabe 8: Anforderungen	
Arbeitsschritte: Begründung der Fehlerzuschreibung	*Kognitive Anforderungen:* Wissen zur Interpretation der Messdaten; Fähigkeit, die Daten vor dem Hintergrund relevanten Fachwissens in einer schlüssigen Argumentation zu verknüpfen

Abb. 4:   Exemplarische Gegenüberstellung von tätigkeitsbezogenen und kognitiven Anforderungen, komplexe Aufgabe

Deutlich wird in dieser immer noch relativ groben Analyse eines komplexen Fehlerfalles, dass berufliches Handeln in diesem Tätigkeitsfeld in hohem Grade wissensgebunden ist und Anforderungen auf unterschiedlichen kognitiven Ebenen beinhaltet.

Ein deutlich weniger anspruchsvoller Fehler ist im zweiten Beispiel wiedergegeben, der im Bereich der Beleuchtungsanlage angesiedelt ist.

Beispiel 2 (einfache Aufgabe; Lösungsquote 85.2%; N=405)
Fehlerbeschreibung: **„Abblendlicht rechts funktioniert nicht mehr".**

Teilaufgabe 1: Anforderungen	
Arbeitsschritte: Informationsaufnahme aus dem Arbeitsauftrag, relevante Informationen identifizieren und entnehmen	*Kognitive Anforderungen:* Lesen, Kenntnis relevanter Fachbegriffe; Wissen, welche Informationen im Weiteren benötigt werden bzw. relevant werden könnten
Teilaufgabe 2: Anforderungen	
Arbeitsschritte: Entscheiden, welche Schritte im Anschluss an die Fehlerbeschreibung zum Ziel führen können -> Entscheidung, zunächst die Lampe zu prüfen, da die Wahrscheinlichkeit relativ groß ist, dass das Leuchtmittel defekt ist	*Kognitive Anforderungen:* Hypothesenbildung zu den möglichen Ursachen im Anschluss an die verfügbaren Informationen und/oder Wissen zur Funktionalität des Systems
Teilaufgabe 3: Anforderungen	
Arbeitsschritte: Hypothesenprüfung, nach Ausbau des Leuchtmittels a) optische Prüfung	*Kognitive Anforderungen:* Wissen, wie der Ausbau des Leuchtmittels erfolgen kann und Wissen um das Erscheinungsbild des funktionierenden Leuchtmittels als Referenz für den Vergleich
Nach bestandener optischer Prüfung: b) messtechnische Prüfung; denkbar ist hier ebenso, dass alternative Hypothesen entwickelt und geprüft werden und sich dadurch die Komplexität der Arbeitsschritte erhöht	*Kognitive Anforderungen:* Wissen über ein geeignetes Prüfverfahren; Interpretation der Daten und Folgerung, dass das Leuchtmittel defekt ist

Abb. 5:   Exemplarische Gegenüberstellung von tätigkeitsbezogenen und kognitiven Anforderungen, einfache Aufgabe

Diese Beispiele geben einen ersten Eindruck von den unterschiedlichen Komplexitäten möglicher Fehlerfälle und der Abhängigkeit der Löseleistung als Kombination verschiedener kognitiver Teilleistungen, die jeweils spezifische Fähigkeiten voraussetzen und je nach Fehlerfall situationsadäquat aktualisiert werden müssen.

5 Ausblick

Für die weiteren Arbeiten ist es notwendig, die oben aufgeworfenen Fragen systematisch zu bearbeiten. Sowohl im Hinblick auf die Strukturmodellierung als auch die Niveaumodellierung kann inzwischen zwar an substantielle Vorarbeiten angeknüpft werden, aber der Anspruch validen Testens ist bisher nur bezogen auf Kompetenzausschnitte und einzelne Berufe näherungsweise einzulösen. Insbesondere die Generierung längsschnittlich angelegter Niveaumodelle bedarf einer etwas längeren Entwicklungszeit, was sich jedoch in jedem Fall lohnen dürfte, da damit zugleich erstmals genauere Beschreibungen der Kompetenzentwicklung möglich würden.

Angesichts der Komplexität der Materie bedarf es eines kohärenten Forschungsprogramms, um diese Aufgaben zu bewältigen. Eine Herausforderung stellt auch die Reliabilitätsproblematik im Bereich fachlicher Problemlösefähigkeit dar. Auch wenn es gelingt, diese Probleme für einzelne Subdimensionen zu überwinden, was wir begründet unterstellen, könnten für den Fall, dass sich mehrdimensionale Modelle auch im Anwendungsbereich bestätigen sollten, die notwendigen Testzeiten für die Erfassung aller Subdimensionen der Fachkompetenz ein akzeptables Maß überschreiten. Zu fragen ist in diesem Kontext allerdings auch, welchen Zwecken die jeweilige Messung dient. So beinhaltet eine Individualdiagnostik z. B. völlig andere Anforderungen als der Vergleich der im Mittel erreichten Kompetenzstände verschiedener Gruppen (vgl. Seeber & Nickolaus 2010).

Gegebenenfalls scheinen je nach Zwecksetzung auch Beschränkungen auf besonders bedeutsame Kompetenzbereiche vertretbar. So dürfte beispielsweise die Fehleranalysefähigkeit bei Kfz-Mechatronikern wesentlich leistungskritischer sein als die Bewältigung von Routineaufgaben im Servicebereich.

Literatur

Abele, S. (2011): Hängt die prognostische Validität eignungsdiagnostischer Verfahren von der Operationalisierung des Ausbildungserfolgs ab? In: R. Nickolaus; G. Pätzold (Hg.): Lehr-Lernforschung in der gewerblich-technischen Berufsbildung. Beiheft zur Zeitschrift für Berufs- und Wirtschaftspädagogik. (Im Druck).

Abele, S.; Achtenhagen, F.; Gschwendtner, T.; Nickolaus, R.; Winther, E. (2009): Die Messung beruflicher Fachkompetenz im Rahmen eines Large Scale Assessments im Bereich beruflicher Bildung (VET-LSA) – Vorstudien zur Validität von Simulationsaufgaben. http://www.bmbf.de/pub/Kurzfassung_Abschlussbericht.pdf (Stand: 04.10.2010).

Achtenhagen, F.; Winther, E. (2009): Konstruktvalidität von Simulationsaufgaben: Computergestützte Messung berufsfachlicher Kompetenz – am Beispiel der Ausbildung von Industriekaufleuten. Bericht an das Bundesministerium für Bildung und Forschung. http://www.bmbf.de/pub/Endbericht_BMBF09.pdf (Stand: 04.10.2010).

Becker, M. (2009): Kompetenzmodell zur Erfassung beruflicher Kompetenz im Berufsfeld Fahrzeugtechnik. In: C. Fenzl; G. Spöttl; F. Howe; M. Becker: Berufsarbeit von morgen in gewerblich-technischen Domänen. Forschungsansätze und Ausbildungskonzepte für die berufliche Bildung. Bielefeld: W. Bertelsmann, S. 233–238.

Bosch, A. (2009): Zahlen, Daten und Fakten zum Variantenmodell. (Unveröffentlichte Präsentation der IHK Region Stuttgart (07.05.2009)).

Brown, J. S.; Dekleer, J. (1981): Towards a theory of qualitative reasoning about mechanisms and its role in troubleshooting. In: J. Rasmussen; W. B. Reese (eds.): Human detection and diagnosis of system failures. New York, pp. 317–335.

Dörner, D. (1987): Problemlösen als Informationsverarbeitung. 3. Aufl. Stuttgart u. a.: Kohlhammer.

Geißel, B. (2008): Ein Kompetenzmodell für die elektrotechnische Grundbildung: Kriteriumsorientierte Interpretation von Leistungsdaten. In: R. Nickolaus; H. Schanz (Hg.): Didaktik gewerblich-technischer Berufsbildung. Hohengehren: Schneider, S. 121–142.

Greeno, J. G.; Berger, D. (1987): A model of functional knowledge and insight (Report No. GK-1). Berkeley.

Gschwendtner, T. (2008): Ein Kompetenzmodell für die kraftfahrzeugtechnische Grundbildung. In: R. Nickolaus; H. Schanz (Hg.): Didaktik gewerblich-technischer Berufsbildung. Hohengehren: Schneider, S. 103–119.

Gschwendtner, T. (2011): Die Ausbildung zum Kraftfahrzeugmechatroniker im Längsschnitt. Analysen zur Struktur von Fachkompetenz am Ende der Ausbildung und Erklärung von Fachkompetenzentwicklungen über die Ausbildungszeit. In: R. Nickolaus; G. Pätzold (Hg.): Lehr-Lernforschung in der gewerblich-technischen Berufsbildung. Beiheft zur Zeitschrift für Berufs- und Wirtschaftspädagogik. (Im Druck).

Gschwendtner, T.; Abele, S.; Nickolaus, R. (2009): Computersimulierte Arbeitsproben: Eine Validierungsstudie am Beispiel der Fehlerdiagnoseleistung von KFZ-Mechatronikern. In: ZBW, Jg. 105, H. 4, S. 557–578.

Gschwendtner, T.; Geißel, B.; Nickolaus, R. (2007): Förderung und Entwicklung der Fehleranalysefähigkeit in der Grundstufe der elektrotechnischen Ausbildung. In: bwp@, H.13.
http://www.bwpat.de/ausgabe13/gschwendtner_etal_bwpat13.pdf

Haasler, B.; Erdwien, B. (2009): Vorbereitung und Durchführung der Untersuchung. In: F. Rauner; B. Haasler; L. Heinemann; P. Grollmann (2009a), S. 142–173.

Klieme, E.; Leutner, D. (2006): Kompetenzmodelle zur Erfassung individueller Lernergebnisse und zur Bilanzierung von Bildungsprozessen. Überarbeitete Fassung des Antrags an die DFG auf Einrichtung eines Schwerpunktprogramms.
http://kompetenzmodelle.dipf.de/pdf/rahmenantrag

Lehmann, R.; Seeber, S. (2007): Untersuchungen von Leistungen, Motivation und Einstellungen der Schülerinnen und Schüler in den Abschlussklassen der Berufsschlussklassen der Berufsschulen (ULME III). Behörde für Bildung und Sport Hamburg.

Minnameier, G. (2005): Wissen und inferentielles Denken. Zur Analyse und Gestaltung von Lehr-Lern-Prozessen. Frankfurt a. M.: Lang.

Neber, H. (2000): Nutzbares Wissen durch konditionalisierte und funktionalisierte technische Erklärungen. Rezeptives Lernen oder Entdecken durch Generieren? In: Zeitschrift für pädagogische Psychologie, Jg. 14, H. 2/3, S. 124–136.

Nickolaus, R.; Gschwendtner, T.; Abele, S. (2009): Abschlussbericht für das Bundesministerium für Bildung und Forschung zum Projekt: Die Validität von Simulationsaufgaben am Beispiel der Diagnosekompetenz von Kfz-Mechatronikern – Vorstudie zur Validität von Simulationsaufgaben im Rahmen eines VET-LSA. Stuttgart.

Nickolaus, R.; Gschwendtner, T.; Geißel, B. (2008): Entwicklung und Modellierung beruflicher Fachkompetenz in der gewerblich-technischen Grundbildung. In: ZBW, Jg. 104, H.1, S. 48–73.

Nickolaus, R.; Rosendahl, J.; Gschwendtner, T.; Geißel, B.; Straka, G. A. (2010): Erklärungsmodelle zur Kompetenz- und Motivationsentwicklung bei Bankkaufleuten, Kfz-Mechatronikern und Elektronikern. In: J. Seifried; E. Wuttke; R. Nickolaus; P. F. E. Sloane (Hg.): Lehr-Lernforschung in der kaufmännischen Berufsausbildung – Ergebnisse und Gestaltungsaufgaben. ZBW, Beiheft 23. Stuttgart: Franz Steiner, S. 73–87.

Nickolaus, R.; Ziegler, B. (2005): Der Lernerfolg schwächerer Schüler in der beruflichen Ausbildung im Kontext methodischer Entscheidungen. In: P. Gonon; F. Klauser; R. Nickolaus; R. Huisinga (Hg.): Kompetenz, Kognition und neue Konzepte der beruflichen Bildung. Wiesbaden: VS-Verlag für Sozialwissenschaften, S. 161–175.

Parmentier, K. (2001): Fachkräfte in anerkannten Ausbildungsberufen – Verbleib nach der Ausbildung, Tätigkeitsschwerpunkte, Kenntnisse und Anforderungen am Arbeitsplatz. In: W. Dostal; K. Parmentier; H. Plicht; A. Rauch; F. Schreyer (Hg.): Wandel der Erwerbsarbeit: Qualifikationsverwertung in sich verändernden Arbeitsstrukturen. Nürnberg: Bundesanstalt für Arbeit (Beiträge zur Arbeitsmarkt- und Berufsforschung; BeitrAB. 246), S. 31–70.

Rauner, F.; Haasler, B.; Heinemann, L.; Grollmann, P. (2009a): Messen beruflicher Kompetenzen. Band I: Grundlagen und Konzeption des KOMET-Projekts. Münster: LIT.

Rauner, F.; Haasler, B.; Heinemann, L.; Piening, D.; Maurer, A. (2009b): Berufliche Kompetenzen messen: Das Projekt KOMET der Bundesländer Bremen und Hessen. Zwischenbericht der wissenschaftlichen Begleitung.
http://www.ibb.uni-
bremen.de/fileadmin/user/Kompetenzentwicklung/Zwischenbericht_KOMET_Final.pdf

Seeber, S. (2007): Zur Anforderungsstruktur eines Fachleistungstests für Auszubildende des Berufs Einzelhandelskaufmann/ Einzelhandelskauffrau. In: D. Münck; J. van Buer; K. Breuer; T. Deißinger (Hg.): Hundert Jahre kaufmännische Ausbildung in Berlin. Schriftenreihe der Sektion Berufs- und Wirtschaftspädagogik der DGfE. Opladen: Budrich, S. 184–193.

Seeber, S. (2008): Ansätze zur Modellierung beruflicher Fachkompetenz in kaufmännischen Ausbildungsberufen. In: ZBW, Jg. 104, H. 1, S. 74–97.

Seeber, S. (2009): Ökonomisches Verständnis. In: Lehmann, R.; Hoffmann, E. (Hg.), BELLA: Berliner Erhebung der Lernausgangslagen arbeitsrelevanter Basiskompetenzen von Schülerinnen und Schülern mit Förderbedarf „Lernen". Münster: Waxmann, S. 197–208.

Seeber, S.; Lehmann, R. (2011): Determinanten der Fachkompetenz in ausgewählten gewerblich-technischen Berufen. In: R. Nickolaus; G. Pätzold (Hg.): Lehr-Lernforschung in der gewerblich-technischen Berufsbildung. Beiheft zur Zeitschrift für Berufs- und Wirtschaftspädagogik. (Im Druck).

Seeber, S.; Nickolaus, R. (2010): Kompetenz, Kompetenzmodelle und Kompetenzentwicklung in der beruflichen Bildung. In: R. Nickolaus; G. Pätzold; H. Reinisch; T. Tramm (Hg.): Handbuch Berufs- und Wirtschaftspädagogik. Bad Heilbrunn: Klinkhardt, S. 247–262.

Verstege, R. (2007): Berufliche Medienkompetenz und selbstorganisiertes Lernen. Konzeption und empirische Analyse internetbezogener Lernprojekte in der betrieblichen Ausbildung. Dissertation, Universität Hohenheim.

Vollmers, B.; Kindervater, A. (2010): Sozialkompetenzen in simulierten Berufssituationen von Auszubildenden mit Lernschwierigkeiten: Ein empirischer Vergleich von Beobachtungsurteilen und Selbsteinschätzungen im Modellversuch VAmB. In: ZBW, H. 4. (Im Druck).

Winther, E.; Achtenhagen, F. (2008): Kompetenzstrukturmodell für die kaufmännische Bildung. In: ZBW, Jg. 104, H. 4, S. 511–538.

Winther, E.; Achtenhagen, F. (2009): Measurement of Vocational Competencies – A Contribution to an International Large-Scale-Assessment on Vocational Education and Training. Empirical Research in Vocational Education and Training, 1, pp. 88–106.

Winther, E.; Achtenhagen, F. (2009): Skalen und Stufen kaufmännischer Kompetenz. In: ZBW, Jg. 105, H. 4, S. 521–556.

Der Elchtest für die Qualität von Items zur Erfassung beruflicher Kompetenz

Jenseits der Testtheorie und diesseits der Realitätsdimensionen

Matthias Becker

1 Einführung

Die Erfassung beruflicher Kompetenz ist nicht zuletzt im Zusammenhang mit Überlegungen zur Etablierung eines large-scale-assessment in der beruflichen Bildung (VET-LSA oder Berufsbildungs-PISA; vgl. Baethge u. a. 2006) zu einem viel diskutierten Anliegen geworden. Nicht nur für internationale Vergleiche der Leistungsfähigkeit von Berufsbildungssystemen oder zur Diagnostik des Leistungsstands von Schülern, Auszubildenden und Fachkräften (Eignungsdiagnostik, Prüfungen), sondern auch auf der Ebene der Individualdiagnostik (Bestimmung der Kompetenzentwicklung) erwartet man von Verfahren zur Erfassung beruflicher Kompetenz Erkenntnisse zur Gestaltung und Verbesserung von Berufsbildungsprozessen. Um dies mit einer möglichst hohen Verlässlichkeit zu tun, werden verstärkt Messverfahren etabliert, die mit psychometrischen Tests und den dazugehörigen statistischen Methoden zur Überprüfung der Messqualität operieren.

Tests zur Erfassung beruflicher Kompetenz oder einzelner Facetten davon setzen auf den Einsatz von Testaufgaben (Items) und einer Auswertung auf der Basis des Rasch-Modells bzw. unter Verwendung der Item-Response-Theorie (IRT). So vielfältig und detailgenau die Anwendung solcher Verfahren diskutiert werden, so wenig ist die Eignung dieser Theorie bislang reflektiert worden. Es scheint eher gesetzt zu sein, dass empirische Bildungsforschung unter Einsatz von IRT zu betreiben sei, will sie anerkannt sein. Die einschlägige Literatur zur Testtheorie befasst sich zwar mit deren Geltungsbereich, tut dies aber nur aus einer disziplinären Perspektive. Nur wenige Hinweise werden dort auf die Einschränkungen der Anwendbarkeit und der daraus folgenden Konsequenzen bzw. Aussagekraft gegeben. Dieser Beitrag dient der kritischen Überprüfung der Eignung der IRT zur Erfassung beruflicher Kompetenz und soll aufzeigen, dass andere Gütekriterien für die Formulierung von Aufgaben aufzustellen sind, die sich nicht aus der Testtheorie ableiten lassen, aber dennoch einen entscheidenden Einfluss auf Erfolg oder Misserfolg des Einsatzes von Aufgabenstellungen haben. Dazu bedarf es einer knappen Darstellung der besonderen Anforderungen, die bei der Erfassung beruflicher Kompetenz zu bedenken sind und der Modellannahmen der IRT und der damit verbundenen Grenzen der Aussagekraft darauf bezogener Gütekriterien. Im Anschluss sollen „diesseits der Realitätsdimensionen" Qualitätskriterien für die Formulierung von Aufgabenstellungen zur Erfassung beruflicher Kompetenz aufgestellt und anhand eines Beispiels verdeutlicht werden.

2 Berufliche Kompetenz als Konstrukt und Modellannahmen

2.1 Berufliche Kompetenz: Konstrukt oder Gebilde?

Um berufliche Kompetenz der Testtheorie zugänglich zu machen, bedarf es einer Definition und Modellbildung, die dieses komplexe Gebilde[1] als Konstrukt bestimmt. Das Konstrukt besteht aus einzelnen Elementen oder Facetten, die für sich genommen leichter fassbar sind und in der Gesamtheit berufliche Kompetenz erklären können sollen. Im Schwerpunktprogramm der DFG „Kompetenzmodelle zur Erfassung individueller Lernergebnisse und zur Bilanzierung von Bildungsprozessen" (vgl. http://kompetenzmodelle.dipf.de) werden „Kompetenzen als *kontextspezifische kognitive Leistungsdispositionen, die sich funktional auf Situationen und Anforderungen in bestimmten Domänen beziehen*" (Klieme & Leutner 2006, S. 4, Hervorhebung im Original) definiert. Diese Definition wird von Anwendern der IRT-Messverfahren als brauchbarer und nützlicher Kompetenzbegriff für die Untersuchung der Ergebnisse von Bildungsprozessen angesehen (vgl. Hartig 2008, S. 17ff.). Dabei stützt man sich allerdings recht eng auf solche „Kompetenzen", die durch (schulische) Curricula definiert werden (vgl. Spöttl 2010, S. 233f.). Selbst wenn Bestandteile beruflicher Kompetenz wie Engagement, Motivation, in praktischer Arbeit inkorporiertes Wissen, Erfahrung und der Umgang mit beruflichen Anforderungen (Geschick, Kreativität, Zielorientiertheit, Problemlösefähigkeit etc.) mit aufgenommen werden, bleibt die Frage bestehen, ob einzelne Facetten des Konstrukts oder das ganze Gebilde Gegenstand empirischer Forschung sein soll und sein kann. Zudem muss berücksichtigt werden, dass im Gegensatz zum Lernen in schulischen Kontexten berufliche Kompetenz in erster Linie durch die Auseinandersetzung mit der beruflichen Realität entsteht. Diese kann und soll auch in der Berufsschule unterstützt, reflektiert und systematisiert werden, jedoch steigt auf jeden Fall die Bedeutung und Vielfalt der Situationen, in denen Lernen und Kompetenzentwicklung stattfinden. Hierzu gehört, dass berufliche Kompetenz keine abprüfbare Statuszuweisung des Kognitiven ist, sondern zumeist durch die Produktion von Wissen und Erfahrung durch Handeln in der Situation immer wieder erneut gebildet wird (vgl. Becker & Spöttl 2008, S. 30f.). Beruflich kompetent ist, wer etwas kann und dies *bei* der Bearbeitung einer Aufgabe zeigt.

Es ist zwar aus Sicht der Anwendbarkeit von Messverfahren recht unbefriedigend, beruflicher Kompetenz als komplexem Gebilde anstatt einem zerlegbaren Konstrukt zu begegnen, aber es sind Zweifel angebracht, ob beim Weglassen oder gar Messen einzelner Facetten immer noch das Gleiche erfasst wird (wenigstens in Teilen). Wird beispielsweise ein Fachwissenstest durchgeführt, so wird die Facette Fachwissen erfasst. Aussagen der Art, dass ein Fachwissenstest berufliche Kompetenz zu x % aufklärt, sind daher mehr als fragwürdig; doch dazu später mehr. Ein Fahrzeug-Ingenieur verfügt über ein vielfach umfangreicheres und tiefer gehendes Fachwissen und kann doch kaum etwas von dem, was

---

1 Unter einem „Gebilde" wird hier eine zusammenhängende Einheit verstanden, während ein Konstrukt aus einzelnen, möglichst voneinander unabhängigen Elementen zusammengesetzt ist.

ein Kfz-Geselle kann. Dieses Phänomen wurde bislang kaum systematisch untersucht, jedoch liegt es auf der Hand, dass der Ingenieur sich anderen Aufgabenstellungen widmet als ein Kfz-Geselle und dass für die unterschiedlichen Aufgabentypen (Entwickeln und Konstruieren hier – Diagnostizieren und Reparieren da) auch unterschiedliches Fachwissen, unterschiedliche Erfahrungen und weiteres mehr erforderlich sind. Eine Eingrenzung des Kompetenzbegriffs, etwa auf das Fachwissen, ist erstens problematisch für die mit Hilfe von Testergebnissen begründeten Aussagen über die Leistungsfähigkeit der Getesteten und zweitens – darüber hinaus – für das Kompetenzkonstrukt an sich. Berufliche Kompetenz als Gebilde scheint andererseits schwammig, schwer erfassbar und evtl. sogar mehrdeutig zu sein (vgl. Straka & Macke 2009a). Hartig schlägt hier vor, Kompetenz „auf eine Menge hinreichend *ähnlicher realer Situationen*, in denen bestimmte, ähnliche Anforderungen bewältigt werden müssen" (Hartig 2008, S. 21, Hervorhebung im Original) zu beziehen, wobei „real" pragmatisch mit „außerhalb des Bildungsprozesses" zu übersetzen sei (ebd.).

Wie ist nun das Konstrukt „Berufliche Kompetenz" an sich strukturiert? Mit der Anknüpfung an die obige Definition der kognitiven Leistungsdispositionen wird davon ausgegangen, dass der Mensch mittels eines kognitiven „Struktur- und Regelsystems" über Voraussetzungen für das Bewältigen von Situationen (Aufgaben und Problemstellungen) verfügt. Je nachdem, was Psychologen, Pädagogen oder Soziologen als bedeutsam erscheint, werden die der beruflichen Kompetenz zugehörigen Facetten gegeneinander abgegrenzt oder konglomeriert. Da sie im Gebilde „Berufliche Kompetenz" miteinander verzahnt sind, sind diese Facetten kaum überschneidungsfrei und – und das ist viel bedeutsamer – nicht unabhängig voneinander darstellbar. Dies gelingt nur in einer analytischen, retrospektiven Perspektive, nicht aber in dem Moment, in dem sich berufliche Kompetenz als Leistung (Performanz) zeigt und empirisch erfassbar ist (vgl. Abb. 1). Dies gilt im Übrigen auch für die von Weinert vorgeschlagene und im DFG-Programm übernommene Trennung der Erfassung kognitiver und motivationaler Kompetenzfacetten (vgl. Klieme & Leutner 2006, S. 5). Wenn jemand nur weiß (Wissen), nicht aber will (Motivation) und kann (Können), wird ihm niemand ernsthaft Kompetenz zusprechen wollen. Er muss schon handeln *können, wollen* und *dürfen* und dies auch – im beruflichen Kontext im Arbeitsprozess – *zeigen* (Performanz).

Wie auch immer das Konstrukt aussieht,[2] es stellt sich schnell heraus, dass das Ganze mehr als die Summe seiner Teile ist (vgl. Franke 2005, S. 35). Der fach-, human- und sozialkompetente Fahrzeug-Ingenieur (um bei der Kompetenzdefinition der Kultusministerkonferenz (KMK) zu bleiben) wird Aufgaben und Probleme eines Kfz-Me-

---

2   Weinert „zerlegt" Kompetenz in Fähigkeit, Wissen, Verstehen, Können, Handeln, Erfahrung und Motivation (vgl. Weinert 2001). Straka und Macke gehen von Kenntnissen, Wissen und Dispositionen zur Erkenntnisgewinnung bzw. zum -gebrauch (motorischen und kognitiven Fertigkeiten/Fähigkeiten) und zur Orientierung (Motiven und Emotionen) aus (vgl. Straka & Macke 2009b, S. 32). Becker unterscheidet innere Dimensionen (in der Person und nicht sichtbar): Fähigkeiten, Kenntnisse, Fertigkeiten, Einstellungen, Werte und Motive sowie äußere Dimensionen (empirisch fassbar): Können, (explizites) Wissen, Handeln, Wollen (vgl. Becker 2010, S. 56).

chatronikers bis auf gewisse Schnittmengen nicht bearbeiten und lösen und umgekehrt. Dies zeigt, wie bedeutend die Domäne und die dort vorhandenen Situationen und Anforderungen sind (vgl. Becker 2010, S. 58ff.), um Kompetenz angemessen erfassen zu können.

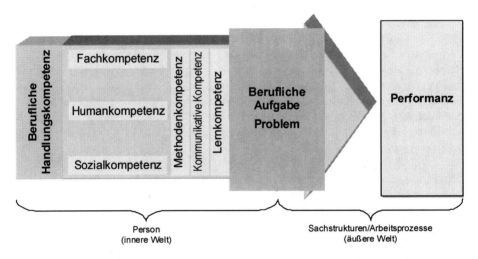

Abb. 1:   Kompetenzmodell unter Verwendung der Kompetenzfacetten der KMK (2007)

Für die Anwendung der probabilistischen Testmodelle spielt die hier geführte Diskussion zunächst keine unmittelbare Rolle. Anforderungen an Aufgaben werden aus einer ganz anderen Perspektive gestellt. Es wird angenommen, dass ein Personenmerkmal (Kompetenz) unmittelbar mit der Schwierigkeit von Aufgaben und der damit verbundenen Wahrscheinlichkeit der Aufgabenlösung zusammenhängt. Dieser Zusammenhang kann mit Hilfe der Verfahren aus der Testtheorie so modelliert werden, dass eine hohe Testgüte erreicht wird – und dennoch keine berufliche Kompetenz erfasst sein kann. Die These ist, dass eine hohe Testgüte auch mit Aufgaben realisierbar ist, die etwas ganz Anderes erfassen, weil die Inhaltsvalidität nicht Bestandteil des Modells ist. Es sind also Modellierungen mit inhaltlich völlig ungeeigneten Testitems möglich, die testtheoretisch Validität vortäuschen, aber in Wahrheit ein anderes Konstrukt als das Beabsichtigte messen. *„Die Auswahl der Testinhalte definiert letztlich die Natur des gemessenen Konstrukts"* (Hartig & Jude 2007, S. 26). Die Testgüte der psychometrischen Verfahren steht zunächst allein für einen stochastischen Zusammenhang und die zugrunde liegenden Annahmen. Anders gesagt: Aufgaben sind unterschiedlich schwer, und insbesondere die Annahme, dass kompetentere Personen die schwierigeren Aufgaben eher lösen können, ist einleuchtend. Ob aber die Passung aus Aufgaben und getesteten Personen *in der zutreffenden Domäne* liegt, kann nur unzureichend durch die vorliegenden Verfahren überprüft werden. Dies wird im Folgenden eingehender untersucht und herausgearbeitet.

2.2 Der Ansatz des Rasch-Modells und Haltbarkeit der Modellannahmen

IRT-Verfahren treffen Annahmen über die Zusammenhänge zwischen der individuellen Merkmalsausprägung Θ_v (Kompetenz/Fähigkeit) einer Person v und der Wahrscheinlichkeit[3] P für das Auftreten bestimmter Antworten[4] auf Aufgaben/Items X. Beim dichotomen Rasch-Modell wird dieser Zusammenhang durch die Itemfunktion aus Abb. 2 gebildet.

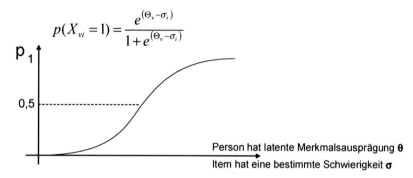

$$p(X_{vi}=1) = \frac{e^{(\Theta_v - \sigma_i)}}{1 + e^{(\Theta_v - \sigma_i)}}$$

Abb. 2: *Rasch-Modell (Ein-Parameter-Logistisches-Modell; 1PL)*

Berufliche Kompetenz wird mittels des Rasch-Modells gemessen, indem ein Test so skaliert wird, dass Personen mit hoher Kompetenz entsprechend der Itemfunktion eine Aufgabe mit bestimmter Schwierigkeit σ mit höherer Wahrscheinlichkeit lösen als Personen mit niedriger Kompetenz. Andersherum sinkt die Wahrscheinlichkeit dafür, dass eine Person mit bestimmter Kompetenz Aufgaben löst, wenn deren Schwierigkeit erhöht wird (entspricht einer Parallelverschiebung der Kurve nach rechts). Entspricht die Kompetenz der Schwierigkeit der Aufgabe ($\Theta_v = \sigma_i$), beträgt die Lösungswahrscheinlichkeit P=0,5; dies nennt man den Schwierigkeitsparameter.

Ein Test ist dann konstruktvalide, wenn Itemhomogenität sichergestellt ist (vgl. Moosbrugger 2007, S. 217 ff.). Das heißt, dass stochastische Unabhängigkeit zwischen Items gleicher Schwierigkeit herrschen muss. Gleich kompetente Personen müssen gleichschwere Items mit derselben Wahrscheinlichkeit lösen. Die Differenz zwischen Merkmalsausprägung der Person (Kompetenz) und Schwierigkeit *verschiedener* Items bestimmt die Aussagekraft[5] und Modellkonformität des Tests. Es wird eine ausreichende Anzahl an Items benötigt, für die das Testergebnis dem Verlauf der Itemfunktion folgt. Man kann nun einen Test modellkonform gestalten (Parameterschätzung mittels Likelihoodfunktionen), indem Items entsprechend angepasst, hin-

---

3   Daher auch probabilistische Testtheorie.
4   Daher Item-Response-Theorie.
5   Die Iteminformation ist am größten, wenn die Differenz zwischen Θ und σ null ist (vgl. Moosbrugger 2007, S. 235).

zugefügt oder entfernt werden; mit anderen Worten: Es ist nicht entscheidend, welche Items gelöst werden, sondern nur wie viele (vgl. ebd., S. 230; Rost 2004, S. 124).

> „Bei Modellkonformität ... hängt die Wahrscheinlichkeit der Daten also nicht davon ab, welche Personen welche Items gelöst haben, sondern lediglich davon, wie viele Personen ein Item gelöst haben, bzw. wie viele Items von einer Person gelöst wurden" (Moosbrugger 2007, S. 230).

Ob dies aus einer berufsbezogenen Perspektive außerhalb der Modellannahmen akzeptabel sein kann, erscheint fraglich. Die Schwierigkeit einer Aufgabe – sagen wir eine Bremsenprüfung auf einem Rollenbremsprüfstand – ist für gleich kompetente Fachkräfte unterschiedlich schwer, je nachdem, wie vertraut die Arbeitsumgebung, der Rollenbremsprüfstand, die damit arbeitende Software, die Anzeigeinstrumente und die Werkstattvernetzung sind und wie der Arbeitsablauf dort organisiert wird. Und die Tatsache, dass jemand evtl. eine Bremsenprüfung mittels Rollenbremsprüfstand nicht beherrscht (weil nicht im Itemstamm vorhanden), dafür aber gleichschwere andere Aufgaben in der Domäne, entlastet den Test nicht. „Die Likelihoodschätzung selbst sagt nichts darüber aus, ob die getroffenen Modellannahmen auch zutreffen" (ebd., S. 231). Testspezialisten ist dieser Zusammenhang bewusst, und es gibt Verfahren, mit denen die Schätzung von Itemparametern und Personenparametern optimiert werden kann. Die optimierten Ergebnisse dieser Tests werden letztlich alle durch die Anpassung, Hinzufügung oder Entfernung von Items erreicht, wobei sich die Konstruktvalidität allein auf das Testverfahren bezieht. Theoretisch ließe sich dies erreichen, indem der Test in eine (inhaltlich gesehen) beliebige Richtung angepasst wird; er könnte also längst allein Vokabular über das Prüfen von Bremsen abfragen. Dies wird in dieser Form zwar selten passieren, sofern Experten der Domäne bei der Optimierung von Items mitwirken (vgl. Moosbrugger & Kelava 2007, S. 15; insbesondere auch beim adaptiven Testen, vgl. Frey 2007), aber dies ist denkbar und leider auch bei bestehenden Tests des Öfteren zu identifizieren. Dabei stellt die Auswahl geeigneter Experten die größte Schwierigkeit dar.

Die oben geführte Diskussion sollte klar gemacht haben, dass es keineswegs trivial ist, von der Gültigkeit des 1PL-Modells auszugehen. Was genau Merkmalsausprägung (Kompetenz soll es sein) ist und ob diese nicht durch verschiedene Facetten dieser Merkmalsausprägung unterschiedlich angesprochen bzw. bestimmt ist,[6] kann nicht über Modellrechnungen berücksichtigt werden, sondern ist durch die Art der Aufgaben selbst bestimmt. Eine Einbeziehung mehrerer, bestimmter Aufgabenmerkmale (vgl. Rauch & Hartig 2007, S. 248ff.), evtl. gar als Prädiktoren für berufliche Kompetenz, negiert die Vernetztheit und unzureichende Überschneidungsfreiheit der Kompetenzfacetten. Dass die verwendeten Items überhaupt für das zu erfassende Merkmal Kompetenz stehen, wird so letztlich schlicht vorausgesetzt. Die Verfahren zur Bestimmung der Konstruktvalidität bauen auf der Annahme, dass die Items *inhaltlich* zutreffend sind, auf.

---

6   Dies erfordert ggf. die Verwendung mehrdimensionaler Modelle (2PL, 3PL), für die keine Modelltests zur Überprüfung der Gültigkeit vorliegen (vgl. Moosbrugger 2007, S. 239).

Schließlich ist noch festzustellen, dass die Summe aller Testwerte, also die Anzahl aller gelösten Aufgaben einer Person, alle Informationen über deren Kompetenz enthält, wenn das Rasch-Modell gilt; es kann dann der Summenwert als Maßzahl für die Kompetenz genommen werden (vgl. Rost 2004, S. 122). Auch dieser, dem Modell inhärente Zusammenhang, trifft eine Aussage außerhalb des Modells. Testmodell und Kompetenzmodell werden an dieser Stelle einfach gleichgesetzt.

2.3 Der Elchtest für psychometrische Tests

„Entscheide lieber ungefähr richtig als genau falsch" (Goethe).

Die im letzten Abschnitt benannten Schwächen der IRT verweisen auf den Elchtest für psychometrische Tests, der in der Überprüfung der Inhaltsvalidität besteht.

„Unter Inhaltsvalidität versteht man, inwieweit ein Test oder ein Testitem das zu messende Merkmal repräsentativ erfasst" (Moosbrugger & Kelava 2007, S. 15). Diese Anforderung ist eine notwendige Bedingung für die Einsetzbarkeit eines Tests und wird doch oftmals stiefmütterlich oder gar nicht beachtet (vgl. Hartig & Jude 2007, S. 23). Sie wird durch die Einbeziehung von Experten sichergestellt, die beurteilen, ob ein Test bzw. dessen Aufgabenstellungen überhaupt die betreffende Domäne abbilden. Im allgemeinbildenden Bildungswesen werden in der Regel Fachdidaktiker herangezogen, die einen Abgleich mit den in Curricula festgelegten Lernzielen vornehmen. In der Berufsbildung und wenn der Anspruch der Erfassung beruflicher Kompetenz aufrechterhalten werden soll, ist dagegen eine Prüfung erforderlich, die sicherstellt, dass berufstypische Aufgaben- und Problemstellungen im Mittelpunkt stehen.

Die Inhaltsvalidität ist von der Konstruktvalidität und der Kriteriumsvalidität zu unterscheiden. Konstruktvalidität meint die Güte *des Tests*, die in der Regel mit Hilfe von Korrelationen zwischen dem Test und aus theoretischen Überlegungen gespeisten Variablen berechnet wird. Man geht vom Konstrukt und der dahinter stehenden Theorie aus (Hypothese) und prüft empirisch die „'Verknüpfung' von Test und Konstrukt" (Lienert & Raatz 1998, S. 226). Es können auch Vergleiche mit anderen Tests herangezogen werden. In beiden Fällen bewegt man sich innerhalb testtheoretischer Gültigkeitsgrenzen und außerhalb realitätsbezogener Gültigkeitsgrenzen.

„Das Konzept der Konstruktvalidität trifft den Kern der Frage „was ein Test misst", wenn ein Test ein theoretisches, von der Art der Messung unabhängiges Konstrukt erfassen soll" (Hartig & Jude 2007, S. 22).

Hartig und Jude stellen hierzu – ungeachtet der derzeitigen Praxis des Testens beruflicher Kompetenz – fest, dass dieser Ansatz für Kompetenzkonstrukte nur bedingt geeignet ist (ebd., S. 22) und bei der Erfassung stark berufsbezogener Kompetenzkonstrukte wenig vielversprechend ist (ebd., S. 23). Es hilft wenig, einen Test möglichst konstruktvalide zu gestalten und damit auf das Genaueste falsch zu liegen.

Die Kriteriumsvalidität bezeichnet den Zusammenhang zwischen dem Antwortverhalten einer Testperson im Rahmen des Tests mit dem Verhalten außerhalb der Testsituation; je enger dieser Zusammenhang ist, desto höher fällt die Kriteriumsvalidität aus. Es geht also um die „pragmatische Frage, inwieweit mit einem Test Verhalten außerhalb der Testsituation vorhergesagt werden kann" (ebd., S. 23). Wer daher in einem Test zur Kompetenzmessung für die Domäne „Kfz-Service und Reparatur" gut abschneidet, müsste auch in der Berufspraxis ein guter Kfz-Mechatroniker sein. Es ließe sich zum Beispiel mit Hilfe zweier Stichproben (etwa Auszubildende im 3. Lehrjahr und Kfz-Servicetechniker) zeigen, ob Kfz-Servicetechniker tatsächlich wesentlich besser abschneiden als Auszubildende zum Kfz-Mechatroniker. Die – erfolgreiche prognostische Validität des Tests vorausgesetzt – formal deutlich höhere Qualifikation würde als Indikator für die Kriteriumsvalidität dienen.

Die Inhalts- und Kriteriumsvalidität sind für Verfahren zur Erfassung beruflicher Kompetenz von besonderer Bedeutung, weil sie sich mit der Geltung der Testergebnisse in der Realität befassen. Die Kriteriumsvalidität kann dabei mit Ansätzen der Testmodelle einigermaßen sinnvoll sichergestellt werden. Für die Inhaltsvalidität werden dagegen andere Gütekriterien benötigt.

3 Gütekriterien zur Erfassung beruflicher Kompetenz

3.1 Gütekriterien berufswissenschaftlicher Forschung zur Bestimmung der Inhaltsvalidität

Beruflich kompetent ist, wer Aufgaben im Rahmen seiner Berufsausübung bearbeitet, berufliche Problemstellungen löst und diese Fähigkeit auf sich verändernde Situationen überträgt. Es reicht nicht, dies nur zu vermögen (Disposition) oder hierfür nur die Voraussetzungen mitzubringen. Berufliche Kompetenz ist die *in* der beruflichen Handlung zum Ausdruck kommende Könnerschaft und sollte daher im Handeln erfasst werden. Dadurch ist der „Inhalt" von Facharbeit in einer Domäne als das Maß für die Qualität von Items gekennzeichnet. Verfahren, mit denen eine solche Inhaltsvalidität sichergestellt werden kann, sollten dann prinzipiell in der Lage sein, berufliche Kompetenz zu erfassen. Am besten lässt man also Probanden berufliche Aufgaben bearbeiten und Probleme lösen, um festzustellen, ob und in welchem Grad berufliche Kompetenz vorhanden ist. Ob dies praktikabel ist, um eine über eine Individualdiagnostik hinausgehende Fragestellung zu bearbeiten, ist eine andere Frage, die nicht zu vorschnell beantwortet werden sollte (vgl. Baethge u. a. 2006, S. 61ff.).

Nun sind berufliche Aufgaben und die in der Realität auftauchenden Probleme beileibe nicht eindimensional und die Dimensionalität wird kaum so bestimmbar sein, dass sich eine Validitätsberechnung darauf anwenden lässt (vgl. Franke 2005, S. 171ff.). Jedoch wird gerade dies häufig praktiziert und damit nur suggeriert, berufliche Kompetenz sei erfasst: *„So kann es ... sein, dass mit einem intern validen Test, für den das angenommene Testmodell sehr gut passt, eine Variable gemessen wird, die keinerlei*

Erklärungswert für das sonstige Verhalten der Personen hat" (Rost 2004, S. 35). Aufgaben und Problemstellungen, die im Anschluss in Testverfahren einmünden sollen, müssen daher zunächst empirisch valide *ermittelt* werden. Dabei kommt es darauf an, deren Dimensionalität zu erfassen, allerdings nicht im Sinne der Vollständigkeit separierter Elemente (Fachwissen, Motiv, Fähigkeit, …), sondern im Sinne der Erhöhung von Bedeutsamkeit und Erklärungsqualität für das berufliche Handeln. Gelingt dies, so ist im Anschluss daran sicherzustellen, dass diese Bedeutsamkeit beim Stellen der Testaufgaben erhalten bleibt. Dies ist wiederum mit verschiedenen Testverfahren unterschiedlich gut realisierbar (vgl. Abb. 3, Kaufhold 2006, S. 126 ff.).

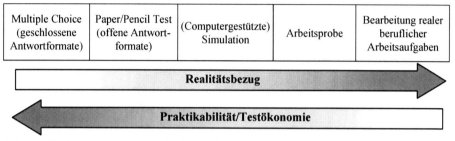

Abb. 3:   Verfahrensqualität unterschiedlicher Testverfahren

Die Dimensionalität beruflicher Kompetenz durch Separation zu erfassen, entspricht der derzeitigen Praxis von Testverfahren, obwohl dies nach vorliegenden Erkenntnissen der Kompetenzforschung relativ aussichtslos, ja sogar sinnlos erscheint:

> „Um substantielle Fortschritte auf dem Gebiet der Kompetenzforschung zu erzielen, müssen Theorien entwickelt werden, die dem Forschungsgegenstand angemessen sind. Kompetenzen sind dynamische Systeme, in denen (fast) alles mit allem zusammenhängt. Die im Rahmen experimenteller Forschung häufig anzutreffende klare Trennung von Prädiktor- und Kriteriumsvariablen (bzw. „unabhängigen" und „abhängigen" Variablen) führt hier nicht weiter. Die zu vermutenden vielfältigen Kreisprozesse bringen bestimmte Variablen einmal in die Rolle der „abhängigen", dann wieder in die Rolle der „unabhängigen" Variablen. Um die verschiedenen Verlaufsformen, Stufen, Bedingungen, verschiedenen Dimensionen und Ursachen der Kompetenzentwicklung befriedigend erklären zu können, sind komplizierte Theorien mit vielen hundert oder vielen tausend Zusammenhangsaussagen zu konstruieren" (Franke 2005, S. 176).

Gütekriterien, bei denen die Bedeutsamkeit und Erklärungsqualität beruflichen Handelns während des Arbeitsprozesses im Mittelpunkt stehen, sind für die berufswissenschaftliche Forschung entwickelt worden (vgl. Becker & Spöttl 2008, S. 205ff.). Diese haben keine messanalytisch gliedernde, sondern eher eine reflektierend klärende und Transparenz erhöhende Funktion. Es werden dort drei Gütebereiche benannt (vgl. Abb. 4), von denen die Kontextgüte für die Sicherstellung einer hohen Inhaltsvalidität besonders hilfreich ist:

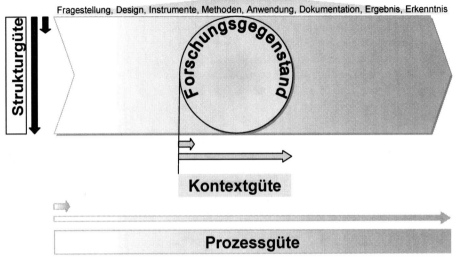

Abb. 4:   Gütebereiche berufswissenschaftlicher Forschung (Becker & Spöttl 2008, S. 206)

1. *Strukturgüte*: Die Strukturgüte ist (im Falle der Erfassung beruflicher Kompetenz) der Grad, mit dem die Items eines Tests die Aufgabenbreite und -vielfalt in einer Domäne abdecken.

2. *Prozessgüte*: Die Prozessgüte ist (im Falle der Erfassung beruflicher Kompetenz) der Grad, mit dem die Items eines Tests die Vollständigkeit von Arbeitsprozessen in einer Domäne erfassen.

3. *Kontextgüte*: Die Kontextgüte ist (im Falle der Erfassung beruflicher Kompetenz) der Grad, mit dem Items eines Tests die Dimensionalität beruflicher Aufgaben- und Problemstellungen beinhalten.

Für die Dimensionalität wird hier der Grad der Kontexterfassung zugrunde gelegt, wie sie bei Becker (2009, S. 242ff. und 2010, S. 60f.) beschrieben ist. Danach steigen die Dimensionalität und damit die Validität der Erfassung beruflicher Kompetenz mit dem Grad der Einbeziehung der Sach- und Sinnzusammenhänge (Kontext) von Arbeitsprozessen. Unter dem Arbeitsprozess wird derjenige Handlungsablauf verstanden, der durch die handelnde Person bei der Bearbeitung einer Arbeitsaufgabe gestaltet wird[7]. Wenn von Kernarbeitsprozessen die Rede ist, sind damit zentrale Arbeits-

---

7   Im Gegensatz zu einem wirtschaftlich geprägten Begriff des Arbeitsprozesses, der sich auf die Wertschöpfung in einem Arbeitssystem konzentriert, wird hier die Perspektive des Menschen in den Mittelpunkt gestellt. Dieser wird mit Anforderungen bei der Bearbeitung von Aufgabenstellungen konfrontiert und stellt sich diesen durch Handlung. Dabei folgt er Vorgaben und Planun-

aufgaben eines Berufsausübenden auf einem Abstraktionsgrad gemeint, die einen solchen berufstypischen Handlungsablauf einschließen und als Summe aller konkreten Aufgaben noch erkennen lassen.

So ist etwa im Kfz-Handwerk die Routinediagnose die Summe aller routinemäßigen Arbeiten zur Überprüfung der Funktionsfähigkeit ausgewählter Systeme im Kraftfahrzeug, ohne dass ein Fehlersymptom vorliegt, welches Anlass zur Überprüfung gibt. Eine konkrete Aufgabenstellung, die dem Kernarbeitsprozess Routinediagnose zuzuordnen wäre, ist die Überprüfung der Gelenkspiele des Fahrwerks im Rahmen der Inspektion oder die Beleuchtungsprüfung, die regelmäßig im Oktober eines jeden Jahres durchgeführt wird.

Entscheidend für die Konstruktion von Items ist die Vollständigkeit der Handlungsabläufe, so dass zumindest der Prozesscharakter der beruflichen Handlung noch erkennbar bleibt. So ist das „Auswechseln einer Glühlampe" kein berufstypischer Arbeitsprozess, weil er von eben diesem abgekoppelt ist. Es müsste zumindest der Kontext, in dem der Wechsel der Lampe seine Bedeutung offenbart, mit berücksichtigt sein. Ein berufstypischer Arbeitsprozess muss zumindest folgende Anforderungen erfüllen:

- Ihm liegt ein Auftrag, eine Aufgabenbeschreibung oder ein zu lösendes Problem zugrunde.

- Er ist für die Berufsarbeit typisch, d. h., er kennzeichnet Aufgaben, die von den Berufsinhabern häufig ausgeführt werden und die für die Berufsausübung bedeutsam sind.

- Er erfordert die Einbeziehung aller Arbeitsphasen und Teilhandlungen, die von der Person in diesem Arbeitszusammenhang zu bearbeiten sind (vgl. Becker & Spöttl 2008, S. 91).

Diese beispielhafte Betrachtung lässt sich in eine Operationalisierung der Kontextgüte überführen, mit der es gelingen kann, Gütekriterien für die Inhaltsvalidität und der dazu erforderlichen Konstruktionsregeln für Items aufzustellen.

3.2 Operationalisierung der Kontextgüte

Betrachtet man die prinzipielle Aufrechterhaltung der Dimensionalität (des Kontextes) beruflicher Kompetenz als notwendige Bedingung zur Formulierung von Items (vgl. Becker 2009, S. 243), so lassen sich 10 Konstruktionsregeln[8] angeben:

---

gen für die Arbeitsausführung; zugleich gestaltet er seinen Arbeitsablauf, um verschiedenen Ansprüchen (seiner Selbst, der Gemeinschaft, ökonomische und ökologische etc.) gerecht zu werden.

8   Die Konstruktionsregeln wurden von einer Forschungsgruppe zur Kompetenzdiagnostik im Rahmen des Kfz-Servicemechaniker-Projektes entwickelt (vgl. Musekamp 2009).

1. Items enthalten eine Beschreibung der Domäne durch Deskriptor, Handlungsgegenstand und Sektorbenennung, falls dieser nicht unmittelbar aus dem Handlungsgegenstand hervorgeht.

2. Items sind prozessbezogen ausgeführt, sie beziehen sich also auf das berufliche Handeln im Arbeitsprozess.

3. Items sind aufgabenbezogen formuliert und stellen die Person vor eine berufstypische Aufgabe.

4. Items umfassen einen vollständigen Arbeitsprozess oder halten wenigstens den Bezug zu diesem Arbeitsprozess aufrecht.

Die Konstruktionsregeln 1 bis 4 sorgen für eine Erhöhung der Strukturgüte und insbesondere dafür, dass bei der Aufgabenformulierung kein Wechsel der Domäne (Regel 1) stattfindet. So ließe sich eine Aufgabenstellung zur Fehlersuche beim Anlaufen eines Elektromotors formulieren, die allein technologisch als richtig oder falsch zu kennzeichnen ist. Formuliert man diese als berufliche Aufgabenstellung für Elektroniker für Automatisierungstechnik, werden ganz andere Aspekte und damit Bereiche beruflicher Kompetenz relevant, als wenn diese Aufgabenstellung einem Ingenieur gestellt wird, der eine Ansteuerungselektronik auszulegen hat. Sie ist nach ganz anderen Kriterien zu bearbeiten, je nachdem, was der Elektromotor antreibt, wie er im betreffenden Betrieb eingesetzt und „betrieben" wird und welche Bedingungen zu Problemen beim Anlaufen geführt haben etc.

Jede Konstruktionsregel dient der Prüfung eines wesentlichen Aspekts beruflicher Kompetenz. Regel 2 legt den Schwerpunkt auf die Prozesshaftigkeit der Aufgabe, Regel 3 auf den Anforderungscharakter der Aufgabe und Regel 4 auf die Vollständigkeit des Arbeitsprozesses. Damit ist keine vollkommene Unabhängigkeit der Regeln denkbar, denn wenn ein Arbeitsprozess Vollständigkeit für sich in Anspruch nehmen kann, wird etwa die Prozesshaftigkeit (Regel 2) ebenfalls gegeben sein. Dennoch ist die getroffene Akzentuierung der Regeln von Bedeutung, denn in jedweder Testpraxis wird die Realität (vgl. Abb. 3) um einen (anderen) Teil verfälscht und es kommt darauf an, den damit verbundenen Verlust an Dimensionalität (vgl. S. 83) erfassen zu können. Wird durch die Itemformulierung etwa ein beruflicher Arbeitsprozess zum Gegenstand gemacht, der seinen Ausgang nicht in einer beruflichen Aufgabenstellung hat (Regel 3), sinkt die Inhaltsvalidität trotz Einhaltung der Regeln 2 und 4.

Items zur Messung beruflicher Kompetenz müssen zudem die Kontextgebundenheit von Aufgabenstellungen berücksichtigen. Die Art und Breite der Einbeziehung von Kontextdimensionen bestimmt neben der Struktur des Gegenstands der Facharbeit auch den Schwierigkeitsgrad der Aufgaben. Dabei muss nicht jede Regel den gleichen Stellenwert für die gestellten Aufgaben haben. Jedoch lässt sich das gesamte Set der Konstruktionsregeln zur methodischen Überprüfung von Items einsetzen, um

Schwachstellen aufzudecken und um die Beantwortung der Frage zu erleichtern, ob die Inhaltsvalidität eines Items trotz notwendiger Kompromisse bezüglich einer praktikablen Testdurchführung noch in einem vertretbarem Maß gegeben ist. Standards[9] für die Itemkonstruktion zur Berücksichtigung der Kontextgebundenheit sind:

5. Items beziehen die Arbeitsorganisation als Kontextbedingung mit ein.

6. Items erfordern berufstypische Entscheidungsoptionen.

7. Items erfordern die Anwendung berufstypischer Methoden.

8. Items beziehen sich auf domänenspezifische Baugruppen, Systeme, Anlagen und Einrichtungen.

9. Die Lösung der Items erfordert den Einsatz berufstypischer Werkzeuge und Arbeitsmittel.

10. Die Lösung der Items erfordert die Berücksichtigung von Kundenanforderungen und gesellschaftlichen Anforderungen an die Aufgabenstellung.

4   Anwendung von Gütekriterien auf Testitems

An einem Beispiel soll verdeutlicht werden, wie anhand der genannten Kriterien die Inhaltsvalidität von Items geprüft und die Resultate zur Verbesserung von Aufgabenformulierungen genutzt werden können. Das nachstehende Beispiel zeigt ein Item (Abb. 5), mit dem die berufliche Kompetenz in der Subdomäne „Service" (vgl. Becker 2009, S. 241) gemessen werden soll.

Kriterium 1: Items enthalten eine Beschreibung der Domäne durch Deskriptor, Handlungsgegenstand und Sektorbenennung, falls dieser nicht unmittelbar aus dem Handlungsgegenstand hervorgeht.

Die Aufgabenstellung ist gekennzeichnet als eine, die im Rahmen der **Inspektion** an einem Fahrzeug durchzuführen ist, womit die Domäne und der Handlungsgegenstand eindeutig benannt werden.

---

9   Terminologisch wird ein Standard hier verstanden als eine Minimalanforderung an ein Kriterium. Ein Kriterium bezeichnet dabei ein unterscheidbares Merkmal (z. B. Einbeziehung der Arbeitsorganisation)/eine unterscheidbare Eigenschaft (hier: wird erfüllt/nicht erfüllt). Es wäre auch denkbar, aus empirischen Untersuchungen heraus einen bestimmten Grad der Anforderung, eine mittlere oder maximale Anforderung zu ermitteln, der für die Erfassung beruflicher Kompetenz einzulösen ist. Letzteres ist auf Grund der Tatsache, dass jede Testkonstellation außer der Realsituation die Inhaltsvalidität mindert, von Bedeutung.

	Bei einem Fahrzeug mit flexibler Wartungsintervallanzeige wird Wartungsbedarf in der Instrumententafel angezeigt. Das Fahrzeug hat eine Laufleistung von 25.000 km. Im Rahmen der Inspektion prüfen Sie die Zündkerzen, die folgendes Aussehen haben:
1.	
	Welche Schlüsse ziehen Sie aus dem Zündkerzenbild?
☐	Das Zündkerzenbild ist in Ordnung. Dennoch sind die Zündkerzen alle 25.000 km zu erneuern. Sie würden bis zur nächsten Inspektion einen zu großen Abbrand an den Elektroden aufweisen.
☐	Das Zündkerzenbild zeigt zu hohe Rußablagerungen. Die Selbstreinigungs-Temperatur wird nicht erreicht. Deshalb sind die Zündkerzen gegen solche mit einem höheren Wärmewert (heißere Kerze) zu tauschen.
☐	Das Zündkerzenbild ist zu hell und zeigt eine abgebrannte Mittenelektrode. Die Zündkerzen werden zu heiß. Sie sind gegen solche mit einem niedrigeren Wärmewert (kältere Kerze) zu tauschen.
☐	Das Zündkerzenbild ist in Ordnung. Es handelt sich um Platin-Zündkerzen. Diese werden erst nach einer Laufleistung von mindestens 60.000 km erneuert.

Abb. 5:   Testitem aus dem Bereich Kfz-Service

Kriterium 2: Items sind prozessbezogen ausgeführt, sie beziehen sich also auf das berufliche Handeln im Arbeitsprozess.

Der **Wechsel der Zündkerzen** ist eine typische Aufgabenstellung im Rahmen der Inspektion, die in den Arbeitsprozess der Inspektion eingebunden ist. Die Aufgabenstellung berücksichtigt diese Eingebundenheit durch Angaben zur Inspektion (flexibles Wartungsintervall, Laufleistung) und betont den Prozesscharakter, indem der Wechsel mit diesen Parametern in Beziehung gebracht wird.

Kriterium 3: Items sind aufgabenbezogen formuliert und stellen die Person vor eine berufstypische Aufgabe.

Es wird dem Probanden abverlangt, sich in die Situation hineinzuversetzen, in der der Zündkerzenwechsel vorgenommen werden soll, so dass dieser zu seiner **Aufgabe** wird. Es handelt sich nicht um eine Teilhandlung, Operation oder reine Handlungsausführung, denn es ist zu entscheiden, ob der Wechsel durchzuführen ist oder nicht. Dies ist eine typische berufliche Aufgabe.

Kriterium 4: Items umfassen einen vollständigen Arbeitsprozess oder halten wenigstens den Bezug zu diesem Arbeitsprozess aufrecht.

Dieses Kriterium ist nur schwach erfüllt, da der Zündkerzenwechsel nur ein sehr kleiner Ausschnitt der Inspektion ist. Der **Prozess des Austausches** selbst wird auch nur begrenzt zum Inhalt dieses Items, weil zwar die Vorgehensweise in dieser Situation abgefragt wird, jedoch recht viele Aspekte des Austausches auf der Fertigkeitsebene (dem Handeln selbst) und der Fähigkeitsebene (Könnerschaft) verankert und nicht Gegenstand der Aufgabe sind. So ist das Gefühl beim Herausschrauben relevant; dort spürt man den Zustand des Gewindes. Auch darf der Isolator der Zündkerze nicht mit fettigen Fingern angefasst werden, und aus dem „Bild" des Isolators (der nicht abgebildet ist) ließe sich auf Funkenüberschläge oder die Gefahr solcher schließen. Dies sind nur zwei von vielen verschiedenen Anforderungen des Arbeitsprozesses (Abziehen der Kerzenstecker; Beurteilung des Steckers und der Umgebung des Zündkerzenschachtes auf Sitz, Sauberkeit, Ölverschmutzung etc. etc.). Hier zeigt sich die Beschränktheit einer Multiple-Choice-Aufgabe und die Notwendigkeit, eine solche Aufgabenstellung in der Realität auszuführen. Die angesprochenen Aspekte ließen sich auch kaum durch einen Paper-Pencil-Test mit offenen Antwortformaten oder eine Simulationsaufgabe abprüfen, weil sie schwer zu versprachlichen und ebenso kaum ohne Beobachtung des Geschicks und Gespürs zu erfassen sind.

Kriterium 5: Items beziehen die Arbeitsorganisation als Kontextbedingung mit ein.

In diesem Falle wäre im Detail zu prüfen, wie die **Arbeitsorganisation** auf die Aufgabenstellung wirkt, was kaum der Fall ist. Kriterium 5 ist nicht erfüllt. In der Realität wären Überlegungen anzustellen, ob ggf. solche Zündkerzen im Lager vorhanden sind, ob es Ersatztypen gibt, ob der Hersteller Angaben zu solchen Zündkerzentypen im Inspektionsplan vermerkt oder wie der Betrieb mit solchen Fällen umgeht (fällt die Entscheidung des Tausches auf Mechaniker-, Meister- oder Kundenebene?).

Kriterium 6: Items erfordern berufstypische Entscheidungsoptionen.

Da es sich in diesem Fall um eine Platin-Zündkerze handelt, muss in Abhängigkeit der Kilometerleistung und der typischen Wartungsintervalllängen in Zusammenhang mit dem Zündkerzenbild und der Laufleistung, zu der das Fahrzeug das nächste Mal zu einer Inspektion erwartet werden kann, abgewogen werden, ob die Zündkerze zu tauschen ist oder nicht. Dies ist ein typisches **Entscheidungsproblem** in einer beruflichen Situation. Platin-Zündkerzen haben extrem lange, vom Hersteller oder Zulieferer vorgesehene Wechselintervalle (>60.000 km), und Fachkräfte in Kfz-Werkstätten wissen dennoch um Probleme mit solchen Zündkerzen, die oftmals ein frühzeitigeres Austauschen erforderlich machen. Ein Feldversuch in den späten 1980er Jahren ergab, dass solche Zündkerzen unter Idealbedingungen 100.000 km halten; im Kurzzeitbetrieb je nach Motor und Verrußungsneigung jedoch nur unter 20.000 km. Dieser Erfahrungshintergrund wird in der Aufgabenstellung mit aufgegriffen.

Kriterium 7: Items erfordern die Anwendung berufstypischer Methoden.

Zur Beurteilung von Zündkerzen gehören neben der Betrachtung des „Zündkerzenbildes" und dem Vergleich mit Gut- und Schlechtbildern die Beurteilung des Abbrandes der Mittelelektrode und das Lehren des Elektrodenabstandes. Bei Platinzündkerzen in der abgebildeten Mehrelektrodenform ist zudem notwendig zu wissen, wo der Elektrodenabstand zu messen ist. Es sind **Prüfmethoden** erforderlich, die zur Beantwortung der Aufgabe implizit mit herangezogen werden müssen; etwa, dass der Abbrand an den Elektroden bei Platinkerzen kaum sichtbar bzw. im Vergleich mit Kupferkerzen anders zu beurteilen ist.

Kriterium 8: Items beziehen sich auf domänenspezifische Baugruppen, Systeme, Anlagen und Einrichtungen.

Es handelt sich um eine **reale Zündkerze** (Foto) und nicht um eine idealisierte Abbildung oder ein Foto, welches zu einer ganz anderen Situation mit dazugehörigem Zustand (Fahrleistung etc.) gehört.

Kriterium 9: Die Lösung der Items erfordert den Einsatz berufstypischer Werkzeuge und Arbeitsmittel.

Dieses Kriterium ist fast gänzlich nicht erfüllt und lässt sich mit Multiple-Choice-Aufgaben auch nur auf einer oberflächlichen, beschreibenden Ebene mit einbinden. Die Verwendung eines Drehmomentschlüssels, spezieller Zündkerzenschlüssel und entsprechender Fühlerlehren, die Verwendung von Spezialfetten für den Isolator zur Vermeidung der Überschlagsneigung und der Lebensdauerverlängerung der Steckergummis etc. könnten bei der Aufgabe eine stärkere Rolle spielen, jedoch würde die alleinige **Benennung der Werkzeuge und Arbeitsmittel** kaum Aufschluss über die berufliche Kompetenz geben. Die Art der **Anwendung** könnte nur in der Realität angemessen beurteilt werden. Hier gilt wie bei Kriterium 4, dass Multiple-Choice-Verfahren (auch Paper-Pencil- und Simulationsverfahren) zur Einlösung solcher Item-Anforderungen nur begrenzt geeignet sind.

Kriterium 10: Die Lösung der Items erfordert die Berücksichtigung von Kundenanforderungen und gesellschaftlichen Anforderungen an die Aufgabenstellung.

Mit der Aufgabenstellung wird die Kundenanforderung nach möglichst geringen Inspektionskosten und der **Zielkonflikt** mit der (begrenzten) Standzeit der abgebildeten Zündkerze mit aufgenommen. Die Fachkraft muss abwägen, ob in der geschilderten Situation das **lange Wechselintervall**, welches für Platin-Zündkerzen vorgesehen ist, als Wechselkriterium greift, oder ob es Indikatoren gibt, die ein vorzeitiges Austauschen sinnvoll erscheinen lassen.

5 Ausblick

Mit diesem Beitrag wird die vernachlässigte Dimension der Inhaltsvalidität bei Anwendung von IRT-Verfahren zur Erfassung beruflicher Kompetenz einer kritischen Analyse unterzogen, und es werden Vorschläge zur Bestimmung der Inhaltsvalidität unterbreitet. Diese bestehen aus einem Set an Konstruktionskriterien für Items, mit denen die Kontextgüte beruflicher Aufgabenstellungen im Rahmen von Tests beurteilt und gegebenenfalls erhöht werden kann. Wenn vor allem für Large-Scale-Assessments (LSA) in der beruflichen Bildung aus Gründen der Testökonomie Methoden zur Erfassung beruflicher Kompetenz eingesetzt werden, die eine gewisse Ferne zur beruflichen Realität und der dort ausschlaggebenden Mehrdimensionalität mit sich bringen, sind diese Konstruktionskriterien umso strenger anzuwenden, um nicht mit hoher Reliabilität vollkommen invalide Ergebnisse zu produzieren. Die Kriterien berücksichtigen die Anforderungen an Personen in beruflichen Situationen und Zusammenhängen und sind damit für berufliche Kontexte wesentlich geeigneter, als dies zum Beispiel durch die „Generalized Work Activities" (GWA) der Fall ist, die eher einem amerikanisch geprägten, behavioristischen Job-Verständnis anhängen (vgl. http://www.onetcenter.org/content.html) und im o*net-Modell einen Teil der beruflichen Anforderungen in einem weiten Spektrum operationalisierter Beschreibungen (beruflicher) Arbeit ausmachen.

Literatur

Baethge, M.; Achtenhagen, F.; Arends, L.; Babic, E.; Baethge-Kinsky, V.; Weber, S. (2006): Berufsbildungs-PISA – Machbarkeitsstudie. Stuttgart: Steiner.

Becker, M. (2009): Kompetenzmodell zur Erfassung beruflicher Kompetenz im Berufsfeld Fahrzeugtechnik. In: C. Fenzl; G. Spöttl; F. Howe; M. Becker (Hg.): Berufsarbeit von morgen in gewerblich-technischen Domänen. Bielefeld: W. Bertelsmann, S. 239–245.

Becker, M. (2010): Wie lässt sich das in Domänen verborgene „Facharbeiterwissen" erschließen? In: M. Becker; M. Fischer; G. Spöttl (Hg.): Von der Arbeitsanalyse zur Diagnose beruflicher Kompetenzen. Frankfurt/M. u. a.: Peter Lang, S. 54–65.

Becker, M.; Spöttl, G. (2008): Berufswissenschaftliche Forschung. Ein Arbeitsbuch für Studium und Praxis. Frankfurt/M. u. a.: Peter Lang.

Franke, G. (2005): Facetten der Kompetenzentwicklung. Bonn: W. Bertelsmann.

Frey, A. (2007): Adaptives Testen. In: H. Moosbrugger; A. Kelava (Hg.): Testtheorie und Fragebogenkonstruktion. Heidelberg: Springer, S. 261–278.

Hartig, J. (2008): Kompetenzen als Ergebnisse von Bildungsprozessen. In: N. Jude; J. Hartig; E. Klieme (Hg.): Kompetenzerfassung in pädagogischen Handlungsfeldern. Theorien, Konzepte und Methoden. Bonn, Berlin: BMBF, S. 15–25.

Hartig, J.; Jude, N. (2007): Empirische Erfassung von Kompetenzen und psychometrische Kompetenzmodelle. In: J. Hartig; E. Klieme (Hg.): Möglichkeiten und Voraussetzungen technologiebasierter Kompetenzdiagnostik. Expertise im Auftrag des Bundesministeriums für Bildung und Forschung. Bonn, Berlin: BMBF, S. 17–36.

Kaufhold, M. (2006): Kompetenz und Kompetenzerfassung. Analyse und Beurteilung von Verfahren der Kompetenzerfassung. Wiesbaden: VS Verlag für Sozialwissenschaften.

Klieme, E.; Leutner, D. (2006): Kompetenzmodelle zur Erfassung individueller Lernergebnisse und zur Bilanzierung von Bildungsprozessen. Überarbeitete Fassung des Antrags an die DFG auf Einrichtung eines Schwerpunktprogramms. Universität Duisburg-Essen.

KMK (2007) – Sekretariat der Ständigen Konferenz der Kultusminister der Länder der Bundesrepublik Deutschland (Hg.): Handreichungen für die Erarbeitung von Rahmenlehrplänen der Kultusministerkonferenz (KMK) für den berufsbezogenen Unterricht in der Berufsschule und ihre Abstimmung mit Ausbildungsordnungen des Bundes für anerkannte Ausbildungsberufe. Bonn.

Lienert, G.; Raatz, U. (1998): Testaufbau und Testanalyse. 6. Auflage. Weinheim: Beltz.

Moosbrugger, H. (2007): Item-Response-Theorie (IRT). In: H. Moosbrugger; A. Kelava (Hg.): Testtheorie und Fragebogenkonstruktion. Heidelberg: Springer, S. 215–239.

Moosbrugger, H.; Kelava, A. (Hg.)(2007): Testtheorie und Fragebogenkonstruktion. Heidelberg: Springer.

Musekamp, F. (2009): Entwicklung eines standardisierten Instruments zur Kompetenzerhebung im Kfz-Service. In: C. Fenzl; G. Spöttl; F. Howe; M. Becker (Hg.): Berufsarbeit von morgen in gewerblich-technischen Domänen. Bielefeld: W. Bertelsmann, S. 246–251.

Rauch, D.; Hartig, J. (2007): Interpretation von Testwerten in der IRT. In: H. Moosbrugger; A. Kelava (Hg.): Testtheorie und Fragebogenkonstruktion. Heidelberg: Springer, S. 240–256.

Rost, J. (2004): Lehrbuch Testtheorie – Testkonstruktion. Bern u. a.: Hans Huber.

Spöttl, G. (2010): Kompetenzmodelle in der beruflichen Bildung – Grenzen und Chancen. In: M. Becker; M. Fischer; G. Spöttl (Hg.): Von der Arbeitsanalyse zur Diagnose beruflicher Kompetenzen. Frankfurt/M. u. a.: Peter Lang, S. 233–238.

Straka, G.; Macke, G. (2009a): Berufliche Kompetenz: Handeln können, wollen und dürfen. Zur Klärung eines diffusen Begriffs. In: Berufsbildung in Wissenschaft und Praxis (BWP), 3/2009, S. 14–17.

Straka, G.; Macke, G. (2009b): Neue Einsichten in Lehren, Lernen und Kompetenz. ITB-Forschungsberichte 40/2009.

Weinert, F. E. (2001). Vergleichende Leistungsmessung in Schulen – eine umstrittene Selbstverständlichkeit. In: F. E. Weinert (Hg.): Leistungsmessungen in Schulen. Weinheim: Beltz, S. 17–31.

Teil 2:
Anwendungsfelder und Methoden der
Kompetenzmessung in der beruflichen
Bildung

Rating von Lösungen gestaltungsoffener Testaufgaben – Praxisbericht aus zwei Modellprojekten zur Messung berufsfachlicher Kompetenzen

Bernd Haasler

1 Gestaltungsoffene Testaufgaben

Wenn man als Bezugspunkt für die Messung beruflicher Kompetenz die konkrete Facharbeit heranzieht, kommt man nicht darum herum, gestaltungsoffene Testaufgaben einzusetzen. In zwei Forschungs- und Entwicklungsvorhaben zur Messung beruflicher Kompetenzen[1] wurde dieser Aufgaben-Ansatz verfolgt, aus dem in diesem Beitrag berichtet werden soll.

Die Grundlagen zur Entwicklung der Testaufgaben in diesen Projekten gehen vor allem auf die Arbeiten von Andreas Gruschka zurück, der Evaluationsaufgaben als nachgestellte Entwicklungsaufgaben im Kollegschulprojekt in Nordrhein-Westfalen zur Evaluation der (schulischen) Erzieherausbildung entwickelte (Gruschka 1985). Eine Kernarbeitsgruppe der Universität Bremen hat in den letzten zehn Jahren im Rahmen mehrerer Forschungsvorhaben am Beispiel verschiedener gewerblich-technischer Berufe als zentrales Instrument für die Erfassung der beruflichen Kompetenzentwicklung Paper & Pencil-Aufgaben entwickelt und erprobt. Zusammenfassend können folgende Leitlinien genannt werden, nach denen gestaltungsoffene Testaufgaben entwickelt wurden (siehe Tab. 1).

Lösungsvarianten von gestaltungsoffenen Testaufgaben können nur von Ratern bewertet werden, die diese fachlichen Lösungen verstehen, zu deuten wissen und sie in den berufstypischen Kontext professioneller Akteure der Facharbeit einordnen können. In den hier illustrierten Projekten waren als Rater Lehrkräfte aus dem Berufsfeld Elektrotechnik-Informatik beteiligt, die in Berufsschulen und Studienseminaren tätig sind.

---

[1] Schul-Modellversuch KOMET der Bundesländer Hessen und Bremen (2007–2011) und KOMET/China: Competence assessment for vocational students in Beijing (TVET-PISA) (2008–2009). Die wissenschaftliche Begleitung beider Vorhaben wurde unter der Leitung von Felix Rauner, Universität Bremen, durchgeführt.

Die Testaufgabenstellung

– erfasst ein realistisches Problem beruflicher und betrieblicher Arbeitspraxis.

– inkorporiert die charakteristischen beruflichen Arbeitsaufgaben des Berufes und die darauf bezogenen Ausbildungsziele.

– steckt einen berufsspezifischen – eher großen – Gestaltungsspielraum ab und ermöglicht damit eine Vielzahl verschiedener Lösungsvarianten unterschiedlicher Tiefe und Breite.

– ist gestaltungsoffen, d. h., es gibt nicht die eine „richtige" oder die „falsche" Lösung, sondern anforderungsbezogene Varianten.

– erfordert bei ihrer umfassenden Lösung außer fachlich-instrumentellen Kompetenzen die Berücksichtigung von Aspekten wie Wirtschaftlichkeit, Gebrauchswertorientierung und Umweltverträglichkeit.

– erfordert bei ihrer Lösung ein berufstypisches Vorgehen. Die Bewältigung der Aufgabe konzentriert sich auf den planerisch-konzeptionellen Aspekt und wird dokumentiert unter Verwendung einschlägiger Darstellungsformen (Paper-and-pencil-Design).

– muss nicht praktisch gelöst werden, da die Testaufgabe berufliche Kompetenzentwicklung auf der Konzeptebene misst und nicht auf der Ebene konkreten beruflichen Könnens (Performanz).

– ist keine Lernerfolgskontrolle; die Testaufgaben sind nicht Input-related.

– fordert den Probanden dazu heraus, die Aufgabe im Sinne beruflicher Professionalität (auf dem jeweiligen Entwicklungsniveau) zu lösen, zu dokumentieren und zu begründen.

– stellt auch für eine Fachkraft eine ernstzunehmende Herausforderung dar, gleichwohl muss auch einem Berufsanfänger eine Zugangsmöglichkeit zur Aufgabe geboten werden, die ihm die Bearbeitung ermöglicht.

Tab. 1:   Leitlinien zur Entwicklung gestaltungsoffener Testaufgaben (Rauner, Haasler, Heinemann & Grollmann 2009, S. 101)

Nachfolgend ist zur Veranschaulichung exemplarisch eine der Testaufgaben aus dem Untersuchungs-Set von insgesamt vier Testaufgaben dargestellt (siehe Abb. 1). Alle Testaufgabenstellungen und ihre Lösungsrahmen werden im Band III der KOMET-Publikationsreihe veröffentlicht, der sich im Erscheinen befindet.

Aufgabe 1
Dachfenster-Steuerung

Situationsbeschreibung

Die Firma Gut & Pünktlich GmbH produziert im Zwei-Schicht-Betrieb (Mo. bis Fr. von 6:00 Uhr bis 22:00 Uhr, Sa. von 6:00 Uhr bis 14:00 Uhr) Einrichtungen für Flugzeugküchen. Die vier Dachfenster einer beheizten Montagehalle wurden bisher dezentral von vier Stellen manuell per Handkurbel geöffnet bzw. geschlossen (siehe Abbildung 1). Durch diese zeitaufwändige Art der Dachfensterbetätigung kam es u. a. dazu, dass abends vergessen wurde, die Dachfenster zu schließen, bzw. bei Sturm wurden offene Dachfenster beschädigt.

Die Werkleitung wünscht eine neue, komfortablere und sichere Steuerung der Dachfenster.

In einem Mitarbeitergespräch werden weitere Anforderungen formuliert:

- *„Die Dachfenster sollen zentral geöffnet und geschlossen werden."*
- *„Wenn die Temperatur im Arbeitsbereich der Halle zu hoch ist, müssen die Fenster öffnen."*
- *„Für das kommende Jahr ist eine Vergrößerung der Montagehalle geplant."*

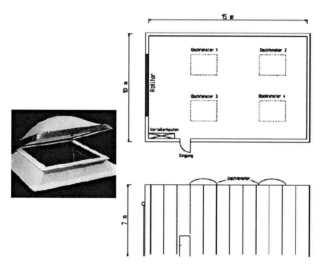

Abbildung 1: Detailaufnahme Dachfenster und Skizze der Montagehalle

Aufgabenstellung

Erstellen Sie möglichst vollständige Unterlagen für die Änderung der Anlage. Falls Sie noch zusätzliche Fragen, z. B. an den Auftraggeber, die Nutzer oder Fachkräfte anderer Gewerke haben, schreiben Sie diese bitte zur Vorbereitung von Abstimmungsgesprächen auf.

Begründen Sie Ihren Lösungsvorschlag umfassend und detailliert.

Arbeits- und Hilfsmittel

Zur Bearbeitung der Aufgabenstellung sind alle schulüblichen Hilfsmittel, wie z. B. Tabellenbücher, Fachbücher, eigene Mitschriften und Taschenrechner, zulässig.

Abb. 1:   Testaufgabe „Dachfenstersteuerung" aus den Hauptuntersuchungen

2   Raterschulungen

Es liegt auf der Hand, dass auch ein derartig qualifiziertes Ratingteam ohne eingehende Schulungsmaßnahmen nicht ohne Weiteres in der Lage ist, Bewertungen in Kompetenzmessverfahren vorzunehmen, die wissenschaftlichen Kriterien gerecht werden.

Die Güte eines Messinstrumentes zur Messung beruflicher Kompetenz und Kompetenzentwicklung wird entscheidend dadurch geprägt, inwieweit die Bewertungen der Aufgabenlösungen der Probanden durch die einzelnen Beurteiler (Rater) übereinstimmen oder voneinander abweichen (Interrater-Reliabilität). Damit die Rater als Grundlage und Bezugslinie ihrer Bewertungen ein gemeinsames Verständnis der Erwartungshaltung an die Aufgabenlösungen erreichen, wurden Raterschulungen durchgeführt. Das Konzept der Auftaktschulung umfasst ein zwölfstündiges Programm, welches zuerst mit Ratern in Bremen und Hessen realisiert wurde (vgl. Grollmann & Haasler 2009; Haasler 2010). Dies fokussierte drei Kernpunkte:

1) Bewertungskriterien zum Rating,

2) Testaufgaben,

3) Ratingpraxis an empirischem Material.

Für die Raterschulung wurde eine didaktisch aufbereitete Handreichung für die Teilnehmer erstellt, die im Schulungsseminar als Arbeitsunterlage diente.

Zu 1) Bewertungskriterien zum Rating

Eingangs wird eine Einführung in das Kompetenzmodell mit seinen Bewertungskriterien zur Beschreibung und Messung beruflicher Kompetenz positioniert. Dieser Impulsvortrag dient dazu, das Vorhaben in der aktuellen Diskussion zu verorten und die zentrale Frage zu beantworten, was man grundsätzlich zur Kompetenzmessung benötigt:

• einen Begründungsrahmen,

• ein Kompetenzmodell,

• das Testverfahren und

• das Auswertungsverfahren.

Eingehend werden vor allem die Bewertungskriterien vorgestellt, mit deren Hilfe das Rating der Lösungsvarianten erfolgt (vgl. Rauner, Haasler, Heinemann & Grollmann 2009). Der Bewertungsbogen umfasst 40 Items, die zur Bewertung einer Lösungsvariante eines Probanden herangezogen werden. Da diese Items weder berufs- noch aufgabenspezifisch formuliert sind, kommt es in der Rater-Schulung vor allem darauf an, eine Bindung zum Kontext herzustellen (vgl. Beck 1980). Da das Bewertungsinstrument domänenspezifisch eingesetzt wird, muss verdeutlicht werden, wie jedes einzelne Item im Kontext des zugrunde liegenden Berufsbildes und des Erwartungshorizontes der einzelnen Testaufgaben interpretiert werden kann.

Zu 2) Testaufgaben

Zur Kompetenzmessung wurde ein Set von vier Testaufgaben entwickelt, mit denen die Probanden im Verlauf des Vorhabens konfrontiert werden. Es geht in der Rater-Schulung nicht darum, mit den Ratern einen Konsens über die Anlage und Ausgestaltung der Testaufgaben zu erreichen. Die Rater sind nicht die Experten für die Testaufgabenentwicklung, sie sollen vielmehr befähigt werden, ihre Rolle als Bewerter von Lösungsvarianten professionell und gewandt auszuüben. Die Bewertung von Lösungsvarianten der Testaufgaben erfordert ein tiefes Verständnis vom Berufsbild und den Anforderungen, die Facharbeit an die Fachkräfte im Berufsalltag stellt. Die von den Probanden erarbeiteten Lösungsvarianten müssen vor diesem Hintergrund interpretiert und in den Kontext eingebettet werden. Einzelne Rater werden nicht als Spezialisten für das Rating von Teilaufgaben des Testaufgabensets vorbereitet. Jeder Rater wird als Bewerter für Lösungsvarianten eingesetzt, die aus dem gesamten Aufgabenset stammen; er muss also in der Lage sein, Ratings an allen vier Testaufgaben durchzuführen (vgl. Haasler & Rauner 2010).

Zu 3) Ratingpraxis an empirischem Material

Um den Umgang mit dem Bewertungsbogen einzuüben und eine möglichst hohe Übereinstimmung der Beurteilungen der einzelnen Rater zu erreichen, wird methodisch die praktische Arbeit an empirischem Material favorisiert. Aus anderen Untersuchungen stammende Lösungsvarianten von Probanden wurden daher in Einzelarbeit und in Kleingruppen von den Ratern bewertet. Zunächst wurde jeder Rater in Einzelarbeit mit einer Testaufgabe und zugehörigen Lösungsvarianten dreier Probanden konfrontiert, die mit dem Bewertungsbogen einem unabhängigen Ad-hoc-Einzelrating unterzogen werden sollte.

Die Übereinstimmung der Bewerterurteile wies im Vorfeld der Raterschulung erwartungsgemäß vergleichsweise schlechte Reliabilitäten auf. Im Verlauf der Raterschulung wurde begleitend zur Arbeit am empirischen Material fortlaufend die Interrater-Reliabilität berechnet. So zeigt sich zeitnah die Wirkung der Schulung auf die Verbesserung der Übereinstimmung der Ratings (Näheres dazu siehe KOMET Band I).

Im Anschluss an das unabhängige Einzelrating im Ad-hoc-Verfahren wurde die Arbeit in Kleingruppen mit jeweils vier Ratern fortgesetzt. Die Gruppenarbeit thematisierte das zuvor realisierte Einzelrating. Jeder Rater beschrieb seine Herangehensweise an die Bewertung, seine Interpretation der Items, seinen Erwartungshorizont an die

Aufgabenlösung und die Grundlage seiner individuellen Wertung einer Probandenlösung. Diese Reflexion in der Kleingruppe führte im diskursiven Prozess zu einer Nivellierung der Rater-Urteile. So wurde ein gemeinsamer Erwartungshorizont der Kleingruppe als Referenzniveau an die Lösungsvarianten der Testaufgaben entwickelt.

In der nächsten Phase der Raterschulung stellten die Kleingruppen im Plenum aller Rater ihren Diskussionsprozess, die Problemlagen und die gemeinsamen Verabredungen vor. Auch dieser Austausch führte zur weiteren Verfestigung und der Herausbildung eines gemeinsamen Verständnisses als Grundlage des Ratings.

Das dreischrittige Verfahren – Einzelrating, Kleingruppenreflexion, Plenum – wurde fortgesetzt, bis die vier Testaufgaben der beiden Sets vom gesamten Raterteam inhaltlich klar gefestigt verstanden waren und anhand von Probandenlösungen ein praktisches Rating durchgeführt worden war.

Neben der Herausbildung eines gemeinsamen Verständnisses der Rater ist auch der Aspekt der praktischen Rating-Erfahrung ein nicht zu unterschätzendes Ergebnis der Raterschulung. Die Konfrontation mit selbst durchzuführenden praktischen Ratings in der Raterschulung bildet bereits einen Vorgriff auf die später relevanten Ratings der Hauptuntersuchung, die jeder Rater in Einzelarbeit autonom in großer Anzahl vornehmen wird.

2.1 Absicherung der Interrater-Reliabilität als Ergebnis der Raterschulung

Die Rekrutierung von Ratern für ein derartiges Vorhaben ist ein nicht unproblematisches Unterfangen: Fachdidaktiker des Berufsfeldes, die im Rahmen eines methodisch anspruchsvollen Evaluationsdesigns in der Lage sind, als Rater tätig zu werden, sind in ihrer Verfügbarkeit eine rare Zielgruppe. Im Rahmen der hier vorgestellten Pilotprojekte konnten Lehrkräfte Berufsbildender Schulen durch Entlastung von ihrer wöchentlichen Unterrichtsverpflichtung zur Mitwirkung gewonnen werden. Da das Rating einer einzelnen Aufgabenlösung eines Probanden rund 15 Minuten Bearbeitungszeit für den Rater umfasst, werden in der Summe einige Arbeitstage für jeden Rater veranschlagt. Als Richtwert gilt folgende Überschlagsrechnung: Für das KOMET-Setting mit 100 Probanden, die jeweils 4 Testaufgaben bearbeiten, ergeben sich 400 Lösungsvarianten, die einem Rating unterzogen werden müssen. Da jede Probanden-Lösung im unabhängigen Doppelrating bewertet wurde, galt es folglich, 800 Ratings durchzuführen. Bei einem Bearbeitungszeitrahmen von 15 Minuten pro Rating ergeben sich summarisch 200 Stunden Arbeitsbelastung für das Raterteam.

Um den Nachweis der Interrater-Reliabilität auf eine solide Basis zu stellen, wurde im Anschluss an die Auftaktschulung der Rater vorab eine Stichprobe aus den Probandenlösungen der Hauptuntersuchung gezogen, die allen Ratern zur Bewertung vorgelegt wurde. Aus dem Set, bestehend aus den vier Testaufgaben, wurden jeweils zwei Probandenlösungen zum Rating herangezogen. Jeder Rater aus dem Team wurde folglich mit 8 Lösungsvarianten von Probanden konfrontiert, die zu durchdringen und zu bewerten waren.

Dieses Vorab-Rating bot die Möglichkeit, durch weitere Raterschulungen die Übereinstimmung der Bewerterurteile zu verbessern, falls dies erforderlich gewesen wäre. Erst als eine zufriedenstellende Interrater-Reliabilität durch das Vorab-Rating der Stichprobe nachgewiesen war, konnte die gesamte Datenbasis der Hauptuntersuchung zum Rating freigegeben werden. Die nachfolgende Abbildung zeigt den Interrater-Reliabilitätskoeffizienten, der im Testrating zum Abschluss der Auftaktraterschulung erreicht wurde, bevor das Raterteam die Ratings der Hauptuntersuchung vornahm. Erreicht wurde durch das Ratertraining eine akzeptable Interrater-Reliabilität, die die Ratingfähigkeit des Teams dokumentiert (siehe Tab. 2).

Proband	Aufgabe	Intra-Class-Koeffizient (ICC)
H0124	Dachfenstersteuerung	.852
H0265	Dachfenstersteuerung	.902
H0225	Signalanlage	.930
H0282	Signalanlage	.879
H0176	Trockenraum	.819
H0234	Trockenraum	.851
H0134	Kieselaufbereitungsanlage	.799
H0047	Kieselaufbereitungsanlage	.929

Tab. 2: *Interrater-Reliabilität im Anschluss an die Auftakt-Raterschulung (n=18 Rater, Teilprojekt Hessen)*

Es zeigte sich, dass die Koeffizienten ausnahmslos im Bereich hoher Reliabilität liegen, das für diese Untersuchung definierte Zielkriterium von 0.7 also erreicht bzw. überstiegen wird. Insgesamt können die Interrater-Reliabilitäten somit als zufriedenstellend bezeichnet werden (vgl. Asendorpf & Wallbott 1979; Shrout & Fleiss 1979; Wirtz & Caspar 2002). Ein Kernziel der Raterschulungen war somit erreicht. Details zur Auswahl des Reliabilitätskoeffizienten und der Berechnungen der Bewerterübereinstimmungen sind im Band I und Band II der KOMET-Publikationsreihe ausführlich dargelegt.

2.2 Nachschulung der Rater

Nach intensiver Ratingpraxis der Rater wurde eine Nachschulung als notwendig erachtet. Dieses von vornherein geplante „update" diente der Absicherung der Rating-Qualität (Interrater-Reliabilitäten) für die weiter bevorstehenden Ratings. Das Ratingteam verstand die zweitägige Rater-Nachschulung als Absicherungs-Validierung des Ratings und des erwarteten Lösungsraums/Problemlösungshorizontes. Anlass für die Nachschulung waren prototypische Rating-Fehler, die sich im „Einschleichen" einseitiger Rating-Tendenzen zur „Strenge" oder „Milde" dokumentierten. Vermutliche Ursachen dafür waren:

- zu positives Rating (Rating als „Lehrer" mit sehr wohlwollendem didaktischem Verständnis für die Schüler) oder

- zu strenge Beurteilung (Lösungsraum gleichgesetzt/verwechselt mit idealtypischer Musterlösung, oft aus ingenieurwissenschaftlicher Perspektive).

Im Rating der Hauptuntersuchung, in dem jeder Rater des Teams rund 200 Ratings von Lösungsvarianten der Probanden aus allen vier Testaufgaben vornahm, wurde von der Wissenschaftlichen Begleitung Datenmaterial eingespeist, welches der Interrater-Reliabilitätskontrolle dient. Im Regelfall der Hauptuntersuchung wurden alle Probandenlösungen im unabhängigen Doppelrating bewertet. Zur Reliabilitätskontrolle der Ratings wurden zusätzlich 12 Probandenlösungen allen Ratern ins Material gemischt, die folgende Interrater-Reliabilitäten nach der Bewertung ergaben (siehe Tab. 3):

Proband	Aufgabe	Intra-Class-Koeffizient
H0004	Dachfenstersteuerung	,843
H0006	Signalanlage	,859
H0008	Dachfenstersteuerung	,794
H0105	Signalanlage	,876
H0128	Trockenraum	,790
H0262	Kieselaufbereitungsanlage	,867
H0424	Kieselaufbereitungsanlage	,704
H0523	Trockenraum	,889
H0845	Dachfenstersteuerung	,839
H0850	Trockenraum	,812
H0865	Kieselaufbereitungsanlage	,781
H0866	Signalanlage	,779

Tab. 3:   Interrater-Reliabilitäten im Rating der Hauptuntersuchung 2009 (Teilprojekt Hessen)

Das Ergebnis zeigt, dass die Übereinstimmung der Raterurteile auf eine bedenkliche Tendenz des Interrater-Reliabilitätskoeffizienten hinweist. Werte, die nur noch eng am Zielwert 0.7 liegen, drohen, wenn der Trend sich fortsetzt, keine zufriedenstellenden Ratings in der Vergleichbarkeit der Rater-Urteile mehr zu bieten. Belastbare Ergebnisse der Kompetenzmessung sind damit nicht mehr erreichbar. Dieses erwartbare Ergebnis der Ratingpraxis zeigte, empirisch untermauert, deutlich die Notwendigkeit einer Raternachschulung an.

Der Ausweg aus den leicht auseinanderdriftenden Ratingtendenzen des Ratingteams wurde methodisch in der diskursiven Validierung des Erwartungshorizontes der Probandenlösungen in der Rating-Gruppe gesehen. Für die zweitägige Nachschulung des

Ratingteams wurde daher ein Programm entwickelt, welches sich eng an die Auftakt-veranstaltung der Raterschulung lehnt (siehe Tab. 4).

Arbeitsphase	Ort
Bilden von Arbeitsgruppen mit 4-5 Kollegen. Testrating in den Arbeitsgruppen in vier Schritten: • Jeder Rater bewertet die Lösung individuell. • Die Raterergebnisse werden miteinander in den Gruppen verglichen. Die unterschiedlichen Bewertungen werden analysiert. • Es wird ein Gruppenrating durchgeführt. Die Schwierigkeiten beim Finden gemeinsamer Bewertungen werden in einem Kurzprotokoll festgehalten. • Die Ergebnisse des Ratings (individuell und Gruppe) werden elektronisch zur Datenauswertung erfasst.	Arbeits-gruppe
• Präsentation der Rating-Ergebnisse der Arbeitsgruppen und der beim Rating aufgetretenen Schwierigkeiten. • Analyse aller Rating-Ergebnisse im Plenum. Dabei werden auffällige Ratingwerte (von einzelnen Ratern bzw. zu einzelnen Items) analysiert und diskutiert.	Plenum

Tab. 4: Ablaufplan der Rater-Nachschulung

Gearbeitet wurde wiederum an empirischem Material, welches diesmal aus der Hauptuntersuchung entnommen wurde. Als Hauptergebnis der Rater-Nachschulung bleibt festzuhalten, dass sich die Interrater-Reliabilität durch die diskursive Validierung wieder homogener zeigt als zuvor. Die Ratingfähigkeit des Teams konnte wieder hergestellt werden.

Als eine Erkenntnis der Ratingpraxis bleibt festzuhalten, dass selbst ein sehr erfahrenes Ratingteam mit langer Ratingpraxis nicht dauerhaft uneingeschränkt ratingfähig bleibt (in Bezug auf die Übereinstimmung der Bewerterurteile). Im Verlauf von Längsschnittuntersuchungen ist es daher ratsam, neben gründlichen Eingangstrainings des Ratingteams auch regelmäßige Nachschulungen einzuplanen, um über längere Zeiträume akzeptable Übereinstimmungen der Bewerterurteile sicherzustellen.

3 Raterschulung im Teilprojekt in China

Die Übertragung des KOMET-Settings auf internationaler Ebene in andere Kontexte beruflicher Bildung konnte in einem Teilprojekt in Peking erprobt werden (Rauner 2009; Rauner, Heinemann u. a. 2009). Während Kompetenzmodell, Testaufgaben und Auswertungsroutinen von vornherein für einen derartigen Transfer entwickelt wurden, war klar, dass das Rating von einheimischen Experten in China durchgeführt werden muss. Eine Übersetzung der Lösungsvarianten chinesischer Probanden ins Deutsche und das Rating durch deutsche Rater wurde schnell verworfen.

Das Ratertraining am Institut für berufliche Bildung der Akademie für Erziehungs-
wissenschaften in Peking (durchgeführt im April 2009) lehnte sich in der Grundstruk-
tur an das Ratertraining der deutschen Rater (Hessen und Bremen) an. Mitwirkende
bei der Schulung waren 35 chinesische Rater, ebenfalls Lehrer für Elektrotechnik aus
der Berufsbildungspraxis. Als Arbeitsunterlage wurde das in Deutschland eingesetzte
Manual ins Chinesische übersetzt.

Die Übersetzung der Testaufgaben, der Lösungsräume und der beispielhaft ausgewählten Lösungsvarianten von Probanden erwies sich als unproblematisch, da die
Testaufgaben von beruflichen Aufgaben abgeleitet sind, die international beruflicher
Praxis entsprechen. Beachtet werden mussten Differenzen bei technischen Normen
und Vorschriften für den Betrieb und die Einrichtung elektrischer Anlagen. Kulturelle
Unterschiede spielen dagegen in diesem Feld der Technik und der beruflichen Arbeitspraxis keine nennenswerte Rolle.

Im Rahmen eines einwöchigen Vorbereitungsseminars in Peking im Dezember 2008
zu diesem international vergleichenden Kompetenzerhebungsprojekt wurde unter anderem mit einer Arbeitsgruppe von Lehrern und Fachleitern der Fachrichtung Elekt-
rotechnik/Elektronik die curriculare und berufliche Validität der vier Testaufgaben
diskutiert. Drei der vier Testaufgaben wurden ohne größeren Diskussionsbedarf als
valide eingestuft. Eine der vier Aufgaben löste dagegen eine längere Diskussion aus,
da die Aufgabe in der Situationsbeschreibung aus der Sicht der chinesischen Lehrer
ein fachfremdes Element enthielt. Dieses bezog sich auf die Wärmedämmung der
Wände eines Raumes, in dem eine elektrische Heizung eingerichtet werden soll. Eine
Erläuterung der Aufgabenstellung unter expliziter Bezugnahme auf das Kompetenzmodell führte schließlich zur Zustimmung zu dieser Testaufgabe. Auslöser für die zunächst abweichende Einschätzung der beruflichen Validität dieser Aufgabe war die
aus der Sicht der chinesischen Lehrer fachfremde Einbeziehung der Wärmedämmung
in die Aufgabenstellung. Dies bestätigt die Erfahrung, dass im Kontext einer berufs-
fachschulischen Ausbildung die *Fach*perspektive stärker gewichtet wird als die *Berufs*perspektive. Die Einbeziehung des Lernfeldkonzeptes in diese Diskussion erleichterte die Überbrückung dieser Differenzen, die sich unter Berücksichtigung des Aspekts der Arbeits- und Geschäftsprozessorientierung in der Regel als Scheinprobleme
herauskristallisieren.

Das Kompetenzmodell und die davon abgeleiteten Items zum Rating fanden enga-
gierte Zustimmung sowohl bei den chinesischen Lehrern als auch bei den Experten
der Bildungsverwaltung und Bildungsforschung. Dieses zunächst überraschende Ereignis liegt vermutlich darin begründet, dass die Konzepte zur entwicklungslogischen
Systematisierung beruflicher Curricula und beruflicher Bildungsprozesse sowie die
Konzepte Arbeitsprozesswissen und gestaltungsorientierte Berufsbildung mittlerweile
auch in China zum Standardrepertoire der Fortbildung von Berufsschullehrern im Bereich der Curriculumentwicklung gehören.

3.1 Ablauf der Raterschulung in Peking

Auch das Ratertraining in China wurde so aufgebaut, dass schrittweise das typische Bewerten von Schülerlösungen (bei offenen Testaufgaben) in der Berufsbildungspraxis abgelöst wird durch ein standardisiertes Rating auf der Grundlage von Lösungsräumen für jede Testaufgabe sowie durch eine Liste von Items, mit denen die Kompetenzkriterien operationalisiert werden. Für die Aneignung von Raterkompetenz ist entscheidend, dass in den Arbeitsgruppen (während der Raterschulung) die individuellen Bewertungen Item für Item miteinander verglichen und Abweichungen analysiert werden. Daran schließt sich ein Gruppenrating an, bei dem die Gruppenmitglieder einen Konsens für jedes Item erzielen müssen. Die Schwierigkeiten, die dabei auftreten, werden in einem Kurzprotokoll festgehalten. Daran schließt sich – gegebenenfalls – das Rating einer zweiten Lösungsvariante eines anderen Probanden an. Durch diese Form der Gruppenarbeit wird ein gemeinsames Verständnis der Items und ihrer Anwendung bei der Bewertung von Lösungen erreicht.

Die Plenumssitzungen haben das Ziel, von Anfang an Differenzen, die sich zwischen den Gruppenratings ergeben, zu analysieren, um damit letztendlich eine ausreichende Interrater-Reliabilität zu erreichen. Die Präsentation der Ratingdaten und ihre statistische Auswertung ist dabei von grundlegender Bedeutung, da das individuelle Ratingverhalten für jeden Rater im Kontext aller anderen Rater transparent wird. Das Einblenden der durchschnittlichen Ratingwerte zu den einzelnen Items sowie des Gesamtdurchschnittswertes von ausgebildeten Ratern dient als ein Referenzwert, an dem Abweichungen gespiegelt und im Fortgang des Ratings korrigiert werden können.

Das abschließende Rating von Lösungsvarianten aller vier Testaufgaben auf der Grundlage der erworbenen Raterkompetenz hat die Funktion

1. den letztlich erreichten Wert der Interrater-Reliabilität zu ermitteln,

2. den ausgebildeten Ratern zurückzumelden, wie sie im Vergleich zu anderen Ratern gewertet haben und ob es noch auffällige Abweichungen gibt und

3. die erreichte Ratingqualität mit der anderer Ratergruppen zu vergleichen (z. B. in Form einer Interrater-Reliabilität, die auch in internationalen Projekten erreicht werden muss).

Die Raterergebnisse zur ersten und zweiten Schülerlösung (Testaufgabe 1) weichen charakteristisch von den Ratings der ausgebildeten deutschen Rater ab. In der Tendenz wird die erste Lösungsvariante um einen Punktwert besser bewertet als von den deutschen Raterteams. Die Gruppenauswertung der ersten Schülerlösung hat bereits während der ersten Gruppensitzung zu Einsichten über stark abweichende Bewertungen einzelner Rater bzw. zu spezifischen Items geführt. Dieser „Lerneffekt" schlägt sich beim Bewerten der zweiten Lösungsvariante eines Probanden in einem leicht höheren Koeffizienten nieder. Beim Rating der zwei Lösungen zur ersten Testaufgabe haben sich die chinesischen Lehrer in ihrer großen Mehrheit unmittelbar dem Rating zugewandt – ohne sich vorab mit dem Lösungsraum zu beschäftigen und entgegen der Empfehlung, die dazu bei der Einführung in das Ratingverfahren im Plenum gegeben wurde.

Als Ursache für dieses Verhalten stellte sich heraus, dass die Teilnehmer überwiegend bereits am „Lehrertest" teilgenommen hatten und daher mit den Testaufgaben sehr gut vertraut waren. Daraus wurde – implizit – ihr eigenes Testverhalten zum Maßstab für die Bewertung der Schülerlösungen. Der Lösungsraum wurde als eine überflüssige fachliche Hilfestellung eingestuft und beim Rating weitestgehend außer Acht gelassen. Ihr Rating basiert daher auf ihrer subjektiven und individuellen Lehrerkompetenz und einem entsprechenden Problemlösungshorizont. Es ist naheliegend, dass sich dieser von dem ihrer Schüler/Studenten allenfalls graduell unterschied. Im Ergebnis fielen daher die Bewertungen recht positiv aus. Das durch ihre Lehrerpraxis geprägte implizite Kompetenzmodell reduziert vermutlich die berufsfachliche Kompetenz im Wesentlichen auf kontextfreies fachkundliches und fachtheoretisches Wissen. Die Heterogenität der Ratings wurde ebenfalls dadurch verstärkt, dass die objektivierende Funktion, die dem Lösungsraum zukommt, nicht zur Wirkung kam. Anhand der Auswertung der Einzel- und Gruppenratings im Plenum unter Bezugnahme auf die projizierten Ratingtabellen wurden das Raterverhalten und seine Ursachen von den Teilnehmern selbst analysiert. Die Ratinganalyse der ersten Raterrunde wurde abgeschlossen mit der Verabredung, die zu jeder Testaufgabe entwickelten Lösungsräume grundsätzlich dem Rating zugrunde zu legen, da es sich um ein wesentliches Element der Standardisierung und Objektivierung des Testverfahrens handelt.

Das Rating der zwei Schülerlösungen zur zweiten Testaufgabe unterschied sich auffällig vom ersten Rating. Es herrschte insgesamt ein spürbar höherer Grad an Konzentration, und die Regel, während des individuellen Ratings sich nicht mit anderen Gruppenmitgliedern auszutauschen, wurde konsequent eingehalten. Alle Rater studierten zunächst den vorliegenden Lösungsraum zur Testaufgabe und nahmen ihn noch während des Ratings gelegentlich zur Hilfe.

Die Präsentation der Rating-Ergebnisse der zweiten Raterrunde, einschließlich des Vergleichs zu den Ratings des deutschen Raterteams, löste eine Überraschung aus, da die Ergebnisse der chinesischen Rater jetzt tendenziell signifikant niedriger lagen: Die Rater hatten jetzt „strenger" bewertet als ihre deutschen Kollegen. Zugleich nahm der Grad an Übereinstimmung beim Rating deutlich zu. Die Interrater-Reliabilitäten erreichten bereits nach dieser zweiten Raterrunde die relativ hohen Werte von .80/.75 (siehe Tab. 5). Aufzuklären war bei der Auswertung im Plenum der Effekt der zu strengen Bewertung – verglichen mit den Bewertungen erfahrener Rater aus Deutschland.

Probanden-Code	Testaufgabe	Tag 1	Tag 2 vor-mittags	Tag 2 nach-mittags	Tag 3 vor-mittags	Tag 3 nach-mittags
			Intra-Class-Koeffizient (ICC)			
H0282	Signalanlage	.41				.82
H0225	Signalanlage	.54				.79
H0176	Trockenraum		.80			.84
H0234	Trockenraum		.75			.80
H0265	Dachfenster-steuerung			.84		.82
H0102	Dachfenster-steuerung			.82		.83
H0336	Kieselaufbe-reitungsanlage				.86	.85
H0047	Kieselaufbe-reitungsanlage				.79	.79

Tab. 5:   *Entwicklung des Interrater-Reliabilitäts-Koeffizienten im Verlauf der Raterschulung in Peking (n=35 Rater)*

3.2 Missverständnisse um den Lösungsraum

Als Ursache für das „zu strenge" Rating wurde ein Missverständnis identifiziert, nach dem die Mehrheit der Rater den Lösungsraum jetzt als eine idealtypische und maximale Lösung gehandhabt hat. Dem Statement eines Teilnehmers, wonach der Lösungsraum dazu verführe, „auf alle Lösungsaspekte zu achten, die er beinhaltet", stimmten viele Teilnehmer zu. Die Handhabung des Lösungsraumes als Maßstab und Referenzsystem zur Bewertung der Schülerlösungen hatte sich implizit eingestellt, da bei der Einführung des Testkonzeptes (Eingangsplenum) auf die Möglichkeit dieses Missverständnisses nicht ausdrücklich hingewiesen worden war. Möglicherweise trug auch die Übersetzung des Textes zu einer gewissen Unschärfe bei der Beschreibung der Funktion des Lösungsraums bei. Die Aufklärung dieses Missverständnisses anhand der Raterdaten löste auch bei diesem kritischen Punkt ein „Aha-Erlebnis" aus. Dass der Lösungsraum für die Testaufgaben möglichst vielfältig zu allen Lösungskriterien Lösungsaspekte und -möglichkeiten zusammenstellt, bedeutet, dass die Lösungsräume prinzipiell 1. unvollständig sind und 2. auch sehr gute und vollständige Einzellösungen immer nur eine Teilmenge der im Lösungsraum zusammengestellten

Lösungsmöglichkeiten umfassen. Diese Definition wurde von den Teilnehmern der Raterschulung als unmittelbar einsichtig angenommen.

Mit dem abschließenden wiederholenden Rating der jeweils zwei Lösungen zu den vier Testaufgaben wurde das Ziel verfolgt, die eingeübte Raterkompetenz zu stabilisieren. Wie zu erwarten, stellte sich am dritten Tag der Raterschulung ein messbar professionelles Raterverhalten ein (siehe Tab. 5). Der sehr hohe Wert für die Interrater-Reliabilität zeigt, dass in der Summe alle Teilnehmer das Ziel erreichten, anstelle ihrer subjektiven Bewertungsmaßstäbe das objektivierende und standardisierte Ratingverfahren ausreichend sicher anzuwenden.

4 Fazit der Raterschulung in Peking und Transferfähigkeit des Schulungskonzeptes

Die chinesischen Lehrer bewerteten beim ersten Proberating im Rahmen der Raterschulung die Schülerlösungen zur ersten Testaufgabe, ohne sich vorher mit dem vorliegenden skizzierten Lösungsraum der Testaufgabe auseinander zu setzen. Bei der Bewertung der Lösungen dominierte daher ihr eigener Problemlösungshorizont, der vor allem durch ihre subjektive Unterrichtspraxis als Lehrkraft geprägt war. Dieser unterschied sich – wie zu erwarten – kaum von dem ihrer Schüler. Das objektivierende Moment der Bewertung stellen die insgesamt 40 Bewertungsitems sowie der jeweilige Lösungsraum dar. In der Summe fielen die Bewertungen der Kollegen in Peking daher deutlich besser aus als die Ratingergebnisse der deutschen Rater. Außerdem variierten die Ergebnisse im Auftaktrating stark.

- Die Konfrontation der Lehrer mit ihren relativ hohen und sehr unterschiedlichen Ratingwerten sowie der Vergleich mit den Bewertungen der deutschen Rater (im Sinne eines Referenzsystems) trugen erheblich zu der Einsicht bei, dass das Ratingverfahren voraussetzt, sich mit dem Lösungsraum für die offenen Testaufgaben gründlich auseinander zu setzen und die Lösungsräume bei der Bewertung der Schülerlösungen konsequent zu berücksichtigen. Damit soll der subjektive Problemlösungshorizont der Lehrer als Bewertungsmaßstab abgelöst werden durch ein standardisiertes Ratingverfahren.

- Beim Rating der Aufgabenlösungen zur zweiten Testaufgabe nahm die Übereinstimmung der Raterergebnisse sprunghaft zu. Zugleich fiel die Bewertung der Rater jetzt insgesamt erkennbar strenger aus als beim ersten Proberating. Beim Rollenwechsel „vom Lehrer zum Rater" wurde nun der Lösungsraum in der Tendenz als eine vollständige Beschreibung der Lösung der Testaufgaben interpretiert. Dem liegt das Missverständnis zugrunde, dass es sich beim Lösungsraum um eine idealtypische vollständige Lösung handele. Dieses Missverständnis konnte anhand der Bewertungsergebnisse der Arbeitsgruppen und der einzelnen Rater veranschaulicht und aufgeklärt werden.

- Beim Rating der Schülerlösungen zur dritten und vierten Testaufgabe stellte sich ein professionelles Rating mit entsprechend hohen Werten für die Interrater-Reliabilität ein. Die Werte liegen sogar über denen der deutschen Rater. Das kann vermutlich auch darauf zurückgeführt werden, dass im Ratertraining abschließend noch einmal Lösungsvarianten bewertet wurden, die im Verlauf der dreitägigen Veranstaltung schon Gegenstand der Arbeit waren. Unterstützend wirkte sich vermutlich auch die statistische Auswertung der Raterergebnisse unmittelbar im Anschluss an das Rating in den Arbeitsgruppen aus, da auf der Grundlage der tabellarischen Übersichten das Raterverhalten detailliert analysiert werden konnte. Die Möglichkeit, die sich für jeden Rater bot, seine Ratings mit denen aller anderen Rater detailliert zu vergleichen, stieß auf großes Interesse und führte – wie erhofft – schrittweise zu einer kontinuierlichen Anhebung der Qualität der Ergebnisse.

- Die Diskussion in den Arbeitsgruppen sowie im Plenum über auffällige Ratingergebnisse und die jeweiligen Ursachen trug erheblich zur Qualifizierung der Rater bei.

- Den drei aufeinanderfolgenden Schritten des Schulungskonzeptes – Einzelarbeit, Gruppenauswertung und Plenumsdiskussion, auf der Grundlage der eigenen sowie externen Raterergebnisse – kommt eine zentrale methodische Bedeutung im Rahmen der Raterqualifizierung zu.

Das in China eingesetzte Konzept der Raterschulung zeigt, dass auch Raterteams, die nicht an der Entwicklung der Testaufgaben oder des Ratingverfahrens – wie im Pilotprojekt in Deutschland – beteiligt waren, mit dem Schulungskonzept zu Ratern qualifiziert werden können, deren Bewertungen wissenschaftlichen Anforderungen an Kompetenzmessungen genügen.

Literatur

Asendorpf, J.; Wallbott, H. G. (1979): Maße der Beobachterübereinstimmung: Ein systematischer Vergleich. Zeitschrift für Sozialpsychologie, Heft 10/1979, S. 243–252.

Beck, K. (1980): Die Bedeutungsüberschneidung von Beschreibungskategorien als Problem der Unterrichtsforschung – Eine methodenkritische Untersuchung am Beispiel des Ratingverfahrens. Forschungsbericht Nr. 6. Otto-Selz-Institut für Psychologie und Erziehungswissenschaft. Universität Mannheim.

Grollmann, P.; Haasler, B. (2009): Berufliche Kompetenzentwicklung als Maßgabe für die Qualität beruflicher Bildung – Vorstellung eines Instruments. In: H.-D. Münk; R. Weiß (Hg.): Qualität in der Beruflichen Bildung – Forschungsergebnisse und Desiderata. Bielefeld: W. Bertelsmann, Bundesinstitut für Berufsbildung (BIBB) in Zusammenarbeit mit der Arbeitsgemeinschaft Berufsbildungsforschungsnetz (AG BFN), S. 69–89.

Gruschka, A. (1985): Wie Schüler Erzieher werden. Wetzlar: Verlag Büchse der Pandora.

Haasler, B. (2010): Berufliche Kompetenzen angehender Elektroniker: Zwischenergebnisse zur Kompetenzdiagnostik aus einem Schul-Modellversuch der Bundesländer Bremen und Hessen. In: M. Becker; M. Fischer; G. Spöttl (Hg.): Von der Arbeitsanalyse zur Diagnose beruflicher Kompetenzen. Frankfurt/M.: Peter Lang, S. 177–193.

Haasler, B.; Rauner, F. (2010): Messen beruflicher Kompetenz: Konzept einer Large-Scale-Untersuchung und erste empirische Ergebnisse. In: H.-D. Münk; A. Schelten (Hg.): Kompetenzermittlung für die Berufsbildung – Verfahren, Probleme und Perspektiven im nationalen, europäischen und internationalen Raum. Bielefeld: W. Bertelsmann, S. 77–99.

Rauner, F. (2009): 800 chinesische Auszubildende nehmen am KOMET-Projekt teil. In: Zeitschrift für Berufs- und Wirtschaftspädagogik (ZBW), Heft 2/2009, Stuttgart: Franz Steiner, S. 330–331.

Rauner, F.; Haasler, B.; Heinemann, L.; Grollmann, P. (2009): Messen beruflicher Kompetenzen – Band I: Grundlagen und Konzeption des KOMET-Projektes. Münster: LIT.

Rauner, F.; Heinemann, L.; Piening, D.; Haasler, B.; Maurer, A.; Erdwien, B.; Martens, T.; Katzenmeyer, R.; Baltes, D.; Becker, U.; Gille, M.; Hubacek, G.; Kullmann, B.; Landmesser, W. (2009): Messen beruflicher Kompetenzen – Band II: Ergebnisse KOMET 2008. Münster: LIT.

Shrout, P. E.; Fleiss, J. L. (1979): Intraclass Correlations: Uses in Assessing Rater Reliability. Psychological Bulletin, Heft 86(2)/1979, S. 420–428.

Wirtz, M.; Caspar, F. (2002): Beurteilerübereinstimmung und Beurteilerreliabilität. Göttingen: Hogrefe.

Erfassung von Fachkompetenz bei Elektronikern und deren Prädiktoren über den Verlauf der Ausbildung

Alexander Nitzschke, Bernd Geißel, Reinhold Nickolaus

1 Fragestellung, Befundlage

Der folgende Beitrag berichtet aus einem noch laufenden und von der Deutschen Forschungsgemeinschaft (DFG) geförderten Projekt[1] (vgl. auch Nickolaus 2008), das u. a. Beiträge zu der Fragestellung leisten möchte, welche Prädiktoren für die Entwicklung zentraler Ausschnitte der Fachkompetenz im Ausbildungsverlauf bedeutsam sind. Mit dieser forschungsleitenden Fragestellung ist unmittelbar die Teilfrage verbunden, wie die gewählte Zieldimension Fachkompetenz angemessen operationalisiert werden kann und ob die erfassten Leistungsdaten skalierbar sind.

Da der derzeitige Forschungsstand keine Instrumente zur Erfassung beruflicher Handlungskompetenz in all ihren Facetten (vgl. z. B. Bader & Müller 2002; KMK 2003) bereitstellt (vgl. Knöll 2007), müssen Einschränkungen bei der Operationalisierung der Zieldimension vorgenommen werden, die im Spannungsfeld zwischen Validität und Praktikabilität zu treffen sind (vgl. Gschwendtner, Abele & Nickolaus 2009). Die Forschergruppe verfolgt den Weg – parallel zu den eigenen Vorarbeiten (s. u.) –, über die Erfassung von fachspezifischem Wissen sowie der Fehleranalysefähigkeit zentrale Ausschnitte der Fachkompetenz abzubilden. Der Beitrag orientiert sich damit weniger an einem umfassenden Verständnis sensu Bader & Müller, sondern an der Konzeptionalisierung, wie sie von Klieme und Leutner im Anschluss an Weinert „als *kontextspezifische kognitive Leistungsdisposition*, die sich funktional auf Situationen und Anforderungen in bestimmten *Domänen* beziehen" (Klieme & Leutner 2006, S. 4; Hervorhebung im Original) definiert und in die Diskussion eingebracht wurde.

Im Rahmen des Beitrags wollen wir genauer thematisieren, wie wir mittels Simulationen technischer Systeme variierende Anforderungen bei der Konstruktion komplexer Items zur Erfassung der Fehleranalysefähigkeit realisieren. Daran anschließend prüfen wir für die Zeitspanne der gesamten Ausbildungsdauer bei Elektronikern, inwieweit sich für die Entwicklung zentraler Aspekte der Fachkompetenz kognitive Merkmale und insbesondere das fachliche Vorwissen der Auszubildenden als bedeutsame Prädiktoren erweisen.

---

[1] Basis des Beitrags sind die DFG Projekte Kompetenzmodellierung und Kompetenzentwicklung in der gewerblich-technischen Berufsausbildung (NI 606/6-1) und Einflüsse betrieblicher und schulischer Ausbildungsvarianten auf die Kompetenz- und Motivationsentwicklung (NI 606/3-1)

Aus den Vorarbeiten der Forschergruppe (vgl. Geißel 2008; Nickolaus 2008; Nicko-laus, Gschwendtner & Geißel 2008) ist bekannt, dass für den Stand des Fachwissens am Ende des ersten Ausbildungsjahres primär das fachspezifische Vorwissen verant-wortlich zeichnet (vgl. Abb. 1). Weitere eigenständige Beiträge erbringen die Basis-kompetenzen Mathematik und Lesen, wobei dem IQ moderierend über die Basis-kompetenzen Einfluss zukommt. Bestätigung findet dieser Befund strukturell auch in anderen Beiträgen, in welchen Erklärungsmodelle zur Kompetenzentwicklung gene-riert wurden (vgl. z. B. Lehmann & Seeber 2007).

Bei diesem Strukturgleichungsmodell fällt auf, dass pädagogisch gestaltbare Prädik-toren kaum effektrelevant werden. Lediglich die Instruktionsklarheit, gemessen am Ende des ersten Ausbildungsjahres via Selbsteinschätzungen mit dem MIZEBA-Instrumentarium (vgl. Nickolaus, Gschwendtner & Geißel 2009), wird in das Erklä-rungsmodell integriert. Dies erscheint aus pädagogischer Perspektive zunächst durch-aus ernüchternd, da weder differente Lehr-Lernarrangements noch motivationale Prä-diktoren bedeutsam scheinen.

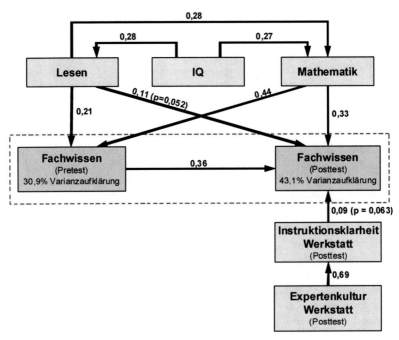

Abb. 1: Prädiktoren des Fachwissensstands am Ende des ersten Ausbildungsjahres bei Elektroniker/-innen für Energie- und Gebäudetechnik (Chi^2=11,16; df=11; RMSEA^2=,008)

---

2   Der RMSEA (Root-Mean-Square-Error of Approximation) ist ein Maß für die Güte des Modells (Fitindice). Der Betrag des RMSEA sollte, so die üblichen Empfehlungen, nicht größer als 0,05 ausfallen (vgl. Geiser 2010).

Werden jedoch weniger komprimierende Auswertungsverfahren gewählt und wird auf bivariate Einzelkorrelationen sowie Regressionsanalysen zurückgegriffen, konnten in den Vorläuferuntersuchungen auch für pädagogisch zugängliche Prädiktoren signifikante Effekte nachgewiesen werden. Die ermittelten Effektstärken bleiben dabei deutlich hinter dem fachspezifischen Vorwissen zurück, sind aber nicht vernachlässigbar. Bivariate Korrelationen bestehen insbesondere zwischen den erbrachten Leistungen und Merkmalen der Unterrichtsqualität (wahrgenommenes Überforderungsempfinden, wahrgenommene Klarheit) sowie der Variante identifiziert motivierten Lernens[3] (vgl. Geißel 2008; Knöll u. a. 2007).

Durch den Rückgriff auf die Item-Response-Theory konnten die Leistungsdaten des Fachwissenstests bei den Elektronikern am Ende des ersten Ausbildungsjahres skaliert und es konnte ein Kompetenzniveaumodell entwickelt werden (vgl. Geißel 2008). Im Ergebnis zeigten sich vier Niveaus, beginnend mit z. T. noch unzureichend abgesicherten rudimentären elektrotechnischen Grundkenntnissen (Niveau 1), über basale elektrotechnische Grundkenntnisse (Niveau 2) und die Bewältigung vertrauter Anforderungen (Niveau 3) bis hin zur Bewältigung auch weniger vertrauter Anforderungen (Niveau 4). Als niveaubestimmend konnten empirisch Taxonomieausschnitte nach Bloom sowie Unterstützungsleistungen des Tabellenbuchs bestätigt werden. Zusammenfassend war zu konstatieren, dass in etwa die Hälfte der Auszubildenden nicht über das Niveau 1 hinauskam. Auf Niveau 2 konnte ein Drittel der Lernenden verortet werden. Nur 15 % der Auszubildenden erreichte Niveau 3. Auf Niveau 4 wurde nur ein Auszubildender platziert (vgl. hierzu ausführlicher Geißel 2008).[4]

2 Forschungsdesign

Die Untersuchung ist längsschnittlich angelegt und baut direkt auf den Vorarbeiten des DFG-Projekts NI606/3-1 auf, das ebenfalls längsschnittlich angelegt war und das erste Ausbildungsjahr abdeckte (vgl. Nickolaus, Gschwendtner & Geißel 2008). Die im Rahmen des ersten Ausbildungsjahres bei Elektronikern erhobenen Persönlichkeitsmerkmale bzw. Variablen (u. a. wahrgenommene betriebliche Ausbildungsqualität, fachspezifisches Vorwissen, IQ, Fachwissen am Ende des ersten Ausbildungsjahres, Fehleranalysefähigkeit, Motivation und Interesse, Basiskompetenzen (Lesen, Mathematik), Organisationsform beruflicher Grundbildung) konnten als Eingangsvoraussetzungen verwendet werden, da die selben Klassen für die Folgeuntersuchung

---

3   Identifiziert motiviertes Lernen bezeichnet eine instrumentelle Lernhaltung. Sie ist dadurch gekennzeichnet, dass die Auseinandersetzung mit dem Lerninhalt nicht aufgrund inhaltlicher Anreize erfolgt, sondern mit der Absicht, ein übergeordnetes Ziel zu erreichen (vgl. Prenzel u. a. 1996, S. 109).

4   Hinter der globalen Betrachtung verbergen sich deutliche Unterschiede zwischen den erreichten Fachkompetenzständen der Auszubildenden der dualen Teilzeitvariante und den Schülern der einjährigen Berufsfachschule für Elektrotechnik (Vollzeitunterricht). Die Auszubildenden des dualen Systems schnitten in den Kompetenztests signifikant besser ab (vgl. Geißel 2008).

erneut zur Verfügung standen und damit ein echter Längsschnitt über die gesamte Ausbildungsdauer von 3,5 Jahren realisiert werden konnte. Ergänzend zu diesem Längsschnitt wurde am Ende der Ausbildung eine breiter angelegte Querschnittserhebung durchgeführt, die primär dazu diente, das Fachwissen und die Fehleranalysefähigkeit in einem inhaltlich umfassenderen Zugriff zu modellieren. In diesem Beitrag beschränken wir uns weitgehend auf die Darstellung ausgewählter Ergebnisse aus dem Längsschnittteil der Untersuchung.

Die Zeitspanne der Datenerhebungen, die diesem Beitrag zugrunde liegt, erstreckte sich von August 2006 bis November 2009. Erhoben wurden am Ende der Ausbildung die Lernmotivation (Prenzel u. a. 1996), die Basisfähigkeiten (Lesen, Mathematik), die wahrgenommene Ausbildungsqualität (MIZEBA; Zimmermann, Wild & Müller 1999), berufsspezifisches Interesse (Krapp u. a. 1993) sowie in je separaten Messzeitpunkten das Fachwissen und die Fehleranalysefähigkeit.

2.1 Erfassung des Fachwissens

Der Fachwissenstest am Ende der Ausbildung wurde als Paper-Pencil-Test mit geschlossenen und offenen Antwortformaten dargeboten und auf 90 Minuten Bearbeitungszeit begrenzt. Die Aufgaben bezogen sich inhaltlich auf Hausinstallationstechnik (inkl. Bussysteme), Antriebs- und Steuerungstechnik sowie auf den elektrotechnischen Grundlagenbereich. Der Grundlagenbereich war primär fachsystematisch, alle weiteren Inhalte waren in situierter Form in die Testhefte eingebettet. Als Hilfsmittel waren das Tabellenbuch und ein Taschenrechner zugelassen.

Die Leistungsdaten des Fachwissenstests wurden für diesen Beitrag mit ConQuest 2.0 eindimensional skaliert. Der Test erwies sich als skalierbar und reliabel, 39 Items genügten den empfohlenen Gütemaßen (Item-Fitwerte MNSQ: 0,84 … 1,12 (vgl. Wu u. a. 2007); Diskrimination: 0,20 … 0,66; Cronbach's α bei eindimensionaler Skalierung: 0,86). Die Verteilung der Itemparameter folgt weitgehend der Häufigkeitsverteilung der Personenfähigkeiten. Das heißt, in den Randbereichen (niedrige und hohe Personenfähigkeiten bzw. leichte und schwere Items) werden jeweils wenige Personen bzw. wenige Items platziert. Das dazwischenliegende Kontinuum verläuft in etwa normalverteilt, wenngleich eine geringe Abweichung in Richtung zu schwereren Items konstatiert werden kann.

2.2 Erfassung der Fehleranalysefähigkeit

Die Fehleranalysefähigkeit der Auszubildenden wurde mittels Simulationen technischer Systeme am Computer erfasst. Die Auszubildenden erhielten in Form von authentischen Reparaturaufträgen die Aufgabe, messtechnisch Fehler in den simulierten elektrotechnischen Systemen zu diagnostizieren. Bei den technischen Systemen handelte es sich im Längsschnittteil der Untersuchung um eine Wechselschaltung (2 Reparaturaufträge) sowie um eine Stern-Dreieck-Wendeschützschaltung (2 Reparaturaufträge). Für die breiter angelegte Querschnittuntersuchung wurden ergänzend vier weitere elektrotechnische Systeme simuliert.

Ergänzt wurden die Reparaturaufträge zur Wechsel- und Stern-Dreieck-Wendeschützschaltung um weitere Items in geschlossenem Antwortformat mit direktem inhaltlichem Bezug zu den Fehleranalysen. Intendiert waren damit die adaptive Erhöhung der Itemanzahl und darüber eine höhere Reliabilität der WLE-Schätzer[5]. Da die Testzeit aus Praktikabilitätsgründen begrenzt war, erwies sich der vergleichsweise hohe Testzeitbedarf von 30 Minuten pro Reparaturauftrag in der Stern-Dreieck-Wendeschützschaltung und je 13 Minuten für die Wechselschaltung unter Reliabilitäts- und Validitätsgesichtspunkten als unbefriedigend. Für eine zuverlässigere Schätzung der Personenfähigkeit werden entweder längere Testzeiten, ggf. auf einen weiteren Tag verteilt, benötigt oder aber größere Stichproben, verbunden mit verschiedenen, gegenseitig verlinkten Testheften, wie dies in der Querschnittuntersuchung realisiert werden konnte.[6] Adaptives Testen wäre eine weitere Option, die sich in Folgeuntersuchungen als zielführend erweisen könnte, jedoch im Vorfeld mit erheblichen Aufwänden verbunden wäre.

Die Simulationen wurden gegenüber früheren Arbeiten der Forschergruppe (vgl. Gschwendtner, Geißel & Nickolaus 2007; Knöll 2007; Nickolaus & Geißel 2009a) im Funktionsumfang erweitert, darüber hinaus wurde die grafische Darbietungsqualität erhöht. Die Oberfläche wurde vollständig neu gestaltet, verbunden mit einer intuitiveren Bedienbarkeit. Neben dem bislang als einzigem Messgerät verfügbaren Digitalmultimeter (Spannungs-, Strom- und Widerstandsmessung sowie Durchgangsprüfung) wurden mit einem zweipoligen Spannungsprüfer („DUSPOL") und einem Drehfeldmessgerät die Messmöglichkeiten erweitert und stärker an den Praxiserfahrungen der Auszubildenden ausgerichtet.

Für die simulierten Aufgabenformate am Ende des ersten Ausbildungsjahres erwiesen sich in den Vorarbeiten folgende Merkmale als schwierigkeitsrelevant (vgl. Nickolaus, Gschwendtner & Geißel 2008):

- Die Transparenz der Fehlersituation: Inwieweit ist das fehlerhafte Verhalten des technischen Systems klar erkenn- und zuordenbar?

- Die Modellierungsnotwendigkeiten: Setzt eine korrekte Fehlerdiagnose voraus, auf Basis des äußeren Verhaltens einer optisch und/oder messtechnisch nicht wei-

---

5   Der WLE-Schätzer ist ein quantitatives Maß für die Fähigkeitsausprägung des Individuums. Geringe Werte bilden ein niedrigeres, größere Werte eine höheres Fähigkeitsniveau ab.
    Durch die Auswertung der Testdaten auf Basis der Item-Response-Theory besteht die Möglichkeit, in Abhängigkeit des Anwendungsfalls verschiedene Schätzer zu berechnen. Für unseren Fall wird i .d. R. die Ausgabe des WLE-Schätzers als valide empfohlen (vgl. Hartig & Kühnbach 2006).
6   In der breiter angelegten Querschnittuntersuchung erreicht die Reliabilität der Fehleranalysefähigkeit mit einem Wert von $\alpha=0{,}62$ eine noch akzeptable Größenordnung.

ter zugänglichen Baugruppe auf deren interne Funktionszusammenhänge zu schließen?

- Anzahl der Messmöglichkeiten: Wie viele messtechnischen Prüfungen sind möglich, und wie genau kann damit der Fehlerort bestimmt werden (Baugruppen, Bauelemente, Leitungen verbindungsprogrammierter Steuerungen)?

- Die Systemkomplexität: In welchem Umfang sind die Elemente miteinander vernetzt?

- Lösungshinweise in der Fehlerbeschreibung: Enthält der Reparaturauftrag bereits erste Hinweise auf mögliche Fehlerursachen oder -quellen, die den Problemraum einschränken?

Als Konstruktionsprinzipien für die Erweiterung der Simulation war zunächst leitend, weitere praxisrelevante technische Systeme zu identifizieren, die sich für die Umsetzung in Simulationen eignen. Darüber hinaus sollte die Anzahl der Messmöglichkeiten gegenüber den bereits verfügbaren Simulationen sowie die Systemkomplexität erhöht werden, damit auch am Ende der Ausbildung das Leistungsspektrum differenziert erfasst werden konnte. Eher randständig blieben bei der softwareseitigen Testkonstruktion die beiden verbleibenden Merkmale (Lösungshinweise und Modellierungsnotwendigkeit), da diese einfacher und flexibel über Begleitmaterialien (Fehlerbeschreibung innerhalb des Reparaturauftrags; Beilegung von Schaltplänen, Bedienungsanleitungen und Informationsmaterialien bzw. deren Vorenthalten) variiert werden können.

Aus der Vielzahl der in der beruflichen Praxis von Elektronikern für Energie- und Gebäudetechnik auftretenden Fehlerfälle wurden gemeinsam mit Elektromeistern eine Stern-Dreieck-Wendeschützschaltung, eine Heizungsregelung eines Zimmers, eine Treppenhausschaltung mit Zeitverhalten sowie der E-Check (Sicherheitsprüfung) als Erweiterung ausgewählt und auch umgesetzt. Damit sind Aufgabenzuschnitte aus elektrotechnischen Inhaltsbereichen gewählt, die auch in internationaler Perspektive zu Testzwecken in Frage kommen könnten (vgl. Nickolaus & Geißel 2009b).

Da die zur Verfügung stehende Testzeit zur Erfassung der Fehleranalysefähigkeit kurz vor dem zweiten Teil der Abschlussprüfung auf 90 Minuten begrenzt war, beschränkte sich die Forschergruppe im Längsschnitt auf den Einbezug der Wechselschaltung und der Stern-Dreieck-Wendeschützschaltung. Die Wechselschaltung war auch schon Bestandteil des Fehleranalysefähigkeitstests am Ende des ersten Ausbildungsjahres und lässt dadurch Vergleichsmöglichkeiten sowie in Verwendung als Ankeritems längsschnittliche Modellierungen zu.

Da die Wechselschaltung an anderen Stellen bereits besprochen wurde (vgl. Gschwendtner, Geißel & Nickolaus 2007; Nickolaus & Geißel 2009a), soll hier die erstmals herangezogene Stern-Dreieck-Wendeschützschaltung vorgestellt werden (vgl. Abb. 2).

Die Simulation bietet für die Stern-Dreieck-Wendeschützschaltung zunächst eine Übersicht aller Baugruppen an. Dazu gehören der Schaltschrank (links im Bild, bereits geöffnet dargestellt), Not-Aus-Schalter, Meldeleuchten und Bedienelemente (rechts oben im Bild) sowie der isoliert dargestellte, zu steuernde Asynchronmotor mit Kurzschlussläufer (unten mittig im Bild). Die Messgeräte können durch die Auszubildenden in der Menüleiste ausgewählt werden. Um Messungen vorzunehmen, können alle Baugruppen, wie z. B. die Schütze, Zeitrelais, Sicherungen, Not-Aus-Schalter oder Bedienfeld bzw. auch Baugruppenausschnitte, ausgewählt und vergrößert dargestellt werden. In der Vergrößerung werden die Messpunkte zugänglich und sind durch farbige Abhebungen zu erkennen. Teilweise müssen noch via Mausklick realitätsgerecht Abdeckungen usw. demontiert werden, um Messungen durchführen zu können.

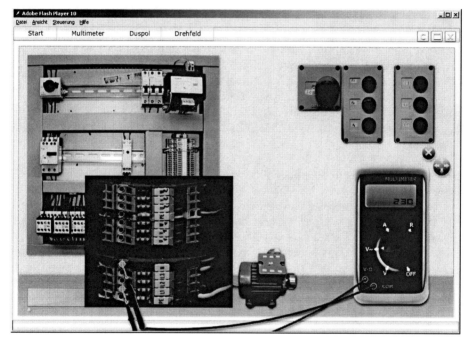

Abb. 2:   Simulation einer Stern-Dreieck-Wendeschützschaltung, im Bild: Prüfung der Spannungsversorgung an zuvor ausgewähltem Klemmleistenausschnitt

In Abb. 2 ist die Spannungsmessung mit dem Digitalmultimeter zwischen Außenleiter L1 und dem Neutralleiter an der hervorgezoomten Klemmleiste dargestellt. Die Simulation bietet des Weiteren fast alle in der Realität existierenden Bedien- und Analysemöglichkeiten an, wie Betätigung des Hauptschalters, Motorschutzschalter, Sicherungen des Primär- und Sekundärkreises des Transformators, Not-Aus-Schalter sowie Tasterfeld.[7] Mit dem Digitalmultimeter und dem zweipoligen Spannungsprüfer sind auch sämtliche in der Realität möglichen Messungen in allen Varianten von Schaltungszuständen durchführbar. Insbesondere auch weniger zweckdienliche Prüfungen, wie etwa Messungen zwischen dem Primär- und dem Sekundärkreis des Transformators, sind möglich, um den Handlungsspielraum der Bediener nicht einzuschränken. Die Vielfalt an Messmöglichkeiten bei unterschiedlichen Schaltungszuständen führt zu über 400.000 hinterlegten Messergebnissen. Zusätzlich zu optischen Signalen der Schaltungszustände sind auch akustische Rückmeldungen integriert, die über Kopfhörer an die Auszubildenden während der Testdurchführung weitergegeben werden, um andere Testteilnehmer nicht abzulenken.

Was die schwierigkeitserzeugenden Aufgabenmerkmale betrifft, war beabsichtigt, primär die Anzahl der Messmöglichkeiten stark zu erweitern. Die Transparenz der Fehlersituation hatte einen mittleren Ausprägungsgrad, da die beiden Fehler (vertauschte Phasen im Dreieckbetrieb; fehlende Phase im Dreieckbetrieb) eindeutig akustisch wahrnehmbar sind und den Problemraum auf die Suche des Fehlers im Hauptstromkreis eingrenzen sollten.[8] Durch den zur Verfügung gestellten Schaltplan sind kaum oder allenfalls geringe Modellierungsleistungen durch den Auszubildenden erforderlich, notwendig ist jedoch das Verständnis der Schaltungsfunktion. Die Systemkomplexität ist gegenüber der Wechselschaltung deutlich größer, wenngleich der Schaltplan eine Orientierung im System und die Anwendung systematischer Suchstrategien erleichtert.

Von an den Tests partizipierenden Auszubildenden konnten am Ende ihrer Ausbildung N=96 dem echten Längsschnitt zugeordnet werden. Das heißt, für diese Teilstichprobe liegen auch Daten aus dem ersten Ausbildungsjahr vor. Die hohe Verlustrate von ca. 40 % wurde primär verursacht durch die Dynamik des Übergangs von der einjährigen Berufsfachschule in die duale Ausbildung. Erhebliche Anteile der Berufsfachschulabsolventen konnten keinen Anschlussvertrag realisieren und wechselten in verwandte oder andere Berufsfelder. Schulorganisatorisch wurden die ehemals meist zweizügig geführten Berufsfachschulklassen aufgrund der Abgänge in einzügige Klassen überführt. Ebenfalls nicht mehr einbezogen werden konnten jene Auszubildenden, die vorzeitig die Abschlussprüfung ablegten (ca. 10 Auszubildende).

Die Leistungsdaten des Fehleranalysefähigkeitstest wurden ebenfalls mit ConQuest 2.0 eindimensional skaliert, wenngleich die Itemanzahl eher gering ist. Der Test war jedoch skalierbar, und 11 Items genügten den empfohlenen Gütemaßen (Item-Fitwerte MNSQ: 0,95 … 1,04; Diskrimination: 0,31 … 0,65; Cronbach's α: 0,48). Der Reliabilitätswert (Cronbach's α) ist nicht befriedigend und im Längsschnitt pri-

---

7　Die Begrenzung bezieht sich lediglich auf die Nichtgewährung unterschiedlicher Schaltzustände der Sicherungen F1 und F2 im Primär- und Sekundärkreis des Transformators sowie auf die Veränderung der Voreinstellung des Zeitrelais für die Betriebsphase Sternbetrieb.

8　Ob diese Eingrenzung des Suchraums von den Auszubildenden erkannt wird, muss in weiteren Prozessanalysen untersucht werden.

mär dem Umstand einer geringen Itemzahl geschuldet. Erschwerend bzw. reliabilitätssenkend kommt hinzu, dass mit der Operationalisierung der Fehleranalysefähigkeit eine komplexe kognitive Leistung erfasst werden soll, die ihrerseits selbst mehrere Facetten oder ggf. weitere eigenständige Dimensionen beinhaltet. Teile der als Partial-Credits konzipierten Items wiesen Zellbesetzungen unter 5 % der Stichprobengröße auf, was vertauschte oder ungeordnete Schwellenparameter zur Folge hatte. Das heißt, die Step-Schwierigkeiten nahmen bei manchen Aufgaben im Aufgabenverlauf nicht stetig zu, womit die Wahrscheinlichkeit, eine Teilpunktzahl zu erzielen, in diesen Fällen nie größer ist als die Wahrscheinlichkeit, keine bzw. die volle Punktzahl zu erreichen. Dies widerspricht den Annahmen des Partial-Credit-Modells (vgl. Masters 1982; Wilson 2005). In der Konsequenz mussten benachbarte Kategorien der ursprünglichen Korrekturleitlinien zusammengefasst werden, um die Schwellen zu ordnen.

Da die Itemzahl für eine Skalierung, wie eben erwähnt, als eher gering anzusehen ist, wurde parallel hierzu der Summenscore (Anzahl richtig gelöster Items) berechnet. Eine Überprüfung der beiden Leistungsmaße auf Übereinstimmung ergab eine sehr hohe Korrelation zwischen Summenscore und WLE-Schätzer von $r_{xy}=0{,}98^{**}$. Im Weiteren nutzen wir daher den WLE-Schätzer für die Indikation der Fehleranalysefähigkeit.

3   Erste Ergebnisse

3.1   Die Relevanz ausgewählter Prädiktoren

In Tab. 1 sind bivariate Einzelkorrelation zwischen den im ersten Ausbildungsjahr erhobenen kognitiven Variablen und den beiden Zieldimensionen Fachwissen und Fehleranalysefähigkeit am Ende der Berufsausbildung zusammengefasst.

Zunächst ist darauf hinzuweisen, dass alle einbezogenen Variablen signifikant mit den beiden Zielvariablen korrelieren. Was die seit den PISA-Studien viel beachteten Basisfähigkeiten Mathematik und Lesen angeht, kann deren Bedeutung für die Ausbildung hier auch empirisch bestätigt werden, wobei die Lesefähigkeit, vermutlich auch verursacht durch die Aufgabenformate, eher schwache Korrelationen mit den Kriteriumsvariablen aufweist.

Als bester Einzelprädiktor erweist sich hypothesenkonform für das fachspezifische Wissen am Ende der Ausbildung das Fachwissen am Ende des ersten Ausbildungsjahres ($r_{xy}=0{,}65^{**}$). Eine nur leicht geringere Korrelation ergab sich für das fachspezifische Vorwissen ($r_{xy}=0{,}56^{**}$). Zwar entspricht der signifikante Zusammenhang durchaus den Erwartungen, aber die Höhe des Betrags ist besonders unter Berücksichtigung der langen Zeitspanne zwischen den einzelnen Messzeitpunkten beachtenswert.

	Fachwissen (WLE) (Ende der Ausbildung)	Fehleranalysefähigkeit (Ende der Ausbildung)
Lesekompetenz	0,22* (N=84)	n. s.
Mathematische Kompetenz	0,46** (N=84)	0,44** (N=66)
IQ	0,45** (N=84)	0,36** (N=67)
Fachspezifisches Vorwissen	0,56** (N=79)	0,35** (N=61)
Fachwissen (WLE) (Ende 1. Ausbildungsjahr)	0,65** (N=84)	0,40** (N=60)
Fehleranalysefähigkeit (Ende 1. Ausbildungsjahr)	0,36** (N=73)	0,27* (N=58)
Fachwissen (WLE) (Ende der Ausbildung)	--	0,52** (N=92)

Tab. 3: Zusammenhangsprüfung: Korrelationen kognitiver Variablen

Durchgängig ergeben sich etwas niedrigere Korrelationen der Prädiktoren mit der Fehleranalysefähigkeit am Ende der Ausbildung. Mit hoher Wahrscheinlichkeit ist dies Ausdruck der komplexeren kognitiven Anforderung. Als bester Einzelprädiktor geht die mathematische Kompetenz aus der Tab. 3 hervor, deren gemeinsame Varianz mit der Fehleranalysefähigkeit wohl primär auf die in beiden Feldern notwendigen Fähigkeiten zu logischem und analytischem Denken zurückzuführen ist. Das Fachwissen am Ende des ersten Ausbildungsjahres sowie das fachspezifische Vorwissen stehen ebenfalls in einem hoch signifikanten Zusammenhang. Dies belegt einmal mehr die Notwendigkeit, neben anderen vielfältigen Kompetenzfacetten das Fachwissen nicht zu vernachlässigen. Das Fachwissen ist eine Voraussetzung für erfolgreiches Handeln in problemhaltigen Anforderungssituationen, die Fehleranalysefähigkeit erfordern.

Neben den kognitiven Merkmalen der Auszubildenden können in dieser Längsschnittstudie auch die Zusammenhänge der Kriteriumsvariablen Fachwissen und Fehleranalysefähigkeit mit motivationalen Variablen sowie der Wahrnehmung der Ausbildungsbedingungen am Ende der Ausbildung geprüft werden (vgl. Tab. 4).

Im Anschluss an Ergebnisse aus vorausgegangenen Studien gingen wir davon aus, dass für gewerblich-technische Ausbildungsberufe insbesondere die Variante identifiziert motivierten Lernens im Zusammenhang mit den Zielgrößen steht (vgl. Knöll u. a. 2007). Über die Ausbildung hinweg und auch bezogen auf die identifizierte Motivationsvariante am Ausbildungsende hat sich diese Erwartung jedoch nicht bestätigt. Aus dem Motivationsinstrumentarium von Prenzel u. a. (1996) wurden lediglich zwei Korrelationen als signifikant ausgewiesen. Erstens der Zusammenhang zwischen sozialer Einbindung und der Fehleranalysefähigkeit und zweitens die wahrgenommene Überforderung, gemessen am Ende der Ausbildung, mit dem Fachwissen.

	Fachwissen (WLE) (Ende der Ausbildung)	Fehleranalysefähigkeit (Ende der Ausbildung)
Berufsspezifisches Interesse (Beginn 1. Ausbildungsjahr)	n. s.	n. s.
MIZEBA: Kompetenzerleben (Ende 1. Ausbildungsjahr)	-0,20** (N=81)	-0,31** (N=65)
Überforderungsempfinden (Ende 1. Ausbildungsjahr)	-0,25** (N=80)	n. s.
Soziale Einbindung (Ende 1. Ausbildungsjahr)	n. s.	0,22** (N=80)
Identifizierte Motivation (Ende 1. Ausbildungsjahr)	n. s.	n. s.
MIZEBA: Komplexität (Ende der Ausbildung)	n. s.	-0,18* (N=79)
Überforderungsempfinden (Ende der Ausbildung)	-0,33** (N=96)	n. s.
Identifizierte Motivation (Ende der Ausbildung)	n. s.	n. s.
Berufsspezifisches Interesse (Ende der Ausbildung)	n. s.	n. s.

Tab. 4:   Zusammenhangsprüfung: Korrelationen motivationaler Variablen und wahrgenommener Ausbildungsbedingungen mit dem Fachwissen und der Fehleranalysefähigkeit am Ende der Ausbildung

Da das Instrumentarium beansprucht, die situierte Lernmotivation und nicht längerfristig wirksame Motive zu erfassen, sind andererseits ausbleibende bzw. gering ausgeprägte Zusammenhänge über die untersuchte Zeitspanne nicht völlig überraschend. Das Instrument zur Erfassung des fachspezifischen Interesses (Krapp u. a. 1993) ist jedoch habituell angelegt, und auch hier zeigten sich keine Zusammenhänge zwischen Interesse und den Zielgrößen Fachwissen bzw. Fehleranalysefähigkeit am Ende der Ausbildung.

Zusammenfassend bleibt festzuhalten, dass die Korrelationen der Kriteriumsvariablen mit den motivationalen Faktoren und der betrieblichen Ausbildungsqualität erwartungskonform deutlich hinter der Bedeutsamkeit der kognitiven Variablen zurückbleiben.

Komplexere Auswertungsverfahren erlauben die bivariaten Zusammenhänge in einem Modell zu verdichten. Für die aufgestellte Hypothese kann mittels Strukturgleichungsmodell geprüft werden, welcher Anteil der Varianz durch die kognitiven und nichtkognitiven Variablen erklärt wird. In Abb. 3 sind die Ergebnisse der Modellrechnung für das Fachwissen und die Fehleranalysefähigkeit am Ende der Ausbildung zusammengefasst.

In diesem Modell dominieren die kognitiven Einflussgrößen eindeutig. Als beste Einzelprädiktoren gehen jeweils erwartungsgemäß wissensbezogene Faktoren ein, was sich an der höchsten bivariaten Einzelkorrelation dieser beiden Prädiktoren schon erkennen ließ (vgl. Tab. 1) und sich nun auch in den Pfadkoeffizienten widerspiegelt. Für das Fachwissen am Ende der Ausbildung erweist sich mit einem Pfadkoeffizienten von 0,61 das Fachwissen am Ende des ersten Ausbildungsjahres als mächtiger Prädiktor. Des Weiteren erbringt an zweiter Stelle mit 0,24 die kognitive Grundfähigkeit (IQ) einen um Interkorrelationen bereinigten Erklärungsbeitrag für das Fachwissen am Ausbildungsende. Für die Fehleranalysefähigkeit erweisen sich insbesondere die mathematischen Fähigkeiten und das Fachwissen am Ende des ersten Ausbildungsjahres als bedeutsam. Dem berufsspezifischen Interesse als pädagogisch beeinflussbarer Variablen kommt Bedeutung für das Fachwissen am Ende des ersten Ausbildungsjahres zu, der Einfluss des zu Ausbildungsbeginn gemessenen Interesses ist jedoch nur noch indirekt nachweisbar.

Die gesamte aufgeklärte Varianz durch die Prädiktoren fällt mit 26 % für die Fehleranalysefähigkeit und 50 % für das Fachwissen hoch aus und ist insbesondere bezogen auf den langen Untersuchungszeitraum beachtlich.

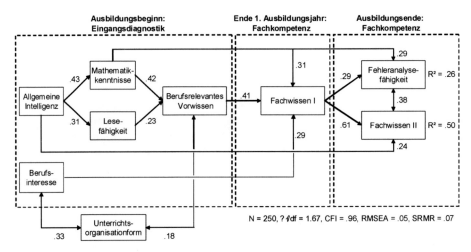

Abb. 3:   *Prädiktoren des Fachwissens und der Fehleranalysefähigkeit über den Verlauf der Ausbildung[9]*

---

9   Zur Berechnung des Modells wurden zur Erweiterung der Fallzahl auch jene „neuen" Auszubildenden hinzugenommen, die zum Testzeitpunkt am Ende der Ausbildung (4. Ausbildungsjahr) in die Klassen des Längsschnitts aufgenommen wurden. MPlus arbeitet für diese Fälle dann mit missing values (vgl. Geisser 2010, S. 16).

Mit diesen Befunden kann die hohe Bedeutung kognitiver Variablen für die weitere Kompetenzentwicklung nicht nur für das erste Ausbildungsjahr, sondern auch für die gesamte Ausbildungsdauer bestätigt werden. Das bedeutet jedoch nicht, dass aufgrund der Dominanz kognitiver Persönlichkeitsmerkmale der Auszubildenden im Erklärungsmodell berufspädagogische Bemühungen um die lernförderliche Gestaltung der Lernorte obsolet werden. Denn ohne berufsschulischen Unterricht und die betriebliche Ausbildung hätte kaum eine Kompetenzentwicklung stattfinden können. Die Analysen zu den Varianzaufklärungen sowie zu den bivariaten Korrelationen geben vereinfacht gesprochen lediglich darüber Auskunft, wie die Varianzen zu erklären sind. Offensichtlich gelingt es im Verlaufe der Ausbildung nur bedingt, Eingangsunterschiede auszugleichen.

Die unaufgeklärten Varianzanteile und der partielle Einbezug von Qualitätsmerkmalen machen aber auch die Relevanz nichtkognitiver Einflüsse deutlich. Unberücksichtigt blieben in den hier vorgenommenen Analysen vor allem auch die curricularen Schwerpunktsetzungen, welchen nach Ergebnissen im Kfz-Bereich erhebliche Bedeutung für die Kompetenzentwicklung zuzukommen scheint (vgl. Gschwendtner 2010; Nickolaus 2010; Nickolaus u. a. 2010).

3.2 Befunde zur Fehleranalysefähigkeit

Detailauswertungen, die sich auf die Lösungsleistungen bei den komplexen Aufgabenstellungen (Computersimulation technischer Systeme, s. o.) zur Erfassung der Fehleranalysefähigkeit beziehen und auch Hinweise auf deren Entwicklung geben, sind in Tab. 5 aufgeführt.

In die Auswertungen gehen hier nur jene Auszubildenden ein, die sowohl im 1. Ausbildungsjahr als auch gegen Ende ihrer Ausbildung am Fehleranalysefähigkeitstest teilnahmen, damit eine konstante Fallbasis zur Abbildung der Entwicklung gewährleistet ist.

Technisches System (Messzeitpunkt)		*Keine Lösung [%]*	*Lösung [%]*	*Lösung mit Begründung [%]*
Wechselschaltung (Ende 1. Ausbildungsjahr)	Reparaturauftrag 1	91,4	3,4	5,2
	Reparaturauftrag 2	84,5	1,7	13,8
Wechselschaltung (Ausbildungsende)	Reparaturauftrag 1	39,7	12,1	48,3
	Reparaturauftrag 2	62,1	10,3	27,6
Stern-Dreieck-Wendeschütz-schaltung (Ausbildungsende)	Reparaturauftrag 1	72,4	22,4	5,2
	Reparaturauftrag 2	44,8	46,6	8,6

Tab. 5: Lösungsquoten komplexer Items zur Erfassung der Fehleranalysefähigkeit (N= 58)

Die Qualität der Lösung wurde über drei Kategorien abgestuft codiert. Keine Lösung beinhaltet sowohl falsche Lösungen als auch keine Lösungsangaben auf dem Reparaturauftrag. Wird nur die richtige Lösung genannt, wird dies in der zweiten Kategorie kodiert. Das Optimum ist eine Lösung mit vollständiger Begründung, die eine exakte Angabe des Fehlerorts bzw. der fehlerhaften Komponente sowie die Nennung eines Messergebnisses bzw. eine Begründung zur Lösung (Soll-Istwert-Vergleich) enthält.

Werden zunächst die Lösungen des ersten Ausbildungsjahres betrachtet, fallen die äußerst geringen Lösungsquoten zwischen 8 und 15 % auf. Gemessen an den Lernfeldvorgaben und -formulierungen, die die Grundlagen der Installationstechnik primär im Lernfeld 2 *Elektrische Installationen Planen und Ausführen* verorten, ist dies sicher ein ernüchterndes Ergebnis. Zweifelsohne sollte jedoch am Ende der Ausbildung die Kompetenz hinreichend entwickelt sein, in einer fehlerbehafteten Wechselschaltung die Störung zu lokalisieren. Dies gelingt bezogen auf strukturidentische und gegenüber dem ersten Ausbildungsjahr lediglich in Oberflächenmerkmalen variierte Problemstellungen bei der Wechselschaltung für Reparaturauftrag 1 rund 40% und im Falle des Reparaturauftrags 2 gar 62 % der Auszubildenden noch nicht. Gegenüber dem ersten Ausbildungsjahr ist dennoch eine deutliche Steigerung zu erkennen. Eine korrelative Prüfung ergibt keine signifikanten Zusammenhänge zwischen den einzelnen Lösungsleistungen der auf die Wechselschaltung bezogenen Reparaturaufträge über die Messzeitpunkte hinweg. Dies kann auch der relativ geringen Varianz der Löseleistungen im ersten Ausbildungsjahr geschuldet sein.

Für die Lösungsleistungen in der Stern-Dreieck-Wendeschützschaltung ist aus Tab. 3 zu entnehmen, dass Reparaturauftrag 1 mit 27 % den geringsten Anteil richtiger Lösungen aufweist, den Reparaturauftrag 2 lösen dagegen 55 %. Für beide Aufträge gilt, dass die Gruppe mit vollständig befriedigenden Lösungsangaben jeweils geringer ist. Dies deutet darauf hin, dass der Störungsgrund offenbar aufgrund des äußeren Verhaltens der Schaltung erkannt wird, jedoch trotz Schaltplan der Störungsort nicht näher eingegrenzt werden kann. Gegebenenfalls sind hier auch (praktische) Erfahrungen mit den Fehlermustern einflussreich, die das in beiden Fehlerfällen akustisch deutlich wahrnehmbare ratternde bzw. unrunde Betriebsgeräusch verursachen und es den Auszubildenden gestatten, eine richtige Diagnose zu stellen. Aufgrund der akustischen Rückmeldung ist für die Gruppe derer, die zwar eine zutreffende Hypothese zur Fehlerursache, aber keine präzise Lokalisierung des Fehlers vornehmen können, die Fehlerdiagnose „klar", jedoch aufgrund verschiedener Defizite (Messtechnik, mentale Repräsentation der Schaltung) nicht näher eingrenzbar. In der Konsequenz kann in der beruflichen Praxis die Schaltung bei unvollständiger Lösung nicht modifiziert werden, um die korrekte Funktion zeitnah und sicher (wieder)herzustellen.

Wird gemäß Abschnitt 2 stärker auf die in den Fehlerfällen hinterlegten Anforderungen und die dadurch realisierten Anspruchsniveaus fokussiert, kann gemessen an den Lösungsquoten zunächst festgehalten werden, dass mit den vier komplexen Items ein mittleres bis hohes Schwierigkeitsniveau vorliegt. Das Anspruchsniveau ist jedoch nicht allein mit dem jeweiligen technischen System verbunden, da die Löseleistungen bei den verschiedenen Fehlerfällen sowohl in der Wechselschaltung als auch in der Stern-Dreieck-Wendeschützschaltung variieren. In der weiteren Testkonstruktion ist daher besondere Sorgfalt auf die Kombination der schwierigkeitserzeugenden Merkmale zu legen. So konnte in einem Reparaturauftrag für die Stern-Dreieck-Wendeschützschaltung durch die realitätsgerecht in die Simulation integrierte akustische Rückmeldung eine Diagnose erleichtert werden, es müssen jedoch weitere schwierigkeitserzeugende Merkmale (z. B. die große Anzahl an Messmöglichkeiten oder der hohe Vernetzungsgrad) einer vollständig richtigen Lösung entgegengestanden haben. Diese Barrieren wurden offensichtlich auch durch den Schaltplan nicht effektrelevant reduziert. Genauere Einblicke können hierzu Prozessanalysen aus qualitativen Studien liefern (vgl. Geißel & Hedrich (in Vorbereitung)).

Des Weiteren ist die Bewertung der Befunde in Abhängigkeit von der erreichten Lösungsqualität der Auszubildenden hervorzuheben. In der beruflichen Praxis sind letztlich nur solche Lösungen brauchbar, die auch eine exakte Angabe des Fehlerortes beinhalten, da ansonsten die Komponente nicht zielgerichtet getauscht bzw. die Schaltung modifiziert werden kann. Werden diese strengen Kriterien angelegt (vgl. letzte Spalte der Tab. 3), so wird erneut die eklatante Differenz zwischen dem hehren Anspruch der curricularen Vorgaben und den erreichten Kompetenzniveaus deutlich.

4 Zusammenfassung und Ausblick

Die zentrale Annahme, dass kognitiven Einflussfaktoren für den Fachkompetenzstand (Fachwissen und fachspezifische Problemlösefähigkeit) am Ende der Ausbildung erhöhte Bedeutung zukommt, wurde auch für die gesamte Ausbildungsdauer bestätigt. Insbesondere das fachspezifische Vorwissen, die allgemeine Intelligenz und allgemein-mathematische Fähigkeiten erweisen sich als einflussstark für das Fachwissen und für die Fehleranalysefähigkeit am Ausbildungsende. Durch bivariate Einzelkorrelationen können jedoch auch Zusammenhänge mit pädagogisch veränderbaren Variablen nachgewiesen werden. Auffallend und bedenkenswert sind in diesem Bereich die mittlerweile mehrfach bestätigten negativen Korrelationen zwischen wahrgenommenen Qualitäten betrieblicher Ausbildung und den beiden Zieldimensionen.

Die Detailanalysen der mittels Computersimulationen erfassten Fehleranalysefähigkeit ergaben, dass die Löseleistungen komplexer Aufgaben, gemessen an den in den Lernfeldern formulierten Ansprüchen, kein wünschenswertes Niveau erreichen. Hierzu sind weitere Forschungsarbeiten zur Entwicklung und empirischen Prüfung von spezifisch ausgerichteten fachdidaktischen Handlungsprogrammen dringend notwendig, damit dieser Kompetenzausschnitt bei Elektronikern wirksamer gefördert werden kann.

Die Erfassung der Fehleranalysefähigkeit mittels Simulationen eröffnet die Möglichkeit, schwierigkeitserzeugende Aufgabenmerkmale systematisch zu variieren. Die Kombination der Aufgabenmerkmale und deren unterschiedliche Niveaus lassen es möglich erscheinen, das ganze Fähigkeitsspektrum kontinuierlich abzubilden. Eine Herausforderung ist es, die Testzeit in vertretbare Grenzen zu halten, sofern die Komplexität der Items beibehalten oder gar erweitert werden soll. Hierzu bieten sich u. a. adaptive Testformen an, die die Option bieten, im Anschluss an die Bearbeitung von Items mittlerer Schwierigkeitsgrade in Abhängigkeit von der erzielten Löseleistung leichtere oder schwierigere Items automatisch zuzuweisen (vgl. Jude & Wirth 2007). Die hier und in früheren Arbeiten vorgestellten Simulationen der Forschergruppe sind dafür prinzipiell geeignet. Weitere Erkenntnisse zur Struktur der Fachkompetenz sind von Dimensionalitätsprüfungen und Niveaumodellierungen zu erwarten (Nickolaus u. a. 2010). Als fruchtbar dürften sich auch Prozessanalysen erweisen, die ggf. zu weiteren schwierigkeitserzeugenden Merkmalen bzw. zu einer ausdifferenzierten Beschreibung und Hierarchisierung derselben führen können (Geißel & Hedrich (in Vorbereitung)).

Literatur

Bader, R.; Müller, M. (2002): Leitziel der Berufsbildung: Handlungskompetenz. Anregungen zur Ausdifferenzierung des Begriffs. In: Die berufsbildende Schule 54(2002)6, S. 176–182.

Geißel, B. (2008): Ein Kompetenzmodell für die elektrotechnische Grundbildung: Kriteriumsorientierte Interpretation von Leistungsdaten. In: R. Nickolaus; H. Schanz (Hg.): Didaktik der gewerblich-technischen Berufsbildung. Baltmannsweiler: Schneider Verlag Hohengehren (Diskussion Berufsbildung; Bd. 9), S. 121–142.

Geißel, B.; Gschwendtner, T.; Nickolaus, R. (2009): Betriebliche Ausbildungsqualität in der Wahrnehmung von Auszubildenden. In: E. Wuttke; H. Ebner; B. Fürstenau; R. Tenberg (Hg.): Erträge und Perspektiven berufs- und wirtschaftspädagogischer Forschung. Opladen, Farmington Hills: Barbara Budrich, S. 9–21.

Geißel, B.; Hedrich, M. (in Vorbereitung): Identifizierung von Barrieren der Störungsdiagnose in simulierten und realen Anforderungssituationen bei Elektronikern.

Geisser, C. (2010): Datenanalyse mit MPlus. Eine anwendungsorientierte Einführung. Wiesbaden: VS.

Gschwendtner, T. (2010): Die Ausbildung zum Kraftfahrzeugmechatroniker im Längsschnitt. Analysen zur Struktur von Fachkompetenz am Ende der Ausbildung und Erklärung von Fachkompetenzentwicklungen über die Ausbildungszeit. In: R. Nickolaus; G. Pätzold (Hg.): Lehr-Lernforschung in der gewerblich-technischen Berufsbildung. Beiheft zur ZBW. Stuttgart: Steiner (zur Veröffentlichung angenommen).

Gschwendtner, T.; Abele, S.; Nickolaus, R. (2009): Computersimulierte Arbeitsproben: Eine Validierungsstudie am Beispiel der Fehlerdiagnoseleistungen von Kfz-Mechatronikern. In: ZBW, 105. Bd., H. 4.

Gschwendtner, T.; Geißel, B.; Nickolaus, R. (2007): Förderung und Entwicklung der Fehleranalysefähigkeit in der Grundstufe der elektrotechnischen Ausbildung. In: bwp@, Nr. 13 (http://www.bwpat.de/ausgabe13)

Hartig, J.; Kühnbach, O. (2006): Schätzung von Veränderung mit „plausible values" in mehrdimensionalen Rasch-Modellen. In: A. Ittel; A.; H. Merkens (Hg.): Veränderungsmessung und Längsschnittstudien in der empirischen Erziehungswissenschaft. Wiesbaden: VS, S. 27-44

Jude, N.; Wirth, J. (2007): Neue Chancen bei der technologiebasierten Erfassung von Kompetenzen. In: J. Hartig; E. Klieme (Hg.): Möglichkeiten und Voraussetzungen technologiebasierter Kompetenzdiagnostik. Eine Expertise im Auftrag des Bundesministeriums für Bildung und Forschung. Bonn, Berlin: bmbf (Bildungsforschung; Bd. 20), S. 49–58.

Klieme, E.; Leutner, D. (2006): Kompetenzmodelle zur Erfassung individueller Lernergebnisse und zur Bilanzierung von Bildungsprozessen. Überarbeitete Fassung des Antrags an die DFG auf Einrichtung eines Schwerpunktprogramms. http://kompetenzmodelle.dipf.de/de/schwerpunktprogramm/pdf/rahmenantrag (Datum: 22.11.2010).

KMK (2003) – Sekretariat der Ständigen Konferenz der Kultusminister der Länder in der Bundesrepublik Deutschland (Hg.): Rahmenlehrplan für den Ausbildungsberuf Elektroniker/Elektronikerin. (http://www.kmk.org/fileadmin/pdf/Bildung/BeruflicheBildung/rlp/elektroniker.pdf; Datum 22.11.2010).

Knöll, B. (2007): Differenzielle Effekte von methodischen Entscheidungen und Organisationsformen beruflicher Grundbildung auf die Kompetenz- und Motivationsentwicklung in der gewerblich-technischen Erstausbildung. Eine empirische Untersuchung in der Grundausbildung von Elektroinstallateuren. Aachen: Shaker. Stuttgart, Univ., Diss. (Stuttgarter Beiträge zur Berufs- und Wirtschaftspädagogik; Bd. 30).

Knöll, B.; Gschwendtner, T.; Nickolaus, R.; Ziegler, B. (2007): Motivation in der elektrotechnischen Grundbildung. In: Zeitschrift für Berufs- und Wirtschaftspädagogik, 103. Bd., H. 3, S. 397-415

Krapp, A.; Schiefele, U.; Wild, K.-P.; Winteler, A. (1993): Der „Fragebogen zum Studieninteresse" (FSI). In: Diagnostica, 39. Jg., H. 4, S. 335–351.

Lehmann, R.; Seeber, S. (2007): Untersuchungen von Leistungen, Motivation und Einstellungen der Schülerinnen und Schüler in den Abschlussklassen der Berufsschlussklassen der Berufsschulen (ULME III). Behörde für Bildung und Sport Hamburg.

Masters, G. N. (1982): A Rasch model for partial credit scoring. In: Psychometrika, 47. Jg., H. 2, S. 149–174.

Nickolaus, R. (2008): Kompetenzmodellierung und Kompetenzentwicklung in der gewerblich-technischen Ausbildung. Antrag an die Deutsche Forschungsgemeinschaft auf Gewährung einer Sachbeihilfe. Stuttgart.

Nickolaus, R. (2010): Erklärungsmodelle für die Entwicklung der Fachkompetenz – Anmerkungen zu ihren Geltungsansprüchen und didaktischen Implikationen. In: Zeitschrift für Berufs- und Wirtschaftspädagogik, H. 4, (im Druck).

Nickolaus, R.; Geißel, B. (2009a): Förderung schwächerer Auszubildender in der schulischen Berufsbildung. Teilprojekt II: Förderung der fachspezifischen Problemlösefähigkeit in der elektrotechnischen Grundbildung. In: Landesstiftung Baden-Württemberg (Hg.): Abschlussveranstaltung Programm Bildungsforschung. Tagungsband. Stuttgart, S. 87–96.

Nickolaus, R.; Geißel, B. (2009b): Electricians. In: Feasibility Study VET-LSA. A comparative analysis of occupational profiles and VET programmes in 8 European countries – International report. Bonn, Berlin: bmbf (Vocational Training Research; Vol. 8) (http://www.bmbf.de/pub/band_acht_berufsbildungsforschung_eng.pdf; (22.11.2010)), pp. 48–70.

Nickolaus, R.; Geißel, B.; Nitzschke, A.; Abele, S. (2010): Fachkompetenzmodellierung und Fachkompetenzentwicklung bei Elektronikern im Verlauf der Ausbildung – Ausgewählte Ergebnisse einer Längsschnittstudie. In: R. Nickolaus; G. Pätzold (Hg.): Lehr-Lernforschung in der gewerblich-technischen Berufsbildung. Beiheft zur ZBW. Stuttgart: Steiner (zur Veröffentlichung eingereicht).

Nickolaus, R.; Gschwendtner, T.; Geißel, B. (2008): Entwicklung und Modellierung beruflicher Fachkompetenz in der gewerblich-technischen Erstausbildung. In: ZBW, 104. Bd., H. 1, S. 48–73.

Nickolaus, R.; Gschwendtner, T.; Geißel, B. (2009): Betriebliche Ausbildungsqualität und Kompetenzentwicklung. In: bwp@ Berufs- und Wirtschaftspädagogik – online, Nr. 17, (http://www.bwpat.de/ausgabe17/nickolaus_etal_bwpat17.pdf).

Prenzel, M.; Kristen, A.; Dengler, P.; Ettle, R.; Beer, T. (1996): Selbstbestimmt motiviertes und interessiertes Lernen in der kaufmännischen Erstausbildung. In: K. Beck; H. Heid (Hg.): Lehr-Lern-Prozesse in der kaufmännischen Erstausbildung – Wissenserwerb, Motivierungsgeschehen und Handlungskompetenzen. Beiheft 13 der ZBW. Stuttgart: Steiner, S. 108–127.

Sonntag, K.; Schaper, N. (Hg.) (1997): Störungsmanagement und Diagnosekompetenz. Leistungskritisches Denken und Handeln in komplexen technischen Systemen. Zürich: vdf Hochschulverlag (Mensch Technik Organisation; Bd. 13).

Wilson, M. R. (2005): Constructing Measures. An Item Response Modeling Approach. Mawah, NJ: Lawrence Erlbaum Associates.

Wu, M. L.; Adams, R. J.; Wilson, M. R.; Haldane, S. A. (2007): ACER ConQuest Version 2.0: Generalised Item Response Modelling Software. Melbourne: ACER Press.

Zimmermann, M.; Wild, K.-P.; Müller, W. (1999): Das „Mannheimer Inventar zur Erfassung betrieblicher Ausbildungssituationen" (MIZEBA). In: ZBW, 95. Bd., H. 3, S. 373–402.

Nachweisliche Förderung von Sozialkompetenz

Gerd Gidion

1 Einleitung

Die Entwicklung von Kompetenzen unterschiedlicher Art wird in beruflichen und hochschulischen Bildungsgängen seit dem Bologna-Prozess vermehrt als Ziel ausgewiesen. Verfahren zur Feststellung, ob sich das Erreichen dieser Zielsetzung zum einen wissenschaftlich seriös, zum anderen praktisch machbar nachweisen lässt, werden dabei offenbar nicht immer in adäquatem Maße verwendet. Die Bedeutung der angestrebten Kompetenzen wird von den Anforderungen abgeleitet, die sich aus der Struktur eines anzueignenden Wissensgebietes und der professionellen Tätigkeit in einem Beruf ergeben. Die auf diesem Weg ermittelten Kompetenzen zeigen sich nicht nur als sperrig hinsichtlich der Frage, ob sie im Zuge eines Bildungsprozesses von einer lernenden Person erworben, angeeignet oder entwickelt wurden. Es ist zudem häufig unklar, ob der Anspruch, die Aneignung bzw. Entwicklung dieser Kompetenzen gezielt zu fördern, durch die Lehrenden bzw. durch die Lehr-/ Lernarrangements erfüllt wird. Dies gilt in gewissem Maß für alle Kompetenzen, insbesondere offenbar jedoch für die Sozialkompetenz. Deren Bedeutung für erfolgreiches berufliches Handeln ist weitgehend unstrittig, die Substanz ihres professionellen Gehalts jedoch vergleichsweise diffus. Während etwa im Bereich der sog. Fachkompetenz auf anerkannte Bestände an Fakten als Lerninhalte zurückgegriffen werden kann, sind gleichermaßen anerkannte Bestände im Bereich der Sozialkompetenz nicht etabliert. Folglich leiden Bildungsgänge, innerhalb derer die Sozialkompetenz als Lehrziel aufgenommen wurde, tendenziell häufig unter einer mangelnden Konkretisierung, was die Erfüllung dieses Anspruchs angeht. Insofern wäre eine nachweislich konzeptgeleitete Förderung der Sozialkompetenz als Beitrag zu einer seriösen Kompetenzdiagnostik erstrebenswert. In dem berufsbezogenen Teil eines ingenieurwissenschaftlichen Studiengangs wird seit einigen Jahren der Anspruch einer integrierten Förderung fachlicher, methodischer und sozialer Kompetenzen gesetzt. Der nachfolgende Beitrag thematisiert unter Bezugnahme auf eine in diesem Zusammenhang jährlich stattfindende Lehrveranstaltung die Möglichkeit, auf Basis einer stimmigen Konzeption nachweislich in berufsrelevanter Weise soziale Kompetenzen zu fördern. Er zeigt zugleich Grenzen der Reichweite einer solchen Nachweisbarkeit auf.

2 Sozialkompetenz als Bildungsaufgabe

Es hat sich seit Jahren etabliert, unter Bezugnahme auf Berufs- und Arbeitsanforderungen die Ausbildung umfassender beruflicher Handlungskompetenz anzustreben, in der sich fachliche, methodische, soziale und personale Kompetenzen verbinden:

„Die Fachkompetenz beinhaltet ein Verfügen über fachliche Fähigkeiten, Fertigkeiten und Kenntnisse. Methodenkompetenz meint situations- und fächerübergreifende, flexibel einsetzbare Fähigkeiten auch zur Aneignung neuer Kenntnisse und Fertigkeiten. Sozialkompetenz umfasst Fähigkeiten, z. B. Teams unterschiedlicher sozialer Struktur, kommunikativ und kooperativ zusammenzuarbeiten. Personalkompetenz impliziert Dispositionen eines Menschen, die eigene Persönlichkeit sowie das eigene Wissen, das Können und die Fähigkeiten immer wieder zu reflektieren, zu hinterfragen und ggf. zu verändern. Die Aufteilung in vier Kompetenzbereiche ist insofern künstlich, als bei der Bewältigung einer konkreten Aufgabe die einzelnen Kompetenzbereiche sich wechselseitig bedingen und in unterschiedlicher Intensität beansprucht und verflochten werden" (Pätzold 2006, S. 176).

Die begriffliche Auflösung des hinter dem Begriff „Kompetenz" befindlichen Bereichs ist nicht einvernehmlich; anstelle der in vier Bereiche gegliederten Struktur hat sich auch die Verwendung des Dreiklangs „Fachkompetenz", „Sozialkompetenz" und „Human(Selbst)kompetenz" verbreitet (Bader & Müller 2002, S. 178). Seit jeher zeitlich parallel wird die Klärung des Begriffs der Schlüsselkompetenzen betrieben. In diesem Bereich wird noch stärker als bezüglich der Sozialkompetenz über die mangelnde Konkretisierung der Inhalte geklagt.

„Stattdessen wird häufig mit Zielkategorien operiert, die auf der Leitzielebene anzusiedeln sind, wie berufliche Handlungskompetenz, ausdifferenziert in Fach-, Personal- und Sozialkompetenz (...), deren Konkretisierung den Lehrenden obliegt. Ohne die Konkretisierung (und Operationalisierung) dieser Zielkomplexe ist die für die Steuerung von Lehr-Lernprozessen erforderliche Diagnostik allerdings nicht möglich" (Nickolaus 2006, S. 22).

Aus Anlass des Klärungsbedarfs befassen sich Euler und Bauer-Klebl (2008) mit der Thematik der Sozialkompetenz für den Bereich der Berufsbildung in prinzipieller Weise. Sie legen zunächst die Heterogenität der Verwendung des Begriffs dar. So erwähnen sie eine eher in der Ökonomie vorhandene Verbindung mit der beabsichtigten Erreichung ökonomischer Ziele und zitieren Wunderer und Dick (2002, S. 365) mit dem Verständnis der Sozialkompetenzen „als Fähigkeit und Bereitschaft, mit sich selbst und anderen konstruktiv, eigenbestimmt, kooperativ und situationsgerecht umzugehen", orientiert an dem Zielkonstrukt des „Mitunternehmertums". Eine zweite dort erwähnte Ausführung sieht Sozialkompetenz als „Fähigkeit einer Person (...), auf die Erreichung von Zielen im Rahmen von persönlichen Interaktionsprozessen positiv einzuwirken, wobei eine Zielerreichung an die Erfüllung der Bedürfnisse des Interaktionspartners gebunden ist" (Hennig-Thurau & Thurau 1999, S. 303). Euler und Bauer-Klebl selbst formulieren: „Sozialkompetenzen sollen definiert werden als Disposition zur zielgerichteten Interaktion mit anderen Menschen über sachliche, soziale oder persönliche Themen in spezifischen Typen von Situationen." (a. a. O., S. 18) Sie geben zudem vor, dass (mit Bezugnahme auf Kanning 2003, S. 19 ff.) Sozialkompetenzen zu unterscheiden sind als zum einen situationsübergreifend und zum anderen situationsspezifisch. Übergreifende Bestandteile der Sozialkompetenz (etwa die Teamleitung) seien von situativen Elementen (z. B. dem aktiven Zuhören bei einem Teamgespräch) unterscheidbar, ebenso die selten anzuwendenden (z. B. in brisanten Konfliktsituationen) von alltäglichen (z. B. für einen Fehler um Entschuldigung bitten). Konsequenterweise seien Personen auch nicht als an sich sozialkompetent anzusehen, sondern jeweils unterschiedlich je nach Typ der Handlungssituation. Die Auto-

ren sehen einen wechselseitigen Verweisungszusammenhang zwischen Handlungskompetenz und jeweils gegebener Situation und erweitern ihre Definition um das
Verständnis des Kompetenzbegriffs als Bezeichnung der vorhandenen „Dispositionen
für ein stabiles, regelmäßiges Handeln von Menschen in bestimmten Typen von Situationen". In ihrem Beitrag veranschaulichen sie ihren Zugang in einem schematischen
Modell, welches die wesentlichen Quellen der Begründung bildungsrelevanter Sozialkompetenz aufführt: die bedeutsamen Situationen für (späteres) Handeln, das vorhandene Wissen über die mit diesen Situationen zusammenhängenden Aspekte und
die (übergeordneten) Grundsätze eines Bildungsarrangements.

Euler und Bauer-Klebl weisen in dem Beitrag außerdem darauf hin, dass soziologi-
sche Forschungsansätze auch im Bereich sozialen Handelns den Grad der Individuali-
tät hinterfragen – offenbar spielen übernommene Muster und akzeptierte Strukturen
eine erhebliche Rolle, die erwartungskonformes Agieren hervorrufen – und dass ent-
wicklungspsychologische Erkenntnisse darauf hinauslaufen, die Sozialkompetenz als
in weitem Ausmaß im Verlauf von Kindheit und Jugend ausgestaltet anzunehmen.
Die berufsbezogene Ausbildung der Sozialkompetenz betrifft demnach eine Modifi-
kation oder Erweiterung der Sozialkompetenz in den Bereich professioneller Arbeit.
Der Begriff „Beruf" ist (nach Dostal u. a. 1998, S. 440) „eine Merkmalkombination,
die für eine vorgegebene Arbeitsaufgabe charakteristisch ist; sie entsteht und besteht
im Spannungsfeld zwischen Arbeitsplatz- und Arbeitskraftseite". Der Begriff „Qualifikation" ist zu verstehen „im Sinne von personenbezogenem Arbeitsvermögen"; er
„findet [seine] Entsprechung durch die (Arbeits-)Anforderungen. [Er] weist zwei in-
einandergreifende Aspekte auf, die Fachkompetenz und die Sozialkompetenz". Die
Begründung der Sozialkompetenz als Bildungsthema wird auch hier aus der Praxis
hergeleitet. Diese Herleitung korrespondiert mit der aus pädagogischer Perspektive
relevanten Beziehung von Theorie und Praxis.

> „Es ist in der Tat eine der Grundannahmen der Pädagogik im Allgemeinen und der Berufspäda-
> gogik im Besonderen, dass in institutionalisierten Lehr- und Lernsituationen Wissen vermittelt
> wird, welches die Lernenden anschließend in praktisches, und zwar kompetentes Handeln um-
> setzen. Behauptet ist hiermit, dass Wissen handlungsleitend (vgl. Hacker 1996) sei, und dabei
> ist meist unterstellt, dass praktisches Handeln lediglich eine Anwendung theoretischen Wissens
> darstelle, welches von der handelnden Person vorher erworben wurde" (Fischer 2006, S. 80).

In der Berufspädagogik kann die Wechselbeziehung aus praktischer Anforderung der
(mittels der Ausbildung angestrebten) Berufstätigkeit einerseits und theoretischer Anforderungen durch die (dieser Praxis zugrunde liegenden) Wissensgebiete andererseits als weitgehend einvernehmlich akzeptiert betrachtet werden. In akademischen
Bildungsgängen ist nicht unbedingt selbstverständlich, dass eine Orientierung an der
Berufspraxis bereits im Studium eine Rolle spielt. Im Zentrum des Studiums steht
vielmehr die Einführung in eine wissenschaftliche Disziplin und Community. Hier
führt derzeit u. a. die Erfordernis einer „Berufsbefähigung" auf Grundlage eines Ba-
chelor-Abschlusses allerdings zu einem Wandel.

Die Ingenieurwissenschaften können unter den universitären Disziplinen als tendenziell anwendungsorientiert angesehen werden. Hier werden seit jeher Verbindungen zwischen Theorie und Praxis bereits im Studium hergestellt. So ist das universitäre Studium des Maschinenbaus zum einen verankert in der Wissenschaftsdisziplin, zum anderen vielfach bezogen auf die maschinenbauliche Berufstätigkeit in der industriellen Praxis. Die Rahmenbedingungen der dortigen Ingenieurstätigkeit wirken auf Art und Inhalt des Studiums zurück. So wurde aufgrund ihrer praktischen Bedeutung die Entwicklung von Kompetenzen zur Problembewältigung und Teamarbeit (Gomez 2007) in das universitäre Curriculum aufgenommen (Junge 2009, S. 24). Die Bedeutung wurde u. a. durch Untersuchungen des Verbandes Deutscher Ingenieure (VDI 2005) und des Deutschen Industrie- und Handelskammertages (DIHK 2004) hervorgehoben, in denen betriebliche Perspektiven auf die Anforderungen der Ingenieurtätigkeit und Erwartungen an die Absolventen ingenieurwissenschaftlicher Studiengänge erkundet wurden. Eines der Ergebnisse: „Schlüsselkompetenzen wie ‚Selbständiges Arbeiten', ‚Problemlösungsfähigkeit', ‚Kommunikations- und Teamfähigkeit', ‚Verantwortungsbereitschaft', ‚Erfolgswille' führen die Listen an und rangieren deutlich oberhalb der Fachkompetenzen ‚Berufsbezogenes Grundwissen', ‚Breites Fachwissen aus der Fachdisziplin'" (Wittek u. a. 2005, S. 277). Als Ausgangspunkt der aktuellen Entwicklungen kann auch das von schwedischen Hochschulen und dem MIT entwickelte CDIO (Conceive, Design, Implement and Operate) Konzept (www.cdio.org) gelten, auf das sich neue Ansätze im Studium beziehen (Heitmann 2004, S. 22). Der CDIO Syllabus enthält vier Bereiche der Ingenieurkompetenz, bezeichnet als "Technical Knowledge and Reasoning", "Personal and Professional Skills and Attributes", "Interpersonal Skills and Attributes: Teamwork and Communication" und "Conceiving, Designing, Implementing and Operating Systems in the Enterprise and Societal Context" (Crawley 2007, S. 24).

Auf europäischer Ebene formulierte man im European Network for Accreditation of Engineering Education (2008) das EUR-ACE Programm. Es fasst die Ingenieurkompetenz in die sechs Bereiche

- Knowledge and Understanding (e. g. a systematic understanding of the key aspects, concepts and coherent knowledge of their branch of engineering),

- Engineering Analysis (e. g. the ability to apply their knowledge and understanding to identify, formulate and solve engineering problems using established methods),

- Engineering Design (e. g. understanding of design methodologies, and an ability to use them),

- Investigations (e. g. the ability to conduct searches of literature, and to use data bases and other sources of information),

- Engineering Practice (including e. g. an awareness of the non-technical implications of engineering practice) und

- Transferable Skills like function effectively as an individual and as a member of a team.

Zusammenfassend kann als weitgehend unumstritten gelten, dass gelungene Teamarbeit erfolgsentscheidend für die Tätigkeit von Ingenieuren ist. Die bislang entwickelten und verfügbaren Verfahren zur Diagnose und Bewertung der Teamfähigkeit als Teil der Sozialkompetenz werden jedoch als komplex in der Anwendung und auch umstritten eingeschätzt. Wenn also die Sozialkompetenz für eine (akademische und/oder berufsbezogene) Bildung relevant und die Diagnose der Teamfähigkeit selbst problematisch ist, so stellt sich zunächst die Aufgabe, den Nachweis für die konzeptgeleitete Förderung im Bildungsprozess zu führen.

3   Konzept einer Förderung der Sozialkompetenz

Die konzeptionelle Intention der Förderung von Sozialkompetenz ist in zahlreichen Bildungsgängen vorhanden. Die Intention benötigt zunächst ein grundlegendes Modell für die Bestimmung ihrer relevanten Inhalte (da diese ja nicht aus der wissenschaftsdisziplinären Systematik hervorgehen). Dieses Modell ist Bestandteil eines konzeptionell geleiteten Bildungsprozesses, innerhalb dessen die Begründung von Zielen und deren Umsetzung erfolgt. Innerhalb des Bildungsprozesses sind konkrete Inhalte und Teilziele zu bestimmen, die im Sinne einer didaktisch gezielten Förderung zu konzipieren sind. Ein erster Nachweis für eine solche Förderung kann sich darauf beziehen, ob die gesetzten Ziele adäquat in die Bildungspraxis umgesetzt wurden. Der zweite Nachweis, nämlich ob sich die angestrebte Wirkung (im Sinne einer Weiterentwicklung der Handlungskompetenz in der Berufstätigkeit) ergeben hat, kann bislang nur eingeschränkt erbracht werden.

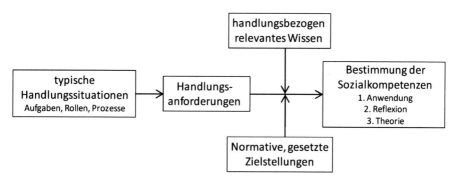

Abb. 1:   Prozess der Bestimmung relevanter Sozialkompetenzen (in Anlehnung an Euler & Bauer-Klebl 2008)

Ausgehend von dem Modell, welches Euler und Bauer-Klebl in ihrem o. a. Beitrag skizzierten, lässt sich ein modifizierter Ansatz beschreiben (Abb. 1). Ausgangspunkt dieses Ansatzes sind typische Handlungssituationen, die sich in der Ingenieurtätigkeit ergeben, wobei Teamaktivitäten besondere Beachtung erfahren. Die Situationen werden durch Arbeitsaufgabenstellungen, Arbeitssysteme und -prozesse sowie die Rollen der beteiligten Akteure bestimmt. Aus den Handlungssituationen gehen Handlungsanforderungen hervor, die durch kompetentes Handeln professionell zu bewältigen sind.

Bei der Übertragung in bildungsrelevante Sozialkompetenzen werden diese Anforderungen fundamentiert, flankiert und angereichert durch (theoretisches) Wissen und (aus der Fach-Community vorgegebene) normative Zielsetzungen. Im Bildungszusammenhang lassen sich die Ebenen

- des Erlernens der praktischen Anwendung (etwa in einer Arbeitssituation adäquat in der Gruppe auftreten und kooperieren),

- der Reflexion über die Praxis (etwa der Betrachtung der Teamprozesse aus professioneller Sicht und entsprechende Handlungsorientierung) und

- der theoriebezogenen Analyse/ theoriebasierten Gestaltung (etwa der Umgang mit Teamkonstellationen auf Basis der Kenntnis des Wissenschaftsgebiets).

unterscheiden. Im Bereich der Teamfähigkeit geht es hier zunächst um die Praxisanwendung, bedingt auch um die Reflexion, bislang nachrangig jedoch um die Theorieebene (anders als in den ingenieurwissenschaftlichen Kerngebieten wie etwa der Konstruktionslehre). In gleicher Weise wie in den fachdisziplinären Kerngebieten sind die Ziele der Bildung im Bereich der Sozialkompetenz aus der Wissenschaft abzuleiten. In diesem Fall werden die Ziele jedoch insbesondere aus den Anforderungen der angestrebten Tätigkeit der Absolventen abgeleitet (hier also der Tätigkeit als Ingenieur in der Wirtschaft).

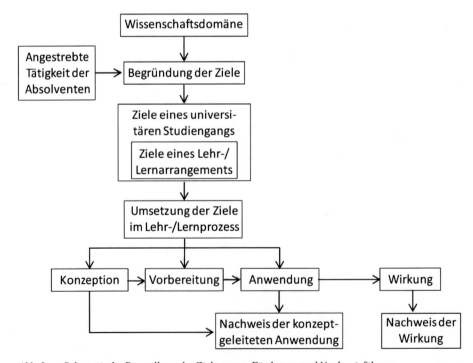

Abb. 2:   Schematische Darstellung der Zielsetzung, Förderung und Nachweisführung

Die Zielsetzungen werden für Studiengänge definiert. Dies ist nachfolgend der Rahmen für die (differenzierten) Zielsetzungen einzelner Lehr-Lernarrangements und Lehrveranstaltungen oder -module. Die Umsetzung der Ziele im Lehr-/Lernprozess wird durch den Zusammenhang von Konzeption, Vorbereitung und Anwendung erbracht. Diese Teile sind zunächst Gegenstand eines zu fordernden Nachweises.

Nachzuweisen ist die konzeptionell adäquate Berücksichtigung der zu fördernden Kompetenz, die Vorbereitung von deren Förderung durch didaktisch gezielte Arrangements, Interventionen und Impulse und die tatsächliche Realisierung des Vorbereiteten im Bildungsprozess. Ein konsequenter Nachweis der Wirkung der Förderung ließe sich letztlich erst in der späteren Berufspraxis der Absolventen erbringen, und in diesem Abstand wäre eine Rückbeziehung auf die (verursachende) Bildungsmaßnahme kaum möglich.

Die Darstellung der Konzeption, Realisierung und Nachweisführung soll anhand einer universitären Veranstaltungsreihe im Maschinenbau veranschaulicht werden: Die Konzeption des KIT/IPEK (und des universitären Studiengangs Maschinenbau) geht davon aus, dass in der modernen Ingenieurstätigkeit die Teamfähigkeit eine wesentliche Voraussetzung für erfolgreiche Arbeit ist. Teamfähigkeit in der Ingenieurstätigkeit ist demnach u. a. erforderlich, weil in zahlreichen Fällen mehrere Personen gleichzeitig an den zu bewältigenden Aufgaben arbeiten. So ist es bei dieser kooperativen Arbeit notwendig, dass die Ingenieure sich im direkten Gespräch professionell verständigen, unterschiedliche Rollen adäquat übernehmen und Teamarbeitswerkzeuge nutzen. Es ist wichtig, arbeitsteilig und abgestimmt zu handeln, die eigenen Leistungen den anderen zu vermitteln, die Zuleistungen der anderen zu berücksichtigen und ein gesamtheitliches Ergebnis zu erreichen. Ein Ingenieur muss in der Lage sein, die Beiträge jedes involvierten Teammitglieds bei einem Kunden oder Vorgesetzten zu erläutern und zu vertreten. Im universitären Studium werden diese Erfordernisse aufgegriffen. Im Rahmen der projektartigen Studieninhalte im Karlsruhe Education Model for Product Development KaLeP (Albers u. a. 2006a; Albers u. a. 2006b) sollen Kompetenzen systematisch gefördert werden. Dabei geht es um die Förderung von umfassender Handlungskompetenz mittels maschinenbaulicher Konstruktionsprojekte.

> „Ziel jeder wissenschaftlichen Ausbildung im Ingenieurwesen an der Universität muss neben der Vermittlung ausgeprägter Grundlagenkenntnisse und der Fähigkeit zum wissenschaftlichen Arbeiten der gezielte Aufbau der Berufsfähigkeit für eine Tätigkeit in der Industrie sein" (Albers & Matthiesen 2000, S. 4).

In diesem Zusammenhang wird angestrebt, die Fachkompetenz, Methodenkompetenz und Sozialkompetenz angehender Ingenieure nachweislich zu fördern und dabei das Elaborations- und Kreativitätspotenzial ebenso zu stärken (s. Abb. 3). Dazu sind didaktische Interventionen und Arrangements zu konzipieren, deren Anwendung ist sicherzustellen. Der Zusammenhang der Gesamtveranstaltung wie auch die jeweilige Teilförderung ist dabei zu berücksichtigen und zu legitimieren.

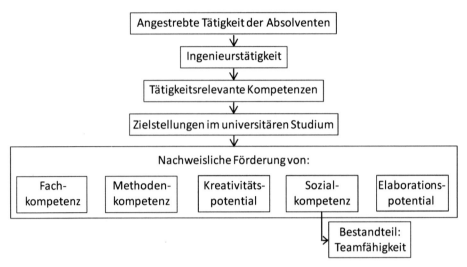

Abb. 3:   Darstellung der Struktur definierter Kompetenzen im KaLeP Ansatz

Während im Bereich der Förderung von Fachkompetenz auf umfassende Vorerfahrungen aufgebaut werden kann und auch bezüglich der Methodenkompetenz vielfältige maschinenbaulich etablierte Vorgehensweisen zur Verfügung stehen, zeigt sich der Bereich der Sozialkompetenz als besondere Herausforderung. Als einer der per KaLeP-Definition wesentlichen Teile der Sozialkompetenz ist die Teamfähigkeit anzusehen. Sie ist im Zusammenhang der KaLeP-Veranstaltung konkretisiert in den drei ingenieurtätigkeits-relevanten Aspekten „Vertretung des Teams", „Nutzung von Teamarbeits-Tools" und „direkte Teamkommunikation". Diese hervorgehobenen Aspekte werden gezielt – unter Verwendung ingenieurtypischer Handlungssituationen und -routinen – vermittelt, erprobt und reflektiert.

Die Bestimmung typischer Handlungssituationen aus der Ingenieurtätigkeit ergibt ein Spektrum an Varianten, welches von einfachen bis zu komplexen Anforderungen reicht. So ergibt sich durch die notwendige Arbeit im Team zunächst die Aufgabe, die eigene Arbeitsleistung – beispielsweise eine fachliche Recherche – in nachvollziehbarer Form an einen Kollegen weiterzugeben, so dass sie von diesem als Arbeitsgrundlage verwendet werden kann. Ebenso müssen die eigenen Ausarbeitungen – etwa als technische Zeichnungen – für andere Teammitglieder eindeutig nachvollziehbar und verständlich sein, was durch die Verwendung vereinbarter Standards realisiert werden kann. Auch besteht die Notwendigkeit, die Ausarbeitungen eines anderen Ingenieurs zu erläutern. Eine typische Aufgabe aus der Praxis besteht darin, das Teamarbeitsergebnis gegenüber einem Dritten vorzutragen und zu vertreten. Im Fall eines auswärtigen Termins spricht ein Ingenieur ggf. auch für das ganze Team. Wenn aufgrund einer akuten Erkrankung ein Kollege ausfällt, sieht sich der Ingenieur gefordert, dessen Arbeit anteilig zu übernehmen und für diesen im gemeinsamen Aufgabengebiet einzutreten.

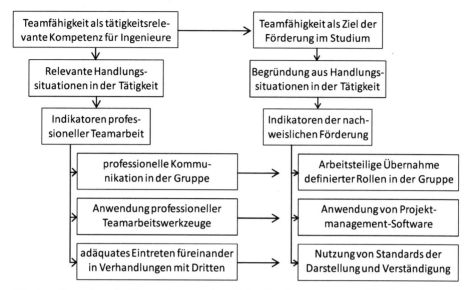

Abb. 4: Darstellung der Entsprechung von beruflicher Handlungssituation und Förderungsbezug

Die Verhandlung in einer sozialen Konstellation kann unterschiedlich anforderungsreich sein, von der einvernehmlichen Besprechung bis zur Krisensitzung, brisanten Verhandlung mit einem Auftraggeber oder zu der Verhandlung über ein im Verzug befindliches Projekt.

Die Güte des in solchen Situationen eingesetzten professionellen Handelns kann an relevanten Indikatoren erkannt werden. Zu den Indikatoren professioneller Teamarbeit gehört nach Annahme der KaLeP-Verantwortlichen (1) die professionelle Kommunikation in Gruppengesprächen, (2) das adäquate Eintreten füreinander in der Verhandlung mit Kunden und Vorgesetzten und (3) die Anwendung professioneller Teamarbeitswerkzeuge (s. Abb. 4). Daher werden diese Teile professioneller Teamarbeit in der KaLeP-Veranstaltung gezielt gefördert und bewertet.

Die Förderung der Teamarbeit geschieht durch

1. professionelle Verständigung im direkten Gespräch, gestützt durch die Einführung in differenzierte Rollen im Team (z. B. Moderator, Protokollant, Präsentator, Spezialist für Teilfragen, Projektmanager);

2. das professionelle Eintreten im Team füreinander durch die Anwendung der Standards für die Erstellung und Bewertung der technischen Zeichnungen und Unterlagen als wesentliches Kommunikationsmittel der Ingenieure;

3. die professionelle Anwendung von Teamarbeitswerkzeugen, indem ausgewählte, industriegebräuchliche Anwendungen der computergestützten kooperativen Arbeit eingesetzt werden.

Für die Förderung des dritten Bereichs wird in der KaLeP-Veranstaltung mit MS Project und mit Projekt-Wikis (mit MS Sharepoint) gearbeitet. Der professionelle Umgang mit computerbasierten Werkzeugen der Teamarbeit ist eine Voraussetzung für erfolgreiche Ingenieurtätigkeit. In der Wirtschaft haben sich unterschiedliche Anwendungen verbreitet, MS Project ist eine verbreitete Standardanwendung. Die Arbeit mit MS Project macht das Handeln jedes Teammitglieds für die anderen sichtbar. Es führt bei professionellem Einsatz zu einem zeitlich und inhaltlich abgestimmten Vorgehen. Das Arbeiten mit MS Project zwingt das Team zu einer Planung des Vorgehens mit Meilensteinen und verteilten Arbeitsleistungen. Es ermöglicht dem Team zugleich, das realisierte Vorgehen zu beobachten und die Vorgehensweise gegebenenfalls anzupassen. Die Beachtung von definierten Regeln beim Einsatz von MS Project wird als Merkmal gelungener Teamarbeit betrachtet und bewertet.

Während MS Project ein Werkzeug ist, um Projektmanagement und Planung der Teamarbeit professionell zu betreiben, sind die derzeit sich verbreitenden Wikis als Umgebungen der computerbasierten Teamarbeit zu verstehen. In den Wikis arbeiten Teammitglieder asynchron an gemeinsamen Dokumenten, erörtern Themen in schriftlicher Form, stellen Arbeitsergebnisse zur Verfügung. Die Arbeit mit Wikis ist eine in der Wirtschaft neue, aber sich schnell verbreitende Form der computerbasierten kooperativen Arbeit. Die Beachtung von definierten Regeln bei der Arbeit mit Wikis kann als Merkmal gelungener Teamarbeit betrachtet und bewertet werden. Der Einsatz von veranstaltungsbegleitenden Wikis in KaLeP erweist sich in mehrerer Hinsicht als hilfreich. Er ermöglicht zugleich das Kennenlernen, Anwenden und Reflektieren der Teamarbeits-Tools wie auch die Meta-Analyse und Bewertung der Indikatoren für Teamfähigkeit durch Tutoren. Parallel zu der Präsenz-Veranstaltung (also pro Semester der Durchführung mit über 500 Studierenden in über 100 Projektgruppen, zeitlich gegliedert durch drei tutoriell betreute Arbeitstreffen sowie dezentrale Gruppenphasen, zudem parallel fachliche Veranstaltungen und abschließend eine Gesamtveranstaltung) werden Bearbeitungsprozesse kontinuierlich in medialen Umgebungen durchgeführt und unterstützend begleitet.

Das Erlernen des Umgangs mit den Teamarbeitswerkzeugen, die Anwendung des Gelernten in der Projektarbeit und in der abschließenden Darstellung ist essenzieller Bestandteil des KaLeP-Konzepts. Der zu erlernende adäquate Umgang wird daher genauso explizit gelehrt wie der Umgang mit technischen Inhalten der Ingenieurwissenschaft. Die Anwendung der Teamarbeitswerkzeuge durch die Studierenden ist in gleicher Weise zwingende Notwendigkeit der Projektarbeit wie die Lösung der konstruktiven Aufgabenstellung. Der Nachweis der adäquaten Anwendung des Gelernten im Umgang mit den Teamarbeitswerkzeugen ist Gegenstand der Bewertung – vergleichbar mit der Bewertung der konstruktiven Lösung.

4   Zusammenfassung und offene Fragen

Falls die Sozialkompetenz als Bestandteil der Zielstellung eines Bildungsprozesses definiert wird, bedarf es der konzeptionell konkretisierten und der nachweislich angewandten Förderung der Sozialkompetenz. Da sich die Wirkung einer Förderung im Bereich der Sozialkompetenz für die nachfolgende Berufstätigkeit bislang (und auf absehbare Zeit auch künftig) kaum nachweisen lässt, ergibt sich zunächst die Aufgabe, den relevanten Gehalt der Sozialkompetenz für professionelles Handeln zu bestimmen, diesen Gehalt konzeptionell aufzugreifen und in adäquaten Arrangements und Interventionen konsequent zu behandeln. Der Nachweis dieser zusammenhängenden Bestandteile kann als Gütemerkmal angesehen werden.

Angesichts des Umfangs der auf die Förderung von Sozialkompetenz gerichteten Anteile in der Gesamtveranstaltung des Studiengangs ist allerdings in erster Linie die Ebene der praktischen Anwendung angegangen. Hier ist ein Schritt über die verbreitete Annahme hinaus erfolgt, der zufolge das Arbeiten im Team quasi von selbst zur diesbezüglichen Sozialkompetenz führe. Erst die gezielte Förderung enthält den didaktisch begründeten Bildungsanteil. Allerdings werden allein durch die praktische Anwendung anspruchsvollere Ebenen der Reflexion und der theoretischen Erschließung noch nicht erreicht. Es ist darüber hinaus fraglich, ob eine Förderung der praktischen Anwendung von Teamfähigkeit (als Teilaspekt der Sozialkompetenz) als nachgewiesen betrachtet werden kann, wenn tätigkeitsrelevante Teamfunktionen thematisiert, angewandt und bewertet worden sind. Auch fragt sich, welche Erweiterungen mindestens erforderlich wären, wenn die Förderung gezielt den Bereich der professionellen Beherrschung betreffen soll. Letztlich bleibt die Herausforderung für eine universitäre Veranstaltung, wie sich auch die Ebene der theoretischen Erschließung (z. B. der fachwissenschaftlichen Erkenntnisse zum Thema Teamfähigkeit/ Sozialkompetenz) im Rahmen dieser oder einer vergleichbaren Veranstaltung einbeziehen ließe.

Literatur

Albers, A.; Matthiesen, S. (2000): Neue Lehrmodelle zur Ausbildung kreativer Konstrukteure. Das Karlsruher Lehrmodell für Produktentwicklung – KaLeP. 4. Deutscher Konstrukteurstag. Bochum: VDI.

Albers, A.; Burkardt, N.; Düser, T. (2006a): More than Professional Competence – The Karlsruhe Education Model for Product Development (KaLeP). 2nd International CDIO Conference. Linkoping, Sweden: Linkoping University.

Albers, A.; u. a. (2006b): Competence-profile oriented education with the Karlsruhe Education Model for Product Development (KaLeP). World Transaction on Engineering and Technology Education, Vol. 5, No. 2.

Bader, R.; Müller, M. (2002): Leitziel der Berufsbildung: Handlungskompetenz – Anregungen zur Ausdifferenzierung des Begriffs. In: Die berufsbildende Schule (BbSch) 54/6, S. 176–182.

Crawley, E. F.; Malmqvist, J.; Östlund, S.; Brodeur, D. R. (2007): Rethinking Engineering Education – The CDIO-Approach. New York: Springer Science.

Deutscher Industrie- und Handelskammertag (DIHK) (2004): Fachliches Können und Persönlichkeit sind gefragt. Ergebnisse einer Umfrage bei IHK-Betrieben zu Erwartungen der Wirtschaft an Hochschulabsolventen. http://www.ihk-aachen.de/de/weiterbildung/download/bw_004.pdf [Stand: 2010-06-15].

Dostal, W.; Stooß, F.; Troll, L. (1998): Beruf – Auflösungstendenzen und erneute Konsolidierung. In: Mitteilungen aus der Arbeitsmarkt- und Berufsforschung MittAB, Nürnberg, Nr. 3, S. 438 f.

Euler, D.; Bauer-Klebl, A. (2008): Bestimmung und Präzisierung von Sozialkompetenzen. Theoretische Fundierung und Anwendung für die Curriculumentwicklung. In: Zeitschrift für Berufs- und Wirtschaftspädagogik, Band 104, Heft 1. Stuttgart: Franz Steiner, S. 16–47.

European Network for Accreditation of Engineering Education (2008): EUR-ACE syllabus, EUR-ACE Framework Standards for the Accreditation of Engineering Programmes, http://www.enaee.eu/the-enaee-network/documents-and-material/ [Stand: 2010-06-15].

Fischer, M. (2006): Arbeitsprozesswissen als zentraler Gegenstand einer domänenspezifischen Qualifikations- und Curriculumforschung. In: Zeitschrift für Berufs- und Wirtschaftspädagogik, ZBW Beiheft 19, S. 75–93.

Gomez, J. (2007): Diagnose und Entwicklung von Teamkompetenzen. Eine theoretische und empirische Analyse. Brühl: MRV-Druck.

Hacker, W. (1996): Diagnose von Expertenwissen. Berlin: Akademie-Verlag.

Heitmann, G. (2004): Elemente einer qualitativ hochwertigen und vergleichbaren europäischen Ingenieurausbildung. In: Stifterverband der deutschen Wissenschaft: Innovative Curricula – höchste Qualität, Positionen, S. 18–23.

Hennig-Thurau, T.; Thurau, C. (1999): Sozialkompetenz als vernachlässigter Untersuchungsgegenstand des (Dienstleistungs-)Marketings – Einsatzmöglichkeiten und Konzeptualisierung. In: Marketing ZFP, Heft 4, S. 297–311.

Junge, H. (2009): Projektstudium zur Förderung beruflicher Handlungskompetenzen in der Ingenieurausbildung. Journal Hochschuldidaktik, Jg. 20, Heft 2, S. 24–26. http://hdz.hdz.tu-dortmund.de/fileadmin/JournalHD/2009_2/2009_2_Junge.pdf [Stand: 2010-06-15].

Kanning, U. P. (2003): Diagnostik sozialer Kompetenzen. Göttingen: Hogrefe.

Nickolaus, R. (2006): Didaktik – Modelle und Konzepte beruflicher Bildung. Baltmannsweiler: Schneider Verlag Hohengehren.

Pätzold, G. (2006): Vermittlung von Fachkompetenz in der Berufsbildung. In: R. Arnold; A. Lipsmeier (Hg.): Handbuch der Berufsbildung. Wiesbaden: Verlag für Sozialwissenschaften, 2. Aufl., S. 174–190.

VDI (2005): Ingenieurstudie Deutschland 2005, Wissensforum IWB GmbH 11/2005. http://www.vdi-wissensforum.de/fileadmin/pdf/download/Studie_Wissensforum.pdf [Stand: 2010-06-15].

Wittek, A.; Ludwig, H.-R.; Behr, I. (2005): Synoptische Darstellung Empirischer Studien zum Kompetenzbegriff für die Entwicklung modularisierter Ingenieurstudiengänge (2005). In: Global Journal of Engineering. Education, UICEE Vol. 9, No. 3, S. 275–282. http://www.wiete.com.au/journals/GJEE/Publish/vol9no3/Wittek.pdf [Stand: 2010-06-15].

Wunderer, R.; Dick, P. (2002): Sozialkompetenz – eine mitunternehmerische Schlüsselkompetenz. In: Die Unternehmung, Heft 6, S. 361–391.

Kompetenzentwicklung im interkulturellen betrieblichen Kontext

Miriam Wild, Walter Jungmann

„Haben Schnecken Zähne?"

Diese Frage stellten sich ausländische Arbeitnehmer mit nicht deutscher Muttersprache im Rahmen einer beruflichen Bildungsmaßnahme, als sie lernen sollten, dass die Antriebsschnecke einer Maschine unter anderem über Zähne verfügt. Diese Anekdote dient als kleines Beispiel, um aufzuzeigen, wie die unterschiedliche kulturelle Prägung, hier im Sinne sprachlicher Barrieren, Lernprozesse erschweren kann. Ohne ein tieferes Verständnis der Fachsprache war es den Mechatronikern nicht möglich, den eigentlichen fachlichen Inhalt einzuordnen und abzuspeichern. Was im Falle sprachlicher Verständigungsprobleme schon fast trivial erscheint, ist u. E. jedoch nur ein Sonderfall eines sehr viel allgemeineren Problems. Es ist nämlich davon auszugehen, dass der Erfolg von Kompetenzentwicklungsprozessen auch davon abhängt, ob und wenn ja, wie Störeffekte, die in kulturellen Überscheidungssituationen auftreten können, berücksichtigt werden.

Ziel dieses Beitrags ist es daher, die Bedeutsamkeit der kulturellen Einflüsse auf Lehr-/Lernarrangements, die der Kompetenzentwicklung in der betrieblichen Bildung dienen, aufzuzeigen. Dazu soll in einem ersten Schritt geklärt werden, was der interkulturelle betriebliche Kontext eigentlich ist (1). In einem zweiten Schritt wird daraufhin herausgearbeitet werden, inwiefern betriebliche Bildungsprozesse von kulturellen Einflüssen tangiert sind, insbesondere in der spezifischen Variante der betrieblichen Trainings (2). Zur Klärung dessen, was unter Kompetenzentwicklung im vorliegenden Zusammenhang zu verstehen ist, wird im dritten Schritt ein Bezug zur Kompetenzproblematik hergestellt (3). Anschließend erfolgt ein Ausblick auf die eigenen empirischen Arbeiten, die gegenwärtig durchgeführt werden (4). Mit einer stichwortartigen ersten Ergebnisbilanzierung (5) soll dieser Beitrag abgeschlossen werden.

1 Was ist der interkulturelle betriebliche Kontext?

Wenn man von Kompetenzentwicklung im **interkulturellen betrieblichen Kontext** spricht, muss zuallererst geklärt werden, was darunter eigentlich zu verstehen ist. Als „interkulturell" werden hier „Austauschprozesse zwischen Kulturen" bezeichnet, genauer gesagt zwischen Personen oder Gruppen mit unterschiedlichem kulturellem Hintergrund (vgl. Council for Culture Kooperation of the Council of Europe 1994, S. 26, zitiert in Grosch & Leenen 2000, S. 43). Im Rahmen betrieblicher Bildung global agierender Unternehmen treffen Mitarbeiter unterschiedlicher kultureller Prägung in vorgegebenen Lehr-/Lernarrangements aufeinander und bringen ihre anders gearteten Vorstellungswelten in diese Begegnung mit ein. Denn globale Arbeits- und Absatzmärkte veranlassen Unternehmen, außer der Verlagerung ihrer Produktionsstätten und Verkaufsstellen auch das unternehmensinterne Know-how zu transferieren. Dazu nutzen sie neben gemeinsamen Standards und Prozessen eine einheitliche Unternehmenskultur sowie generalisierte Qualifizierungskonzepte, um bei den jeweiligen Mitarbeitern einen vergleichbaren ‚Wissensstand' zu ermöglichen. Von zentraler Stelle, meist von der Personalentwicklungsabteilung der Konzernzentrale, werden bestimmte Lehr- und Lernmethoden sowie Inhalte und Lernorte vorgegeben, die dann in den jeweiligen Tochterstandorten im In- und Ausland Beachtung finden sollen. Als Beispiele seien hier genannt: Mercedes Benz Global Training, Siemens Training Development Center, Global Production Center bei Toyota, Globales Trainingskonzept bei ABB oder Eurocopter. Dabei treffen nun Teilnehmer und Trainer mit jeweils eigener kultureller Prägung aufeinander, oder mit den Worten von Kurt Lewin: Es kommt zu einer „kulturellen Überschneidungssituation", in der sich unterschiedliche „Horizonte des Vertrauten" (Grosch & Leenen 2000, S. 31) (Vorstellungen, Haltungen, Einstellungen) begegnen, d. h., es treffen zwei handlungsleitende Orientierungssysteme aufeinander, deren Unterschiedlichkeit mehr oder weniger deutlich wahrgenommen wird (Thomas 2003a, S. 44). Im Anschluss an kulturanthropologische Überlegungen wird hier von Kultur als einem „für eine größere Gruppe von Menschen gültige[n] Sinnsystem oder – aus anderer Perspektive betrachtet – [der] Gesamtheit miteinander geteilter verhaltensbestimmender Deutungen" (Grosch & Leenen 2000, S. 33) ausgegangen. Im Rahmen von Sozialisations- und Enkulturationsprozessen wächst jeder Mensch quasi beiläufig in mindestens eine Kultur hinein (Wurzbacher 1963, S. 15) und lernt sie als „Horizont des Vertrauten" zu schätzen.

Nun ist es bekanntermaßen die Zielsetzung betrieblicher Bildung, eine Kompetenzentwicklung der Mitarbeiter zu ermöglichen. Wichtigstes Lehr-/Lernarrangement der Personalentwicklung, um dies zu realisieren, sind betriebliche Trainings.[1] Allerdings stellen betriebliche Trainings eine aus dem Arbeitsprozess herausgenommene Form der Kompetenzentwicklung dar. Mit Kompetenzentwicklung wird eine Erhaltung bzw. Erweiterung des Arbeitsvermögens der Mitarbeiter (Stender, Knippel & Reemtsma-Theis 2009, S. 48) angestrebt, wobei es in erster Linie nicht um die individuelle Weiterentwicklung der Person geht, sondern vielmehr um die Entwicklung von „Arbeitsvermögen" im Sinne eines Potenzials, welches dem Unternehmen dient (Neuberger 1994, S. 8ff.). Das bedeutet, wir sprechen hier von Kompetenzen als „knowledge, skills and knowhow applied and mastered in a given work situation" (Commission of the European Communities 2005, S. 11).[2] Diese Definition dient im

---

[1]   57,3 % aller Weiterbildungsteilnehmer der betrieblichen Bildung besuchen diese klassische Form der Weiterbildung (Beicht, Krekel & Walden 2006, S. 38).

[2]   Die deutsche Übersetzung dieser Definition ist widersprüchlich, da „skills" als „Fähigkeiten" und nicht als „Qualifikationen" übersetzt wurden, was eine Dopplung des Fähigkeitsbegriffs zufolge hat. Laut Arbeitspapier der Europäischen Kommission werden hier Kompetenzen als „Fähigkeiten

Folgenden als heuristischer Bezugsrahmen. Ihr zufolge zeigt sich die Kompetenz einer Person in der Art und Weise, in der sie den Anforderungen der konkreten Arbeitssituation gerecht wird, also in ihren Arbeitshandlungen. Je nachdem, wie angemessen der Mitarbeiter seine Fähigkeiten in Arbeitssituationen einsetzt – sei es durch Interaktion mit anderen Individuen oder in der Formulierung und Verfolgung eigener Handlungsziele sowie durch den Einsatz zweckmäßiger Mittel –, wird seine Kompetenz erkennbar (vgl. Hof 2002, S. 85). Spätestens jetzt zeigt sich das Problem, auf das im vorliegenden Zusammenhang aufmerksam gemacht werden soll. Denn werden Lehr-/Lernarrangements im interkulturellen Kontext durchgeführt, haben, so die Arbeitshypothese, neben den herkömmlichen Lernerfolgsfaktoren noch kulturelle Einflüsse Auswirkungen auf den Erfolg und die Effektivität der Trainingsmaßnahmen, wie im Folgenden beschrieben.

2   Kulturelle Einflüsse auf betriebliche Trainings

Sobald im konkreten betrieblichen Training (vgl. Abb. 1), das sich innerhalb des abgesteckten kulturellen Rahmens Wirtschaftsraum befindet, Personen unterschiedlicher kultureller Prägung aufeinandertreffen, drohen kritische Interaktionssituationen, da sich hierbei die Bildungsverantwortlichen und -teilnehmer mit kulturell unterschiedlich geprägten Zielen, Erwartungen und Bedürfnissen begegnen.

Im Laufe ihrer Enkulturation und Sozialisation haben alle Beteiligten gelernt, Normen und Erwartungen zu interpretieren und sich ihnen gegenüber zu positionieren, um ihre persönliche Identität aufzubauen (vgl. Tillmann 2000, S. 138). Durch Äußerung ihrer Interessen werden nun ihre Identitäten und damit die kulturellen Unterschiede untereinander deutlich. Zwar ist ihnen durch Erfahrung bereits bekannt, dass ihre Erwartungen an andere enttäuscht werden können, jedoch wird der Prozess der Perspektivübernahme in der Kommunikation, als eine Voraussetzung für das „role-making" und „role-taking" wie es George Herbert Mead beschreibt, durch unterschiedliche kulturelle Prägung anders gestaltet als zunächst erwartet (a. a. O., S. 139). Nicht nur der Kommunikationsstil variiert, sondern auch die Interpretation des Kommunizierten fällt je nach Identitätsverständnis unterschiedlich aus. Darüber hinaus ist den Beteiligten in aller Regel nicht bewusst, dass sie sich in kulturellen Überschneidungssituationen befinden und dass daraus Missverständnisse resultieren können. Vor dem Hintergrund des nicht ausdrücklich kulturell gebundenen Trainingszusammenhangs gehen Konzeptentwickler, Trainer und Lernende davon aus, dass ein weitreichender sozialer Konsens bezüglich ihrer je eigenen ‚Weiterbildungs'-Interessen besteht.

---

zur Anwendung von Kenntnissen, Fähigkeiten und Know-how in einer gegebenen Arbeitssituation" (Kommission der Europäischen Gemeinschaften 2005, S. 13) definiert.

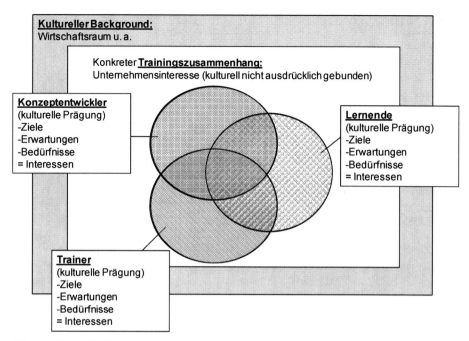

Abb. 1:   Kulturelle Überschneidungssituationen in einem betrieblichen Training

Sie unterstellen zudem, dass ihr Handeln, Denken und Empfinden „richtig ist und für alle Menschen gilt, von geringfügigen individuellen und situativ bedingten Variationen abgesehen" (Thomas 2003b, S. 143).

Aus sozialisationstheoretischer Perspektive ist davon auszugehen, dass sie ein ihrer kulturellen Gruppe gemeinsames „Wissen" erworben haben (Grosch & Leenen 2000, S. 36). Diese kulturspezifischen Muster gehen „in Fleisch und Blut über", sodass im Kulturkontakt aufkommende widersprüchliche Informationen einfach zu sinnvollen und bekannten Mustern ergänzt werden oder Begegnungen als die Harmonie störend und kommunikationsgefährdend wahrgenommen werden. Jeder Kommunikationsteilnehmer geht von seinem Standpunkt als dem „Zentrum der Welt" aus, um das herum er seine Erfahrungen und Handlungen organisiert (Stagl 1992, S. 161). Problematisch dabei ist, dass kulturelle Selbstverständlichkeiten zu einem großen Teil als „verdecktes Wissen" im Bewusstseinshintergrund (Grosch & Leenen 2000, S. 36) verbleiben und daher die Reaktionen in einer kulturellen Überschneidungssituation oftmals nicht richtig gedeutet werden können. Der „Umgang mit Menschen anderer Kulturen muss ihn [den Menschen, d. V.] nicht gleichsam automatisch zu einer Reflexion oder gar Veränderung dieser im sozialen Kontext verankerten Selbstverständlichkeiten veranlassen" (Thomas 2003b, S. 143). Deshalb kann er gerade auch im vermeintlich ‚kulturneutralen' Trainingszusammenhang zu Interessenskonflikten kommen, die durch einander widersprechende Vorstellungen von Selbstverständlichkeiten hervorgerufen werden.

3   Kompetenzentwicklung als Ziel betrieblicher Trainings

Gemäß ihrer Zielsetzung geht es in betrieblichen Trainings – ob im interkulturellen oder monokulturellen Kontext – um die Vermittlung arbeitspraktischen Könnens bzw. die Entwicklung beruflicher Handlungskompetenz. Im vorliegenden Zusammenhang werden im Rahmen einer Fallstudie drei verschiedene Lehr-/Lernarrangements eines global aufgestellten mittelständischen Automobilzulieferers untersucht. Diese werden im Kapitel 4 näher vorgestellt. Zur Einordnung der konzeptionellen Grundlagen dieser Trainings erscheint es angebracht, die Konstrukte Wissen und Kompetenz heranzuziehen. Im betrieblichen Kontext wird Wissen häufig verstanden als die Gesamtheit der im menschlichen Gedächtnis fixierten Inhalte (d. h. Objekte, Ereignisse, Personen, Beziehungen, Handlungsweisen usw.) (vgl. Lehner 2006, S. 77). Im vorliegenden Zusammenhang wird von der „kompilativ-pragmatischen" Variante des Wissens ausgegangen (Schreyögg & Geiger 2003, S. 9), worunter „Kenntnisse und Fähigkeiten, die Individuen zur Lösung von Aufgaben einsetzen und welche Handlungen sowie Interpretationen u. a. von Informationen ermöglichen", verstanden werden (vgl. auch Probst u. a. 2010, S. 14). Dabei beinhaltet Wissen „einen Sinngebungsprozess sowie normative und emotionale Elemente und ist sowohl kontext- als auch zeitabhängig" (Krogh & Köhne 1998, S. 236, zitiert in Schreyögg & Geiger 2003, S. 9). Demzufolge ist jede erfolgreiche Handlung ein Ausdruck spezifischen Wissens, bzw. aus jeder erfolgreichen Handlung lässt sich Wissen ableiten. „Dabei ist gleichgültig, ob das Wissen von einem Handelnden bewusst eingesetzt wird oder ob es unverstanden bleibt im Sinne eines impliziten Wissens" (Schreyögg & Geiger 2003, S. 9). Dieser Fokus auf handlungspraktische Bezüge geht auf Polanyis Begriff des „personal knowledge" zurück, das sich sowohl aus explizitem als auch implizitem Wissen speist (vgl. Polanyi 1958 und 1966). Unter Bezug auf die skizzierten Zusammenhänge wird deutlich, dass Trainingskonzepte offenkundig darauf abzielen, explizites Wissen (d. h. in Zeichen objektiviertes und dadurch vermittelbares Wissen) zu vermitteln. Damit geht die Erwartung einher, dass dieses Wissen durch praktische Problemlösungsaufgaben in Können und durch Reflexion in ‚kompetentes Handeln' transferiert werden kann. Das kompetente Handeln sei dann in der Performanz des Lernenden wiederum sichtbar und messbar. Erst in Verbindung mit praktischen Erfahrungen durchläuft das abstrakte Wissen einen „Proteduralisierungsprozess" (Neuweg 2005, S. 584) und geht in Können über (vgl. Spöttl 2010). Ex-post wird demnach vermutet, dass der Mitarbeiter im kompetenten Umgang mit Problemsituationen zeigt, dass das objektivierte Wissen in Kompetenz übergegangen ist (Fischer 2009, S. 2, ebenso Spöttl 2010, S. 162). „Kompetentes Handeln (Performanz) zeigt sich demzufolge in der konkreten Handlungsdurchführung, etwa der *Interaktion* von Individuen. Es setzt die Fähigkeit (Kompetenz) voraus, Person und Umwelt in Beziehung zu bringen. Diese Kompetenz basiert nicht nur auf der Formulierung und Verfolgung eigener *Handlungsziele*, sondern auch auf der Fähigkeit, die hierfür *zweckmäßigen Mittel* einzusetzen und sich dabei *situationsangemessen* zu verhalten" (Hof 2002, S. 85). „Performanz" sollte daher nicht nur Rückschlüsse auf die bestehende Kompetenz des Handelnden ermöglichen, sondern auch Indizien der kulturellen Prägung subjektiven Wissens, des Know-why des Mitarbeiters, liefern. In der Problemlösung zeigt sich nämlich eine Summe der dahinter verborgenen praktischen Kenntnisse und Fähigkeiten, welche der Handelnde zur Lösung des Problems nutzt. Gleichzeitig greift er bei der Problemlösung auf das ihm verfügbare implizite Wissen zurück. „Das Wissen des Könners ist *implizites Wissen*, sein Denken zeigt sich im Vollzug – und dieses implizite Wissen besteht nicht aus intern repräsentierten Handlungsregeln, sondern kann vom Könner selbst oder vom Beobachter partiell rekonstruiert werden" (Neuweg 2000, S. 76). Neuweg, der sich am Begriff des impliziten Wissens von Polanyi (vgl. 1985) orientiert, unterscheidet in seiner Diskussion der Bedeutung von Könnerschaft und implizitem Wissen zwischen Hintergrundbewusstsein und Fokalbewusstsein (vgl. Neuweg 1999). Hintergrundbewusstsein ist das Element impliziten Wissens, auf das man sich in Problemlösesituationen unbewusst verlässt. Beim Einschlagen eines Nagels mittels Hammer sind das beispielsweise die Kenntnisse über physikalische Gesetze, das Gefühl des Stiels in der Hand etc. Fokalbewusstsein nennt er dann das spezifische Element des Wissens, worauf die Aufmerksamkeit in der konkreten Handlungssituation gerichtet wird; in Bezug auf das Beispiel von Hammer und Nagel, auf das Nageleinschlagen selbst. In der konkreten Problemlösesituation kommt es nun zu einem impliziten Zusammenwirken von Hintergrund- und Fokalbewusstsein. Für Fischer stellt diese Erklärung einen Beweis der „handlungsrelevanten Beziehung zwischen Wissen und Können" (2009, S. 5) dar, was ihm zufolge insbesondere für die Kompetenzentwicklung entscheidend ist.

Die Kompetenzentwicklung wird also durch eine Integration von Wissen auf das Handlungsziel hin, d. h. im Handlungsverlauf, deutlich. In Abb. 2 ist ein idealtypischer Kompetenzentwicklungsprozess im betrieblichen Trainingskontext dargestellt. Allerdings kann diese Integration von Wissen in das Handeln durch innere und äußere Einflüsse gestört werden (vgl. Fischer 2009, S. 7). Wie in Kapitel 2 beschrieben, treten neben Lernstörungen, z. B. durch soziale Faktoren wie Lerngruppenkonstellation oder Rahmenbedingungen wie Lärmbelästigung oder räumliche Enge, auch durch den Kulturkontakt Irritationen auf, die das Lernen erschweren können.

Grosch & Leenen (2000, S. 32) beschreiben letztere als den Kern der interkulturellen Verständigungsproblematik; diese liege „in der Differenz derjenigen Strukturmuster und Bausteine begründet, in denen sich das Wissen kulturabhängig organisiert". Hierbei geht es jedoch nicht nur um kulturspezifisches Wissen. Vielmehr ist jede Art der Wissensaneignung kulturell von der erworbenen ‚Lernstruktur' des Individuums beeinflusst. Bezogen auf ‚berufliche' Situationen sind insbesondere das Know-how und das Know-why der Mitarbeiter (vgl. Neuweg 2005, S. 587), welche durch kulturelle Prägung und Sozialisation aufgebaut wurden, als Elemente des Vorwissens entscheidend. Denn Lernen als ein Aneignungsprozess wird neben den subjektiven Wirklichkeitskonstruktionen der Beteiligten vor allem vom situativen Kontext und dem sozialen Umfeld beeinflusst (vgl. Arnold 2003, S. 1); demnach kann das Lernen im interkulturellen Trainingskontext durch kulturelle Effekte gestört werden. Dies zeigt sich bei der Analyse der Lernziele und Lerninhalte vor allem in der Performanz der Teilnehmer während des Trainings.

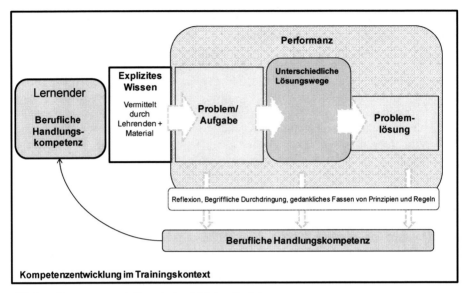

Abb. 2:   Kompetenzentwicklung im betrieblichen Training

Da kulturelles Wissen implizit bzw. praktisch im Modus eines tacit knowledge fungiert (vgl. Straub 2007, S. 16), wird in der Art der Problemlösung im konkreten Trainingszusammenhang (vgl. Abb. 2) neben der Kompetenz auch der kulturelle Einfluss im „Know why" sichtbar. Daher können in der Performanz während der Problemlösung im Training zusätzlich die kulturellen Einflussfaktoren beobachtet und beschrieben werden. Denn das Handeln erfolgt nach einer „(kulturellen) Logik der Praxis" (Straub 2007, S. 16), welche das Verhalten der Lehrenden und Lernenden in gewisser Weise steuert. Deshalb können in der konkreten Trainingssituation in der Begegnung von Trainer und anderskulturellen Teilnehmern die kulturellen Einflussfaktoren festgestellt werden.

4   Praktische Umsetzung der theoretischen Grundüberlegungen in drei Beispielen

Die in beiden vorangegangenen Kapiteln dargestellten Überlegungen stellen den theoretischen Bezugsrahmen für eine Untersuchung dar, von der wir abschließend noch in groben Umrissen berichten wollen. Im vorliegenden Zusammenhang wurden nun die theoretischen Erkenntnisse für die Analyse der kulturellen Einflüsse auf den Lernerfolg der Teilnehmer in interkulturellen Trainingszusammenhängen genutzt. Ausgewählt wurden Trainingskonzepte aus drei Kernbereichen des Unternehmens: dem produktionsnahen, dem produktionsvorbereitenden Bereich und der globalen Mitarbeiterentwicklung. Alle drei Trainingskonzeptionen basieren, da sie in Deutschland entwickelt wurden, auf ‚deutschen' pädagogischen Prinzipien und Erkenntnissen und haben eine Entwicklung beruflicher Handlungskompetenz zum Ziel. Im ersten

Fall soll diese Zielsetzung durch die Vermittlung könnerhaften Handelns bezogen auf standardisierte Abläufe der Produktion erreicht werden. Das zweite untersuchte Trainingskonzept ist auf Mitarbeiter aus dem Konstruktionsbereich ausgerichtet und soll diese befähigen, nach unternehmensinternen Standards zu konstruieren. Im dritten Trainingskonzept geht es um die berufliche Weiterbildung fachspezifischer, interner Trainer der Unternehmung, deren berufliche Handlungskompetenz entwickelt werden soll. In allen drei Trainingsarrangements wurde Performanz mithilfe verschiedener Erhebungsinstrumente erfasst und analysiert. Das Setting bestand aus jeweils einem deutschen Trainer, der anderskulturellen Trainingsteilnehmern Bildungsinhalte und Methoden innerhalb eines abgeschlossenen Trainingsrahmens präsentierte. Bei in Tschechien, Mexiko, Indien und Deutschland (vgl. Tab. 1) durchgeführten Trainings wurden Teilnehmer und Trainer mithilfe standardisierter Fragebögen zu Trainingsende befragt, und es werden einzelne Trainingsphasen mit einer Videokamera aufgezeichnet.

	Deutschland	Tschechien	Mexiko	Indien
Blockfertiger- schulung		Einsatz der Erhebungsinstrumente Jan. 2009	Einsatz der Erhebungsinstrumente Apr. 2009	
CAD	Einsatz der Erhebungsinstrumente Sept./Okt. 2009			Einsatz der Erhebungsinstrumente Mai/ Jun. 2009, Aug. 2010
Trainer Training	Einsatz der Erhebungsinstrumente Feb. 2010, Jan. 2011	Einsatz der Erhebungsinstrumente Okt. 2008, Mrz. 2010	Einsatz der Erhebungsinstrumente Apr. 2009	Einsatz der Erhebungsinstrumente Apr. 2010

Tab. 1:   Einsatz der Erhebungsinstrumente in der betrieblichen Praxis

Außerdem wurden die Trainingseinheiten von einheimischen und deutschen Beobachtern mithilfe von standardisierten Beobachtungsbögen beurteilt. Da versucht wurde, jeweils einen ‚natürlichen' Trainingsablauf zu dokumentieren, gab es bei der tatsächlichen Trainingsbeobachtung verschiedene Variationen in Bezug auf die praktische Umsetzung des Forschungsdesigns. Die Teilnehmer wurden im Vorfeld kurz darüber informiert, dass die Trainingssequenz zur Verbesserung der Trainingsqualität mit einer Videokamera aufgenommen und von externen Beobachtern evaluiert würde. Auf diese Weise halten die Videoaufnahmen die Interaktionen der Teilnehmer untereinander sowie die zwischen Teilnehmern und Trainer fest. Und mithilfe der standardisierten Erhebungsinstrumente werden die herkömmlichen Elemente eines Trainings – die Einführung, die Informationsphase, die praktische Übungen, das Trainingsmaterial, der Trainer und der Gesamteindruck – abgebildet. Zugleich wird es möglich, die kulturellen Einflussfaktoren im Trainingskontext zu identifizieren und auf sogenannte

„Kulturstandards" zu beziehen. Hierbei wird ein Kulturstandard als „Beschreibungs-
parameter einer Kultur gesehen", d. h., Kulturen stellen „Orientierungssysteme" dar,
in denen man sich mit Hilfe von Kulturstandards zurechtfindet (Ferres u. a. 2005,
S. 12). Kulturstandardforscher vermuten, dass in kulturellen Überschneidungssituationen kulturelle Eigenheiten als „kategoriale Bestimmungen" (Kammhuber & Schroll-
Machl 2003, S. 21) hervortreten. Eben diese nennen sie „Kulturstandards". „Das Kul-
turstandardkonzept stellt eine Verbindung zwischen möglichst exakter und empirisch
fundierter Erfassung der Komplexität kultureller Werte und Normen einer Gemeinschaft und deren Vermittelbarkeit für Kulturfremde dar" (a. a. O., S. 22). Damit kann
das Verhalten von Teilnehmern und Trainer innerhalb des Trainingskontexts genauer
analysiert werden. Ihre Reaktion auf bestimmte Anforderungen, beispielsweise auf
Wissensabfragen oder Lernerfolgskontrollen, kann mit den Überlegungen der Kulturstandardforschung in Beziehung gesetzt werden, um somit Anhaltspunkte für dabei
auftretende kulturelle Einflüsse zu erhalten. Indische Teilnehmer zeigen möglicherweise, entsprechend dem indischen Kulturstandard „Starke hierarchische Strukturen"
(vgl. Mitterer u. a. 2006, S. 21), ein stark autoritätsorientiertes Verhalten im Training,
welches sich darin offenbart, dass der Trainer für sie eine leitende, direktive Funktion
übernimmt. Treffen nun Teilnehmer mit derartigen Erwartungen auf einen deutschen
Trainer mit einer ‚lernbegleitenden Herangehensweise' (vgl. Arnold 2003), der teil-
nehmerzentriert agiert und eine aktive Beteiligung der Lernenden im Training erwartet, kann es auf beiden Seiten zu Irritationen und Unverständnis kommen. Um das
Verhalten der Trainingsteilnehmer richtig einschätzen zu können, werden die Überlegungen der Kulturstandardforschung zu Hilfe genommen. So wurden in den Frage-
und Beobachtungsbögen die operationalisierten Kulturstandards abgefragt und in der
betrieblichen Praxis beobachtet. Um aussagekräftige Befunde zu erhalten, wurden die
Erhebungsinstrumente in der Landessprache der Trainingsteilnehmer verfasst, was
eine Übersetzung und eine Re-Übersetzung erforderte. Nach den Trainings wurden
die Aussagen der im Training Befragten wieder ins Deutsche übersetzt, um diese in
die Auswertung einfließen zu lassen. Zur detaillierten Auswertung wurde in einem
zweiten Schritt ein Analyseraster[3] zur Bestimmung kultureller Einflussfaktoren auf
betriebliche Trainings entwickelt. Gegenwärtig werden mithilfe von Sequenzanalysen
der Videomitschnitte und Kreuzauswertungen der Befragungs- und Beobachtungsdaten die erhobenen Daten genauer analysiert und interpretiert.

5 Erste Zwischenbilanz

Bei den ersten Auswertungsschritten der Trainingsbeobachtungen und Fragebögen
zeichnen sich folgende Tendenzen ab: Durchgängig macht sich bemerkbar, dass die
kulturellen Komponenten im Hintergrundbewusstsein verankert sind. In allen drei
Trainingskonzeptionen wird dieser Effekt sichtbar. Ähnlich der unterschiedlichen

---

3   Die Entwicklung der Erhebungsinstrumente wird im Rahmen einer anderen Veröffentlichung aus-
    führlicher dargestellt und begründet.

Schreibweise einer Multiplikation in unterschiedlichen Kulturräumen wird auch in Trainings ein scheinbar identischer Vorgang völlig unterschiedlich umgesetzt und bewertet. Beispielsweise gilt in individualistisch orientierten Kulturräumen,[4] denen auch Deutschland zuzuordnen ist (vgl. Hofstede 1997 und 1999), ein individualisiertes Lob des Trainers als positives Verhalten – in kollektivistisch orientierten Kulturräumen dagegen, z. B. in Indien oder Mexiko, wird das Hervorheben einzelner Personen im Trainingskontext nicht gerne gesehen. In Kulturen mit hoher Machtdistanz (ebd.), denen beispielsweise Indien oder Mexiko zuzuordnen sind, lassen sich praktische Übungen schwer umsetzen. Denn dort werden hierarchische Ebenen z. B. zwischen Teilnehmern und Trainer als voneinander distanzierte Machtbereiche angesehen. Dem Trainer wird im Trainingszusammenhang die Rolle des Allwissenden zugewiesen, wodurch die Teilnehmer Schwierigkeiten damit haben, sich partizipativ in den Lernprozess einzubringen. Im Sinne hoher Machtdistanz ist es Aufgabe der Lehrperson, Teilnehmer durch Instruktion und aktivierende Fragen zu animieren; die Teilnehmer selbst halten ihre Meinung respektvoll zurück und reagieren nur, wenn sie direkt gefragt werden. Konstruktive Kritik oder Äußerung der eigenen Meinung stellen eine ähnliche Schwierigkeit in diesen Kulturen dar. Indische Trainer beispielsweise stellen gerne die Frage „Are there any doubts?", um abzuklären, ob noch irgendwelche Fragen bestehen. Wobei diese Frage eher eine rhetorische ist, denn ein indischer Teilnehmer würde auch dann, wenn er noch Fragen hätte, diese nicht stellen, weil die offene Rückmeldung unverstandener Trainingsinhalte einer direkten Kritik an der Professionalität der Lehrperson gleichkäme. Lernbegleitung im Sinne einer Ermöglichungsdidaktik nach Arnold (2003) ist den Teilnehmern in Indien und China fremd und kann daher als Schwäche des Trainers ausgelegt werden. Man versteht die Rolle des Trainers als lehrenden Vorgesetzten, der direktiv den Lernprozess steuert. Auf die Frage „Was war anders in diesem Training im Vergleich zu anderen Trainings?" kamen als Rückmeldung in Indien folgende Antworten:

(1) „The trainer allows us to interact",

(2) „Trainer was also keen to learn from trainees/audience",

(3) „The trainer was very energetic and has a lot of practical examples related to our daily life, which is absent in other trainings",

(4) „more crowd pulling approach".

Diese Antworten sind Ausdruck dafür, dass praktische Übungen, Interaktion von Teilnehmern und Trainer sowie beispielsweise eine „Divergenztoleranz" der Lehrper-

---

4 Zur Deutung der ersten Ergebnisse werden hier die Dimensionen von Geert Hofstede (1999, S. 333) zu Hilfe genommen, an denen sich Kulturforschung sowie Kulturstandardforschung orientieren. Der kontrastive Forschungsansatz Hofstedes hilft in diesem Zusammenhang, die Ergebnisse vorerst einzuordnen, denn die Kulturstandardforschung verzichtet auf allgemeine Vergleichskriterien zwischen mehreren Kulturen (vgl. Straub 2007).

son (Arnold 2003, S. 26) den indischen Teilnehmern bisher in indischen Trainingssituationen selten begegnet sind. Bei diesen Beobachtungen, von denen hier zunächst nur auf dem Evidenzniveau von Anekdoten berichtet werden kann, kann jedoch noch nicht von hinreichend systematischen Einsichten gesprochen werden. Aber es lässt sich durchaus bereits zeigen, dass Einflüsse sowohl auf die Performanz im Trainingszusammenhang als auch auf das Berufswissen des Trainers bestehen. Ebenfalls lassen erste Auswertungen den Schluss zu, dass ein erfolgreiches Training im interkulturellen betrieblichen Kontext kulturspezifische Anschlussstellen im Hintergrundbewusstsein berücksichtigen müsste. Insgesamt wird damit die Vermutung bestätigt, dass der Erfolg von Trainings in interkulturellen betrieblichen Kontexten zu einem maßgeblichen Anteil von nichttechnischen Einflussfaktoren abhängig ist. Diesen blinden Fleck genauer zu bestimmen ist Ziel der Untersuchung, von der hier erste Befunde vorgestellt wurden. Erst wenn es gelingt, den „Kulturzentrismus" (Grosch & Leenen 2000, S. 36) von Teilnehmern und Trainer zu berücksichtigen, sind Voraussetzungen dafür geschaffen, damit die Idee von kultursensiblen Konzepten der Kompetenzentwicklung konkretisiert werden kann.

Literatur

Arnold, R. (2003): Systemtheoretische Grundlagen einer Ermöglichungsdidaktik. In: R. Arnold; I. Schüßler (Hg.): Ermöglichungsdidaktik. Erwachsenenpädagogische Grundlagen und Erfahrungen. Baltmannsweiler: Schneider, S. 14–36.

Beicht, U.; Krekel, E. M.; Walden, G. (Hg.) (2006): Berufliche Weiterbildung – Welche Kosten und welchen Nutzen haben die Teilnehmenden? Bielefeld: W. Bertelsmann.

Commission of the European Communities (2005): Towards a European Qualifications Framework for Lifelong Learning. Commission Staff Working Document SEK 957. (07.06.2010)

Ferres, R.; Meyer-Belitz, F.; Röhrs, B.; Thomas, A. (Hg.) (2005): Beruflich in Mexiko. Trainingsprogramm für Manager, Fach- und Führungskräfte. Göttingen: Vandenhoeck & Ruprecht.

Fischer, M. (2009): Über das Verhältnis von Wissen und Handeln in der beruflichen Arbeit und Ausbildung. Bremen, Heidelberg, Karlsruhe: A+B Forschungsnetzwerk.

Grosch, H.; Leenen, W. R. (2000): Bausteine zur Grundlegung interkulturellen Lernens. In: Bundeszentrale für politische Bildung (Hg.): Interkulturelles Lernen. Arbeitshilfen für die politische Bildung. Bonn, S. 29–45.

Hof, C. (2002): Von der Wissensvermittlung zur Kompetenzentwicklung in der Erwachsenenbildung. In: E. Nuissl; C. Schiersmann; H. Siebert (Hg.): Kompetenzentwicklung statt Bildungsziele? Bielefeld: W. Bertelsmann, S. 80–90.

Hofstede, G. (1997): Cultures and Organisations. Software of the mind. New York: McGraw Hill Company.

Hofstede, G. ([2]1999): Organisationsentwicklung in verschiedenen Kulturen. In: G. Fatzer (Hg.): Organisationsentwicklung für die Zukunft. Ein Handbuch. Köln: Ed. Humanistische Psychologie, S. 327–348.

Jungmann, W. (2007): Interkulturelle Kompetenz als Anforderung an Schulqualität und Lehrerbildung. In: J. J. Beichel; K. Fees (Hg.): Bildung oder outcome? Leitideen der standardisierten Schule im Diskurs. Herbolzheim: Centaurus, S. 115–137.

Kammhuber, S.; Schroll-Machl, S. (2003): Möglichkeiten und Grenzen der Kulturstandardmethode. In: A. Thomas; S. Kammhuber; S. Schroll-Machl (Hg.): Handbuch Interkulturelle Kommunikation und Kooperation. Länder, Kulturen und interkulturelle Berufstätigkeit. Göttingen: Vandenhoeck & Ruprecht, S. 19–23.

Kommission der Europäischen Gemeinschaften (2005): Auf dem Weg zu einem Europäischen Qualifikationsrahmen für lebenslanges Lernen. Arbeitsunterlage der Kommissionsdienststellen SEK 957. (27.05.2010)

Krogh, G. v.; Köhne, M. (1998): Der Wissenstransfer in Unternehmen. Phasen des Wissenstransfers und wichtige Einflussfaktoren. In: Die Unternehmung 22, S. 235–285.

Lehner, F. ([1]2006): Wissensmanagement. Grundlagen, Methoden und technische Unterstützung. München, Wien: Carl Hanser.

Mitterer, K.; Mimler, R.; Thomas, A. (2006): Beruflich in Indien. Trainingsprogramm für Manager, Fach- und Führungskräfte. Göttingen: Vandenhoeck & Ruprecht.

Neuberger, O. ([2]1994): Personalentwicklung. Stuttgart: Ferdinand Enke.

Neuweg, G. H. ([2]1999): Könnerschaft und implizites Wissen. Zur lehr- und lerntheoretischen Bedeutung der Erkenntnis- und Wissenstheorie Michael Polanyis. Münster, New York: Waxmann.

Neuweg, G. H. (2000): Können und Wissen. Eine alltagssprachphilosophische Verhältnisbestimmung. In: G. H. Neuweg (Hg.): Wissen – Können – Reflexion. Ausgewählte Verhältnisbestimmungen. Innsbruck, Wien, München, S. 65–82.

Neuweg, G. H. (2005): Implizites Wissen als Forschungsgegenstand. In: F. Rauner (Hg.): Handbuch Berufsbildungsforschung. Bielefeld: W. Bertelsmann, S. 581–588.

Polanyi, M. (1958): Personal Knowledge. Towards a Post-Critical Philosophy. Chicago: The University of Chicago Press.

Polanyi, M. (1966): The tacit dimension. London: Routledge.

Polanyi, M. (1985): Implizites Wissen. Frankfurt/M.: Suhrkamp.

Probst, G.; Raub, S.; Romhardt, K. ([6]2010): Wissen managen. Wie Unternehmen ihre wertvollste Ressource optimal nutzen. Wiesbaden: Gabler.

Schreyögg, G.; Geiger, D. (2003): Wenn alles Wissen ist, ist Wissen am Ende nichts?! Vorschläge zur Neuorientierung des Wissensmanagements. In: Die Betriebswirtschaft (DBW), H. 63, S. 7–22.

Spöttl, G. (2010): Berufsstrukturen und berufliche Kompetenz. In: M. Becker; M. Fischer; G. Spöttl (Hg.): Von der Arbeitsanalyse zur Diagnose beruflicher Kompetenzen. Methoden und methodologische Beiträge aus der Berufsbildungsforschung. Frankfurt/M. u. a.: Peter Lang, S. 159–176.

Stagl, J. (1992): Eine Widerlegung des kulturellen Relativismus. In: J. Matthes (Hg.): Zwischen den Kulturen. Sonderband 8 der Sozialen Welt. Göttingen, S. 145–166.

Stender, J.; Knippel, A.; Reemtsma-Theis, M. (2009): Betriebliches Weiterbildungsmanagement. Ein Lehrbuch. Stuttgart: Hirzel.

Straub, J. (2007): Kultur. In: J. Straub; A. Weidemann; D. Weidemann (Hg.): Handbuch interkulturelle Kommunikation und Kompetenz. Grundbegriffe – Theorien – Anwendungsfelder; mit Tabellen. Stuttgart: Metzler, S. 15–20.

Thomas, A. (2003a): Das Eigene, das Fremde, das Interkulturelle. In: A. Thomas; E.-U. Kinast; S. Schroll-Machl (Hg.): Handbuch interkulturelle Kommunikation und Kooperation. Grundlagen und Praxisfelder. Göttingen: Vandenhoeck & Ruprecht, S. 44–60.

Thomas, A. (2003b): Interkulturelle Kompetenz. Grundlagen, Probleme und Konzepte. In: Erwägen Wissen Ethik (EWE) 14, S. 137–150.

Tillmann, K.-J. ([10]2000): Sozialisationstheorien. Reinbek bei Hamburg: Rowohlt.

Wurzbacher, G. (1963): Der Mensch als soziales und personales Wesen. Beiträge zum Begriff und Theorie der Sozialisation. Stuttgart: Enke.

Kompetenzmodellierung und Kompetenzdiagnostik im europäischen Leistungspunktesystem ECVET

Thomas Reglin

1 Einleitung

Das Europäische Parlament und der Rat haben am 18.06.2009 ihre „Empfehlung zur Einrichtung eines Europäischen Leistungspunktesystems für die Berufsbildung (ECVET)" verabschiedet. Das „European Credit System for Vocational Education and Training" zielt auf Förderung der Mobilität in der beruflichen Bildung. Es will die Anrechnung in unterschiedlichen Lernumgebungen erzielter Lernergebnisse auf eine zu erwerbende Qualifikation erleichtern. Die Empfehlung betont sowohl die transnationale Komponente des ECVET als auch sein Potenzial, zur Modernisierung von Berufsbildungssystemen beizutragen (vgl. zu dieser Doppelfunktion auch Fietz, Reglin & Schöpf 2008). Im Kontext des vorliegenden Buches wird ECVET betrachtet, weil ein System, das die Übertragung von Lernleistungen über institutionelle und nationale Grenzen hinweg erleichtern soll, (auch) eine Verständigung über die Modellierung von Kompetenz und geeignete Verfahren der Kompetenzfeststellung erforderlich macht.

Entwicklung und Implementierung des ECVET haben dabei zwei Anforderungen zu genügen:

- Der Transfer von Lernergebnissen über die Grenzen von Bildungssystemen hinweg macht es erforderlich, Kriterien erfolgreichen Kompetenzerwerbs zu definieren. Neben verbindlichen Definitionen transferierbarer „Lerneinheiten" werden Verfahren benötigt, die festzustellen erlauben, inwiefern die diesen Lerneinheiten zuzuordnenden Kompetenzen tatsächlich erworben wurden.

- Europäische Festlegungen, die solche Verfahren betreffen, müssen in Übereinstimmung mit dem „Harmonisierungsverbot" stehen, das sich aus Art. 150 Abs. 1 EG-Vertrag für den gesamten Bildungsbereich ergibt,[1] d. h., sie dürfen den Mitgliedstaaten nicht Verfahren verbindlich vorschreiben. Dies gilt für die zu vermittelnden Inhalte ebenso wie für die Gestaltung und institutionelle Verankerung von Lehr-Lern-Prozessen, Prüfungen und Zertifizierungsverfahren (vgl. zu diesem Themenkomplex Hänlein 2008).

---

[1] „Die Gemeinschaft führt eine Politik der beruflichen Bildung, welche die Maßnahmen der Mitgliedstaaten unter strikter Beachtung der Verantwortung der Mitgliedstaaten für Inhalt und Gestaltung der beruflichen Bildung unterstützt und ergänzt" (Europäische Union 2006, S. 113).

Das ECVET-Dokument bewegt sich in doppelter Hinsicht im Rahmen der Subsidiarität europäischer Bildungspolitik. Als „Empfehlung" ist es rechtlich niedrigschwellig ausgelegt. Darüber hinaus vermeidet es inhaltliche Festlegungen und beschränkt sich im Rahmen seiner „Grundsätze und technische[n] Spezifikationen" (Europäisches Parlament und Rat 2009a, S. 15 ff.) darauf, notwendige *Verfahrensschritte* zu definieren.

Im Folgenden wird untersucht, welche Festlegungen zur Kompetenzfeststellung dieser „schwache" Ansatz einschließt und welche Gestaltungsspielräume die an Mobilitätsprojekten beteiligten Institutionen haben.

2   Wozu ECVET?

ECVET ordnet sich in die politische Zielsetzung ein, die in der Erklärung des Europäischen Rates von Lissabon im März 2000 formuliert wurde. Sie sprach der Bildung – und besonders der beruflichen Bildung – eine herausragende Rolle bei der nachhaltigen Förderung von Wachstum, Wettbewerbsfähigkeit, Beschäftigung und sozialem Zusammenhalt in Europa zu (Europäischer Rat 2000). Im sogenannten „Kopenhagen-Prozess" wurden konkrete Maßnahmen ergriffen, um die berufliche Bildung in Europa enger mit dem Arbeitsmarkt zu verknüpfen: Die Ziele, das lebenslange Lernen zu fördern und Transparenz von Qualifikationen und Kompetenzen herzustellen, erhielten höchste Priorität (vgl. European Ministers of Vocational Education and Training/ European Commission 2002). Verschiedene Arbeitsgruppen befassten sich mit der Entwicklung von Instrumenten wie dem „Europass", dem Europäischen Qualifikationsrahmen (EQR) und dem Europäischen Bezugsrahmen für die Qualitätssicherung in der beruflichen Aus- und Weiterbildung. Alle diese Instrumente sind inzwischen durch das Europäische Parlament und den Rat angenommen und befinden sich in der Umsetzung.[2]

---

2   *Europass:* Das Instrument kann von den europäischen Bürgerinnen und Bürgern seit dem 1. Januar 2005 für die Dokumentation von Qualifikationen und Kompetenzen genutzt werden. Es umfasst den Europass-Lebenslauf, einen Standard für die Erstellung von Lebensläufen, den Europass-Mobilität zur Dokumentation von Auslandsaufenthalten im Kontext der Aus- oder Weiterbildung, den Europass-Diplomzusatz für Hochschulabsolventen, die Europass-Zeugniserläuterung für Absolventen beruflicher Bildungsgänge und das Europass-Sprachenportfolio. Grundlage für die Implementierung des Europass war die „Entscheidung Nr. 2241/2004/EG des Europäischen Parlaments und des Rates vom 15. Dezember 2004 über ein einheitliches gemeinschaftliches Rahmenkonzept zur Förderung der Transparenz bei Qualifikationen und Kompetenzen (Europass)".
EQR: Im Europäischen Qualifikationsrahmen werden Lernergebnisse über eine achtstufige Matrix generisch beschrieben. Der EQR versteht sich als Meta-Referenzsystem, das es erlauben soll, nationale Qualifikationsrahmen (NQR) zueinander in Beziehung zu setzen und so Gleichwertigkeiten zwischen den diesen NQR zugeordneten nationalen Qualifikationen europaweit sichtbar zu machen.

Auch die „Empfehlung des Europäischen Parlaments und des Rates zur Einrichtung des Europäischen Leistungspunktesystems für die Berufsbildung (ECVET)" geht auf die Arbeit einer solchen Expertengruppe zurück, deren Arbeit durch die Ergebnisse der in den Jahren 2006/07 in 27 europäischen Ländern durchgeführten ECVET-Konsultation (Europäische Kommission 2007), durch zwei von der Kommission in Auftrag gegebene Studien (Gelibert & Maniak 2007; Fietz, Le Mouillour & Reglin 2008) und die (Zwischen-)Ergebnisse von Innovationsprojekten des LEONARDO-DA-VINCI-Programms unterstützt wurden.

Die Zahl der Mobilitätsprojekte innerhalb des LEONARDO-DA-VINCI-Programms und binationaler Programme ist zwar seit 2002 kontinuierlich gestiegen, aber auf diese Weise wurden 2008 erst 1,6 % der Auszubildenden erreicht.[3] Insgesamt ist die grenz-überschreitende Mobilität junger Menschen in der Phase der Erstausbildung gegenwärtig immer noch außerordentlich gering – durchaus im Widerspruch zu den Anforderungen eines europäischen Arbeitsmarkts.

Dass die Unternehmen (und keineswegs nur die großen Konzerne) längst international agieren, begründet neue Anforderungen an die Berufsbildungspolitik und -praxis (Severing 2006; Schöpf 2010). Es wird davon ausgegangen, dass sich zumindest ein Teil der auf einem europäischen Arbeitsmarkt benötigten Kompetenzen im Rahmen ausländischer Lernphasen (wie sie das 2005 novellierte BBiG für Deutschland in erheblichem Umfang – bis zu einem Viertel der Ausbildungsdauer – ermöglicht) besser erwerben lässt als an den jeweiligen nationalen Lernorten (Wordelmann 2009, S. 9). Dies betrifft insbesondere internationale Fachkompetenz, Fremdsprachenkenntnisse, interkulturelle Kompetenz und die Fähigkeit, transnational vernetzte Informations- und Kommunikationsmedien umfassend zu nutzen, die sogenannte „Netzkompetenz" (vgl. a. a. O., S. 9 f.). Unternehmensbefragungen sprechen dafür, dass die Internationalisierung der Qualifikationsanforderungen von der Wirtschaft zunehmend erkannt wird (Lenske & Werner 2000; Weber 2010). Der Innovationskreis berufliche Bildung

---

Europäischer Bezugsrahmen für die Qualitätssicherung in der beruflichen Aus- und Weiterbildung: Die Empfehlung zur Einrichtung des Bezugsrahmens wurde am 18. Juni 2009 verabschiedet (Europäisches Parlament und Rat 2009b). Der Anhang II beinhaltet zehn Referenzindikatoren, „die dazu verwendet werden können, die Evaluierung und qualitative Verbesserung der Berufsbildungssysteme bzw. der Berufsbildungsanbieter zu unterstützen" (a. a. O., S. 8). Darüber hinaus wurde auf europäischer Ebene das Thema *„Validierung non-formal und informell erworbener Kompetenzen"* bearbeitet. 2004 wurden „Schlussfolgerungen des Rates und der im Rat vereinigten Vertreter der Regierungen der Mitgliedstaaten zu gemeinsamen europäischen Grundsätzen für die Ermittlung und Validierung von nicht formalen und informellen Lernprozessen" formuliert. Die mittlerweile vom CEDEFOP publizierten „Europäische[n] Leitlinien für die Validierung nicht formalen und informellen Lernens" (CEDEFOP 2009) sind „kein von einem gesetzgebenden Gremium verabschiedeter Politikrahmen: Vielmehr stellen sie ein praktisches Instrument dar, das Expertenempfehlungen bietet, deren Anwendung vollkommen freiwillig ist" (a. a. O., S. 1).

3   Verlässliche Angaben zu Mobilitätsvorhaben außerhalb von Förderprogrammen fehlen (Wordelmann 2009, S. 5).

hatte 2007 für die geförderten Mobilitätsprojekte in der beruflichen Erstausbildung eine Verdoppelung der Anzahl und eine Erhöhung der Dauer auf sechs Wochen bis drei Monate empfohlen (BIBB 2010).

ECVET unterstützt Dokumentation, Validierung und Anerkennung, Akkumulation und Transfer von Lernergebnissen, die in unterschiedlichen Lernkontexten erzielt wurden. Der Fokus liegt hier nicht auf der generischen Beschreibung von Qualifikationen, wie in EQR und NQR, sondern auf der Sichtbarmachung individueller Lernverläufe und -ergebnisse im Kontext konkreter, durch Lernvereinbarungen abgesicherter Lernvorhaben. Es verlangt insofern die Validierung der von einer einzelnen Person im Rahmen eines definierten Lernereignisses erreichten Kenntnisse, Fertigkeiten und Kompetenzen. Sie ist die Grundlage für deren Akkumulation und Transfer (vgl. Europäisches Parlament und Rat 2009a; Fietz, Le Mouillour & Reglin 2008).

3 Zur Verwendung des Kompetenzbegriffs in EQR und ECVET

Der Kompetenzbegriff wird in der ECVET-Empfehlung neunmal erwähnt, spielt aber keine wirklich zentrale Rolle. Ausgegangen wird von der Begrifflichkeit des Europäischen Qualifikationsrahmens. Entsprechend ist von Kompetenzen meist im Kontext der Begriffstrias „Kenntnisse, Fertigkeiten und Kompetenzen" die Rede (sieben Erwähnungen). Die Diskussionszusammenhänge, in denen es zur dieser Konzeptualisierung gekommen ist, seien im Folgenden kurz dargestellt (vgl. dazu insbesondere Markowitsch & Luomi-Messerer 2007/08).

Im EQR steht der Kompetenzbegriff durchgehend neben den „Kennntissen" und „Fertigkeiten". Dies führt zu einer „Drei-Säulen-Struktur" des EQR und seiner Niveaustufen:

	Kenntnisse	**Fertigkeiten**	**Kompetenz**
Jedes der acht Niveaus wird durch eine Reihe von Deskriptoren definiert, die die Lernergebnisse beschreiben, die für die Erlangung der diesem Niveau entsprechenden Qualifikationen in allen Qualifikationssystemen erforderlich sind.			
Niveau x	Im Zusammenhang mit dem EQR werden Kenntnisse als Theorie- und/oder Faktenwissen beschrieben.	Im Zusammenhang mit dem EQR werden Fertigkeiten als kognitive Fertigkeiten (unter Einsatz logischen, intuitiven und kreativen Denkens) und praktische Fertigkeiten (Geschicklichkeit und Verwendung von Methoden, Materialien, Werkzeugen und Instrumenten) beschrieben.	Im Zusammenhang mit dem EQR wird Kompetenz im Sinne der Übernahme von Verantwortung und Selbstständigkeit beschrieben.

Tab. 1:   Struktur der EQR-Niveaus (Quelle: Europäische Kommission 2008, S. 12 f.)

Demgegenüber war der Kompetenzbegriff im EQR-Konsultationsdokument noch breiter angelegt. Neben Selbstständigkeit und Verantwortung, die als Beschreibungskategorien im EQR beibehalten wurden, fanden noch Lernkompetenz, Kommunikations-/soziale Kompetenz und Problemlösefähigkeit („Fachliche und berufliche Kompetenz") Berücksichtigung. Aber auch hier stand der Kompetenzbegriff *neben* „Kenntnissen" und „Fertigkeiten".

Stu-fe x	Kennt-nisse	Fertig-keiten	Persönliche und fachliche Kompetenz			
			(i) *Selbstän-digkeit und Verant-wortung*	*(ii)* *Lern-kom-petenz*	*(iii)* *Kommunika-tionskompetenz und soziale Kompetenz*	*(iv)* *Fachliche und berufliche Kompetenz*

Tab. 2: Struktur einer Niveaustufe im EQR-Konsultationsdokument (Quelle: Europäische Kommission 2005, S. 22)

Die Möglichkeit, Kompetenz als *Oberbegriff* zu verwenden, wurde zwar von den am EQR-Entwicklungsprozess beteiligten Experten diskutiert (vgl. Markowitsch & Luomi-Messerer 2007/08, S. 47 f. – im Weiteren wird der dort gegebenen Darstellung gefolgt). Der Versuch, den EQR in diesem Sinne zu gestalten, brachte aber unterschiedliche national geprägte Kompetenzverständnisse zutage (z. B. die Zentralbegriffe savoir, savoir-faire und savoir-être für Frankreich; Fach-, Methoden-, Personal- und Sozialkompetenz für Deutschland; cognitive competence, functional competence und social competence für die englischsprachigen Länder). Im Weiteren einigte man sich daher auf *Lernergebnisse* als Oberbegriff des Rahmenwerks:

> „Lernergebnisse sind jedenfalls umfassender als Kompetenzen, und daher kann der Begriff Lernergebnis als Oberbegriff für Kompetenz(en) verwendet werden, nicht jedoch umgekehrt. Lernergebnisse können auch in Form von Wissen, dem keine (Handlungs-)Kompetenz entspricht, vorliegen" (a. a. O., S. 48).

Ebenso, wäre zu ergänzen, können durch Lernen kognitive oder praktische (Teil-)*Fertigkeiten* erworben werden, ohne dass damit eine Kompetenzentwicklung im Sinne der Definition des EQR verbunden sein muss, die Kompetenz als die „Fähigkeit" versteht, Fertigkeiten „in Arbeits- oder Lernsituationen und für die berufliche und/oder persönliche Entwicklung zu nutzen" (Europäische Kommission 2008, S. 11). Die Struktur sowohl des EQR in der Fassung des Konsultationsdokuments als auch der endgültigen EQR-Fassung von 2008 stellt also zumindest der Möglichkeit nach dekontextualisierte Teilkenntnisse und -fertigkeiten gleichrangig neben Kompetenz. Zu beachten ist dabei jedoch, dass in die Säule „Fertigkeiten" der Endversion Aspekte der „fachlichen und beruflichen Kompetenz" aus der Konsultationsversion übernommen wurden: So wurde in der Vorgängerversion fachliche und berufliche Kompetenz im Wesentlichen als „Problemlösefähigkeit" gefasst und graduiert (z. B. Niveau 4: „Probleme lösen unter Einbeziehung von Informationen aus Fachquellen und unter Berücksichtigung einschlägiger sozialer und ethischer Fragen", Europäische Kommission 2005, S. 23), ein Aspekt, der in der Endversion für die Graduierung

des Bereichs „Fertigkeiten" genutzt wird (Niveau 4: „Eine Reihe kognitiver und praktischer Fertigkeiten, die erforderlich sind, um Lösungen für spezielle Probleme in einem Arbeits- oder Lernbereich zu finden", Europäische Kommission 2008, S. 13).

Im Konsultationsprozess wurde von verschiedenen Seiten für eine Reduzierung der
Beschreibungskategorien in der Kompetenz-Säule argumentiert. Beispielhaft seien
dazu Zitate aus zwei Dokumenten wiedergegeben:

> "While admitting that this category covers many important learning outcomes, many respon-
> dents find the proposal to be overly complex (4 sub-categories) and difficult to apply in practise
> (how to measure personal competences?)" (Europäische Kommission 2006, Summary, S. 3).

> "(...) we see many of the descriptors as being related to personal qualities not obviously
> achieved by progression through the education system. In addition, these qualities are hard to
> assess and to measure" (a. a. O., Stellungnahme des Schwedischen Ministeriums für Erziehung,
> Forschung und Kultur, S. 2).

Man entschied sich schließlich für eine enge Auslegung des Kompetenzbegriffs im
EQR. Sie drückt sich in der Reduzierung der Kompetenzsäule auf die Bereiche
Selbstständigkeit und Verantwortung aus. Die Entscheidung für Lernergebnisse –
nicht: Kompetenz – als übergreifende Kategorie weist in die gleiche Richtung. Die
2008 verabschiedete EQR-Version trägt so dem Umstand Rechnung, dass der EQR
als „kleinster gemeinsamer Nenner" unterschiedlicher Bildungssysteme zu fungieren
hat, ohne etwas über den in Anschlag zu bringenden Bildungsbegriff zu präjudizieren.

Die letzte Feststellung ist nur insoweit einzuschränken, als der *Outcome*-Begriff eine
anwendungsorientierte Betrachtung von Lernereignissen nahelegt. Wird auf
„outcomes" abgehoben, sind Gegenstand der Betrachtung weder die aufgewandten
Ressourcen („input"), die erforderlich sind, um Ergebnisse zu erzielen, noch die Weise ihres Einsatzes innerhalb von Bildungsorganisationen („throughput"). „Outcomes"
grenzen sich aber auch vom „output" ab. Die Karriere des *Outcome*-Begriffs ist mit
derjenigen von Verfahren der Zielsteuerung im Bildungsbereich (insbesondere über
die Definition von Standards) eng verknüpft (vgl. Sloane 2007) – „das Bildungssystem [wird] gleichsam vom erwünschten Ergebnis her reguliert" (a. a. O., S. 23). Insofern handelt es sich um eine Anwendung des „New Public Management" auf den Bildungsbereich. „Outcomes" bezeichnen die weiterwirkenden Effekte eines Prozesses
im Unterschied zum unmittelbaren „output". Das heißt für das Handeln von Bildungsinstitutionen: Es wird nicht auf prozessnahe Ergebnisse wie bestandene Tests
oder Absolventenzahlen fokussiert, sondern auf die in einem Lern- oder Arbeitsbereich erworbene Handlungsfähigkeit (vgl. Abb. 1).

> „Während Output sich auf den unmittelbaren Lernerfolg bezieht, zielt Outcome auf die Anwen-
> dung bzw. Übertragung des Gelernten in Lebenssituationen" (Sloane 2007, S. 24).

Der „Outcome"-Begriff im New Public Management

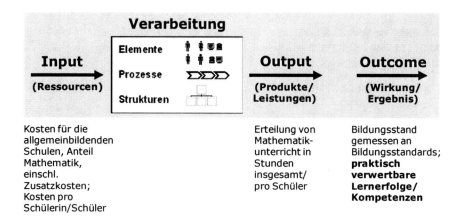

Abb. 1: Der „Outcome"-Begriff im New Public Management (angelehnt an: Krems 2007 und 2008, Online-Verwaltungslexikon: olev.de)

4 Kernelemente von ECVET

Wie der EQR wählt ECVET den Weg über die Kategorie der Lernergebnisse. Die Lernergebnisse werden zu sogenannten Lerneinheiten *(Units)* gebündelt, die, indem sie kohärente Ensembles von Kenntnissen, Fertigkeiten und Kompetenzen umfassen, neben der qualitativen auch eine quantitative Aussage ermöglichen: Durch Vergabe einer bestimmten Anzahl von Kreditpunkten kann eine Gewichtung der Lerneinheit innerhalb der Gesamtqualifikation vorgenommen werden. Lerneinheiten sind die Elemente, die transnational transferiert bzw. akkumuliert werden.

Der Empfehlung zufolge sollen zur Umsetzung von ECVET Partnerschaften (Europäisches Parlament und Rat 2009a, S. 12) aufgebaut werden, in der sich die relevanten Akteure – Anbieter von Berufsbildung, nationale Behörden und weitere zuständige Stellen – auf Grundlage von freiwilligen Vereinbarungen („Absichtserklärungen") vernetzen und so ein Klima wechselseitigen Vertrauens schaffen. Ein zu schließender Lernvertrag beschreibt die Lernergebnisse, die in der Mobilitätsphase erzielt werden sollen, qualitativ und quantitativ und wird sowohl von Entsende- und Gasteinrichtungen als auch von den Lernenden unterschrieben. Die auf dieser Grundlage erworbenen Kenntnisse, Fertigkeiten und Kompetenzen werden in der Gasteinrichtung bewertet, mit den entsprechenden Leitungspunkten versehen und dokumentiert. Im Entsendeland werden die im Gastland erworbenen Lernergebnisse und die Zuordnung der Leistungspunkte evaluiert und als Teil der angestrebten Qualifikation anerkannt und akkumuliert.

Die Lerneinheiten werden schließlich mit ECVET-Punkten (Credits, Leistungspunkten) versehen, um die absolvierte Lerneinheit als *Teil* einer Qualifikation zur *ganzen* Qualifikation quantitativ ins Verhältnis zu setzen. Als mögliche Kriterien für die Credit-Vergabe benennt die ECVET-Empfehlung:

- die „relative Bedeutung der die Einheit bildenden Lernergebnisse für die Beteiligung am Arbeitsmarkt, für den Aufstieg zu anderen Qualifikationsniveaus oder für die soziale Integration;

- Komplexität, Umfang und Volumen der Lernergebnisse in der Einheit;

- de[n] Aufwand, der notwendig ist, um die für die Einheit erforderlichen Kenntnisse, Fertigkeiten und Kompetenzen zu erwerben" (Europäisches Parlament und Rat 2009a, S. 17).

Es fällt auf, dass diese Kriterien eher heterogen und zum Teil kaum quantifizierbar sind. Bereits laufende und künftige exemplarische Erprobungen werden zu zeigen haben, welche von ihnen sich als anwendbar erweisen und zu nachvollziehbaren Ergebnissen führen, aber auch von welcher praktischen Relevanz die Vergabe von Credits angesichts europaweit uneinheitlicher Bildungsformate sein kann. Im gegenwärtigen Argumentationszusammenhang muss dies nicht weiterverfolgt werden. Wichtig ist in unserem Kontext nur, dass Leistungspunkte *Lerneinheiten, nicht individuelle Lernleistungen* charakterisieren. Sie beschreiben das Verhältnis von Teil und Ganzem einer Qualifikation und sind insofern nicht unmittelbar mit der Problematik der Kompetenzfeststellung verknüpft. Ein einheitliches Bewertungsformat, etwa im Sinne einer Notenskala oder einer Systematik für die qualitative taxonomische Beschreibung individueller Lernergebnisse, ist in der ECVET-Empfehlung nicht enthalten.

Fragen der Kompetenzfeststellung werden, ohne konkrete Verfahren vorzuschlagen, zunächst im Zusammenhang mit der Beschreibung von Lerneinheiten thematisiert. „Die Spezifikationen für eine Einheit sollten" unter anderem „umfassen:

- die in der Einheit enthaltenen Lernergebnisse;

- die Verfahren und Kriterien für die Bewertung dieser Lernergebnisse" (Europäisches Parlament und Rat 2009a, S. 15).

Grundlage für Akkumulation und Anrechnung ist die Bewertung der individuellen Lernergebnisse durch die aufnehmende Einrichtung am Ende des Lernaufenthalts gemäß den fixierten Kriterien. Das ECVET-Dokument definiert diese Bewertung über „Methoden und Verfahren, die angewandt werden, um festzustellen, inwieweit ein Lernender bestimmte Kenntnisse, Fertigkeiten und Kompetenzen tatsächlich erworben hat" (a. a. O. 2009, S. 14). Die Verortung dieser Schritte im Gesamtprozess ist aus Abb. 2 zu ersehen.

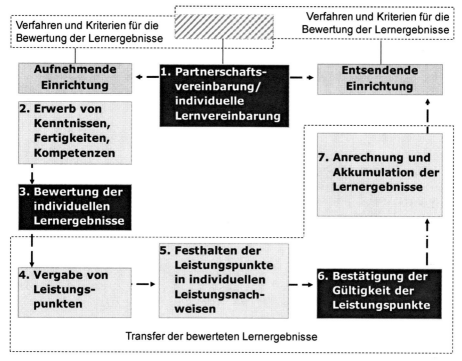

Abb. 2:   *ECVET-Prozess (nach: Nationale Agentur beim BIBB 2009, S. 12 f.; ergänzt). Dunkle*
          Hervorhebung: Prozessschritte mit Bezug zur Kompetenzfeststellung

Für die Vereinbarungen zwischen entsendender und aufnehmender Einrichtung im
ECVET-Prozess (1.) ist *auch* ein Konsens über geeignete, den angestrebten Lernergebnissen angemessene Verfahren der Lernergebnisfeststellung herzustellen. Neben
der „Erarbeitung eines Vorschlages, wie Lernergebnisse […] beschrieben, Lerneinheiten definiert und mit Kreditpunkten belegt werden können" hat die „Entwicklung
von Verfahren und Instrumenten" zu stehen, „wie Lernergebnisse im Gastland dokumentiert und nachgewiesen und im Entsendeland validiert werden können"
(Chredchem 2009). Der Lehr-Lern-Phase (2.) folgt die Bewertung der Lernergebnisse
durch die aufnehmende Einrichtung (3.) gemäß einer Ja/Nein-Logik: Es geht hier ausschließlich darum, *ob* die in der Lernvereinbarung fixierten Kenntnisse, Fertigkeiten
und Kompetenzen erworben wurden. Die Schritte 4.–7. haben die Vergabe, den
Transfer und die Anerkennung erworbener Credits zum Gegenstand und unterstellen
insofern die Validität der Lernergebnisbewertung unter 3. Im Schritt 6. (Bestätigung
der Gültigkeit der Leistungspunkte) wird die Validität dieser unter 3. vollzogenen
Bewertung explizit Thema.

Es zeigt sich, dass die ECVET-Empfehlung das *Dass,* nicht das *Wie* der Kompetenzfeststellung fixiert. Die Spezifikation beschreibt die Bewertung der von den Lernenden erzielten Ergebnisse als *notwendigen Schritt im Prozess.* Aussagen über die konkrete Ausgestaltung von Kompetenzfeststellungen bleiben Sache der Partnerschafts-

vereinbarungen, die von den beteiligten Institutionen in Übereinstimmung mit den jeweiligen nationalen Bestimmungen getroffen werden.

Es besteht zumindest die Möglichkeit, dass sich mit wachsender Zahl der Mobilitätsvorhaben in der beruflichen Erstausbildung erste Ansätze einer europäischen Kultur der Kompetenzfeststellung herausbilden. Innovationsprojekten des LEONARDO-DA-VINCI-Programms dürfte dabei eine wichtige Rolle zukommen. Voraussetzung des dort organisierten transnationalen Innovationslernens ist allemal, dass die Beteiligten klare Vorstellungen davon entwickeln, welche Anforderungen an *unit*-bezogene Kompetenzfeststellungen aus den verschiedenen nationalen Kontexten heraus zu stellen sind. Auch Entwicklungs- und Erprobungsprojekte auf nationaler Ebene gewinnen damit an Bedeutung. So befassen sich in der DECVET-Pilotinitiative des BMBF zehn Entwicklungs- und Erprobungsprojekte mit Fragen des *ECVET-Einsatzes in Deutschland* (BMBF 2008). Ein wichtiges Thema ist dabei die Entwicklung von mit dem deutschen Berufsbildungssystem kompatiblen Prüfungsverfahren für Lerneinheiten.[4]

Literatur

BIBB (2010): Datenreport zum Berufsbildungsbericht 2010. Informationen und Analysen zur Entwicklung der beruflichen Bildung. Bonn.

BMBF (2008): Entwicklung eines Leistungspunktesystems in der beruflichen Bildung. Dokumentation der Auftaktveranstaltung der BMBF-Pilotinitiative, 19.–20. Februar 2008 in Berlin. Bonn, Berlin.

CEDEFOP (2009): Europäische Leitlinien für die Validierung nicht formalen und informellen Lernens. Luxemburg: Amt für Veröffentlichungen der Europäischen Union. URL: www.cedefop.europa.eu/EN/Files/4054_de.pdf.

Chredchem (2009): CHREDCHEM. Entwicklung und Erprobung eines Credit-Systems zur Verbesserung der Mobilität im Chemiesektor. Projektflyer.

Europäische Kommission (2005): Arbeitsunterlage der Kommissionsdienststellen auf dem Weg zu einem Europäischen Qualifikationsrahmen für lebenslanges Lernen, Brüssel, den 8.7.2005, SEK (2005) 957.

Europäische Kommission (2006): Website "European Qualifications Framework (EQF) – Responses to the consultation".
URL: ec.europa.eu/education/policies/educ/eqf/resultsconsult_en.html.

Europäische Kommission (2007): Contributions to the ECVET consultation.
URL: ec.europa.eu/education/ecvt/results_en.html.

Europäische Kommission (2008): Der Europäische Qualifikationsrahmen für lebenslanges Lernen (EQR), Luxemburg 2008.
URL: ec.europa.eu/education/lifelong-learning-policy/doc/eqf/brochexp_de.pdf.

---

4   Für Hinweise zur Gestaltung von *Kompetenznachweisen für Lerneinheiten* im Sinne von ECVET im deutschen dualen System der Berufsbildung vgl. Reglin & Schöpf (2011), wo Ergebnisse aus dem DECVET-Projekt „EDGE – Entwicklung von Modellen der Anrechnung von Lernergebnissen zwischen Ausbildungsberufen im Dualen System auf der Grundlage von ECVET" dargestellt werden.

Europäische Union (2006): Konsolidierte Fassung des Vertrags über die Europäische Union und des Vertrags zur Gründung der Europäischen Gemeinschaft, Amtsblatt der Europäischen Union (2009/C 321). URL: eur-lex.europa.eu/LexUriServ/LexUriServ.do?uri=OJ:C:2006:321E:0001:0331:DE:pdf.

Europäischer Rat (2000): Schlussfolgerungen des Vorsitzes, Europäischer Rat, Lissabon, 23. und 24. März 2000. URL: www.europarl.europa.eu/summits/lis1_de.htm.

Europäischer Rat (2004): Entwurf von Schlussfolgerungen des Rates und der im Rat vereinigten Vertreter der Regierungen der Mitgliedstaaten zu gemeinsamen europäischen Grundsätzen für die Ermittlung und Validierung von nicht formalen und informellen Lernprozessen. Brüssel, den 18. Mai 2004 (19.05). URL: ec.europa.eu/education/policies/2010/doc/validation2004_de.pdf.

Europäisches Parlament und Rat (2004): Entscheidung Nr. 2241/2004/EG vom 15. Dezember 2004 über ein einheitliches gemeinschaftliches Rahmenkonzept zur Förderung der Transparenz bei Qualifikationen und Kompetenzen (Europass), Amtsblatt der Europäischen Union (2004/L 390). URL: eur-lex.europa.eu/LexUriServ/LexUriServ.do?uri=OJ:L:2004:390:0006:0020:DE:PDF.

Europäisches Parlament und Rat (2009a): Empfehlung des Europäischen Parlaments und des Rates vom 18. Juni 2009 zur Einrichtung eines Europäischen Leistungspunktesystems für die Berufsbildung (ECVET), Amtsblatt der Europäischen Union (2009/C 155). URL: eur-lex.europa.eu/LexUriServ/LexUriServ.do?uri=OJ:C:2009:155:0011:0018:DE:PDF.

Europäisches Parlament und Rat (2009b): Empfehlung zur Einrichtung eines europäischen Bezugsrahmens für die Qualitätssicherung in der beruflichen Aus- und Weiterbildung vom 18. Juni 2009, Amtsblatt der Europäischen Union (2009/C 155). URL: eur-lex.europa.eu/LexUriServ/LexUriServ.do?uri=OJ:C:2009:155:0001:0010:DE:PDF.

European Ministers of Vocational Education and Training/European Commission (2002): Declaration of the European Ministers of Vocational Education and Training, and the European Commission, convened in Copenhagen on 29 and 30 November 2002, on enhanced European cooperation in vocational education and training. "The Copenhagen Declaration". URL: ec.europa.eu/education/pdf/doc125_en.pdf.

Fietz, G.; Le Mouillour, I.; Reglin, Th. (2008): ECVET – Einführung eines Leistungspunktesystems für die Berufsbildung. Bielefeld: W. Bertelsmann.

Fietz, G.; Reglin, Th.; Schöpf, N. (2008): Doppelter Nutzen durch ECVET: Grenzüberschreitende Mobilität und Durchlässigkeit in der deutschen Berufsbildung steigern. In: Bundesinstitut für Berufsbildung (BIBB) (Hg.): BWP, Heft 5/2008, S. 10–13.

Gelibert, D.; Maniak, R. (2007): Durchführbarkeitsstudie zum ECVET-System für Auszubildende (Testphase). URL: ec.europa.eu/education/doc/reports/doc/ecvetco_de.pdf.

Hänlein, A. (2008): Rechtliche Aspekte der Implementierung und der Anwendung des ECVET. In: G. Fietz; I. Le Mouillour; Th. Reglin: ECVET – Einführung eines Leistungspunktesystems für die Berufsbildung. Bielefeld: W. Bertelsmann, S. 44–65.

Krems, B. (2007/08): Online-Verwaltungslexikon – Management und Reform der öffentlichen Verwaltung. URL: www.olev.de.

Lenske, W.; Werner, D. (2000): Globalisierung und internationale Berufskompetenz. Die IW-Umfrage zum Ausbildungsstellenmarkt. O. O.

Markowitsch, J.; Luomi-Messerer, K. (2007/08): Entstehung und Interpretation der Deskriptoren des Europäischen Qualifikationsrahmens. In: europäische zeitschrift für berufsbildung Nr. 42/43, Thessaloniki: CEDEFOP, S. 39–67.

Nationale Agentur beim BIBB (2009): Europäisches Leistungspunktesystem für die Berufsbildung. Berufliche Mobilität in Europa. Bonn. URL: www.na-
bibb.de/uploads/publkationen_programm_lebenslanges_lernen/na_ecvet_0911_04_we
b.pdf.

Reglin, Th.; Schöpf, N. (2011): Kompetenznachweise für Lerneinheiten: Ansatzpunkte für
die deutsche Berufsbildung. In: E. Severing; R. Weiß (Hg.): Prüfungen und Zertifizie-
rungen in der beruflichen Bildung. Anforderungen – Instrumente – Forschungsbedarf.
Berichte zur beruflichen Bildung. Bielefeld: W. Bertelsmann, S. 183–200.

Schöpf, N. (2010): Standardisierung internationaler Berufskompetenz – Möglichkeiten und
Grenzen aus Sicht der Forschung. In: H. Loebe; E. Severing (Hg.): Mobilität steigern –
Durchlässigkeit fördern. Europäische Impulse für die Berufsbildung. Bielefeld: W.
Bertelsmann, S. 33–48.

Severing, E. (2006): Europäische Zertifizierungsstandards in der Berufsbildung, In: Zeitschrift für Berufs- und Wirtschaftspädagogik, 102. Band, Heft 1, S. 15–29.

Sloane, Peter F. E. (2007): Bildungsstandards in der beruflichen Bildung. Wirkungssteuerung
beruflicher Bildung. Paderborn: Eusl.

Weber, S. (2010): Die Internationalisierung der beruflichen Bildung: Ergebnisse zweier Unternehmensbefragungen zu ECVET. In: H. Loebe; E. Severing (Hg.): Mobilität steigern – Durchlässigkeit fördern. Europäische Impulse für die Berufsbildung. Bielefeld:
W. Bertelsmann, S. 133–142.

Wordelmann, P. (2009): Berufliches Lernen im Ausland – Stand der Forschung und Desiderata an die Berufs- und Wirtschaftspolitik. In: bwp@.
URL: http://www.bwpat.de/profil2/wordelmann_profil2.pdf.

Europäische Qualifikationen und unterschiedliche Kompetenzkonzepte

Michaela Brockmann, Linda Clarke, Christopher Winch

1 Der europäische Kontext

1.1 Europäische Politik

Neben der Anerkennung der sehr deutlichen Unterschiede, welche mit den nationalen Berufsbildungstraditionen zusammenhängen, besteht die Politik der Europäischen Union (besonders seit der sogenannten Lissabonkonferenz im Jahre 2000) darin, mehr Abstimmung in der wirtschafts- und berufsbezogenen Bildungspolitik zu fördern und einen „echten" europäischen Arbeitsmarkt zu schaffen, um mehr Mobilität der Arbeitskräfte zu ermöglichen. Es gibt mehrere politische Mittel, um dieses Ziel zu erreichen. Eines davon ist eine politische Strategie, die „Offene Methode der Koordinierung" (*Open Method of Coordination (OMC)*) in Bildung und Ausbildung, die ursprünglich vom europäischen Bildungsrat im Jahre 2001 übernommen wurde und auf Qualität, Zugänglichkeit und Offenheit gemeinsamer zukünftiger Ziele und entsprechender Maßnahmen ausgerichtet ist. Daran anschließend wurde 2002 ein Beschluss verabschiedet, mit dessen Hilfe die Entwicklung der Ansätze zum lebenslangen Lernen sowie verwandte nationale Strategien unterstützt werden sollten. Außerdem initiierten die für Berufsbildung zuständigen Minister in Europa in Zusammenarbeit mit den Sozialpartnern (Arbeitgeberverbänden und Gewerkschaften) den Kopenhagen-Prozess, um die Zusammenarbeit im Berufsbildungsbereich verbessern zu können. Dieser Prozess gab Anlass für ein zweites politisches Instrument: den Europäischen Qualifikationsrahmen (EQR) (*European Qualifications Framework (EQF)*)[1] – ein Umsetzungswerkzeug, das eine „Übersetzungshilfe" für den Vergleich beruflicher Qualifikationen innerhalb der EU darstellt. Intention war, das Verständnis der jeweiligen Bedeutung von Qualifikationen bezüglich dreier Hauptmerkmale zu verbessern: Kenntnisse, Fertigkeiten und Kompetenzen.

Eine zentrale Frage besteht darin, ob der EQF tatsächlich eine wirksame Unterstützung für den intendierten Wandel darstellt, insbesondere wegen seines entscheidenden und strittigsten Merkmals – nicht die Lernvoraussetzungen (*learning inputs*), sondern die Lernergebnisse (*learning outcomes*) zur Grundlage des Ansatzes zu machen. Lernergebnisse können als Resultat eines Bildungs- oder Lernprozesses verstanden werden. Der EQF folgt vorausgehenden Versuchen des CEDEFOP (*The Eu-*

---

1   Im Folgenden wird das englische Akronym „EQF" für den Begriff „Europäischer Qualifikationsrahmen" verwendet.

ropean Centre for the Development of Vocational Training), eingerichtet durch den EU-Ministerrat) zwischen 1985 und 1992, einen Qualifikationsrahmenplan einzuführen, in dem gemeinsame Ziele entwickelt und mit den „learning inputs" verknüpft wurden – und zwar durch die Ermittlung von Gemeinsamkeiten in den nationalen Lehrplänen sowie in den nationalen Erziehungs- und Prüfungssystemen. Das Ziel bestand darin, Referenzebenen für Zertifikate zu bestimmen, indem man deren unterschiedliche Funktionen mit den Eingangsvoraussetzungen der jeweiligen Bildungsgänge kombinierte. Allerdings war dieser Ansatz derartig komplex, besonders wegen der unterschiedlichen Formen der Arbeitsteilung in den einzelnen europäischen Staaten, dass man beschloss, eine Klassifizierung der „learning outcomes" anzustreben (Björnavold & Coles 2006). Da man davon ausging, dass eine Rückkehr zu den „learning inputs" zu den gleichen Schwierigkeiten führen würde, die auch den älteren CEDEFOP-Versuchen anhafteten, ist der ausgewählte Ansatz für den EQF stark an den „learning outcomes" orientiert. Dies bedeutet, dass versucht wird, Lernergebnisse zu spezifizieren, unabhängig vom jeweiligen Prozess, der zu diesen Ergebnissen geführt haben könnte. Unsere Intention ist im Folgenden, die Auswirkungen dieses Ansatzes und die damit verbundenen möglichen Schwierigkeiten aufzuzeigen (Brockmann u. a. 2008).

Ein vergleichsweise ebenso umstrittenes Merkmal des EQF ist die Zugrundelegung eines kompetenzbasierten Ansatzes. Der EQF ist als Matrixstruktur organisiert, in der auf der horizontalen Ebene Kompetenzniveaus in Form von Kenntnissen, Fertigkeiten und Kompetenzen beschrieben werden (Björnavold & Coles 2006). Während der EQF insgesamt ein Kompetenzrahmen ist, der auf Deskriptoren für „learning outcomes" fußt, enthält er andererseits auch die Kategorie der Kompetenz, womit nicht nur das Problem terminologischer Ungenauigkeit, sondern auch das möglicher Begriffsverwirrung entsteht. Die Kategorie der Kompetenz bezieht sich im EQF auf den Grad an Autonomie und Verantwortlichkeit, der durch den „Qualifikationsinhaber" praktiziert werden kann. Da der Qualifikationsrahmen auf Deskriptoren für „learning outcomes" basiert – dies beinhaltet, was eine Person weiß, versteht und kann –, liegt ein weiteres Problem in der Verschmelzung anstelle des Nebeneinanderstellens zweier Logiken. Die „learning outcomes" verweisen zum einen auf das *Potenzial* eines Menschen in Bezug auf Kenntnisse und Fertigkeiten, und zum anderen auf die *Performanz* im Sinne realisierter Kompetenz, die mit Bezug auf Autonomie und Verantwortlichkeit beschrieben wird und folglich mehr in Verbindung mit einem beruflichen *Verantwortungsspielraum* als mit einem *Vermögen* zur Erfüllung der Aufgaben in Beruf und Arbeit steht. Die Umsetzung des EQF hängt entscheidend davon ab, wie das Konzept der Lernergebnisse (*learning outcomes*) in den europäischen Mitgliedstaaten interpretiert wird.

Eine weitere umstrittene Schwierigkeit betrifft die Frage der Niveaustufen in Bezug auf die von den Lehrplänen losgelösten „outcomes". Der EQF besteht aus acht Stufen, angefangen vom Grundschul-/Hauptschulabschluss (Stufe 1) bis zur Promotion (Stufe 8), wobei die einzelnen Ebenen eine Beschreibung in jeder der drei horizontalen Kategorien (Kenntnisse, Fertigkeiten und Kompetenz) beinhalten. Der EQF ist nicht explizit mit irgendeinem Lehrplan oder pädagogischen Prozess verbunden, sondern ist darauf ausgelegt, Qualifikationen zu verwenden, die durch APEL ((*Accreditation of Prior Experiential Learning)*, etwa gleichbedeutend mit: Anerkennung informell erworbener Kompetenzen) sowie auf eher herkömmlichen Wegen (in Bildungsinstitutionen) erworben werden. Das Problem besteht nun darin, dass zwei nicht miteinander vereinbare Funktionen erfüllt werden sollen: a) Es soll ein nominelles Fortschreiten (von einer Stufe zur anderen) gewährleistet sein, wobei eine Leistung auf jeder Stufe oberhalb der Stufe 1 implizit eine Leistung auf dem Niveau von Stufe 1 und aller Stufen unterhalb der derzeit geprüften voraussetzt; und b) es soll ein Feststellungsverfahren zur Verfügung gestellt werden, wodurch festgelegt wird, ob eine Person die Kriterien für ein bestimmtes Niveau zufriedenstellend erbracht hat, unabhängig von ihren Leistungen auf jeder anderen Stufe. So wird das Erreichen einer bestimmten Stufe implizit vorausgesetzt und gleichzeitig werden frühere Leistungen, die unterhalb dieser Stufe bewertet wurden, als nicht mehr relevant angesehen (Brockmann u. a. 2008).

Eine weitere Schwierigkeit ergibt sich durch die Notwendigkeit, die Deskriptoren innerhalb des EQF selbst und in der zugrunde liegenden Rahmenkonzeption in verschiedene Sprachen zu übersetzen. Eine tendenziöse Übersetzung besteht in der Verwendung von Begriffen, deren Bedeutung aus dem jeweiligen nationalen Kontext möglicherweise losgelöst wird. Ein Beispiel hierfür ist die Übersetzung von „knowledge" aus dem Englischen in das deutsche Wort „Kenntnis". „Kenntnis" beinhaltet eher kontextspezifisches und nicht-systematisches Wissen, weniger jedoch Wissen im Sinne von systematischem Wissen, welches auch eine Rolle in der deutschen Berufsausbildung spielt (Hanf 2007). So beziehen sich das Berufsbildungsgesetz, das den Hauptteil des deutschen Berufsbildungssystems regelt, und die Ausbildungsordnungen, die den betrieblichen Teil der dualen Ausbildung regeln, auf *Fertigkeiten*, *Kenntnisse* und (seit 2005) *Fähigkeiten*, während *Wissen* in den Rahmenlehrplänen für berufliche Schulen verwendet wird. Ein damit zusammenhängendes Problem der Vermischung von Begriffen ist die konzeptionelle Differenz von scheinbar verwandten Begriffen. *Competence*, *Compétence* und *Kompetenz* haben zum Beispiel im Englischen, Französischen und im Deutschen jeweils verschiedene Bedeutungen in ihrem unterschiedlichen nationalen Kontext. Auf diese Weise zeigen sich wichtige Unterschiede in der Konzipierung von Schlüsselbegriffen, die möglicherweise zu Komplikationen bei der Einführung einer EU-weiten „Übersetzungshilfe" für Qualifikationen führen könnten.

1.2 Gemeinsamkeiten und Unterschiede bei beruflichen Qualifikationen

Dieser Beitrag entstammt einer Drei-Jahres-Studie, die von der Nuffield-Stiftung finanziert und im März 2009 abgeschlossen wurde (Brockmann u. a. 2009). Der Zweck der Studie war es, zu untersuchen, wie Schlüsselkonzepte im Zusammenhang mit der Berufsbildung innerhalb verschiedener nationaler Kontexte verstanden und angewandt werden. Die Untersuchung wurde anhand von Fallstudien aus vier Sektoren

(Informations- und Kommunikationstechnik, Bauwesen, Gesundheitswesen und Logistik) und Berufen (Softwareentwicklung, Maurerhandwerk, Krankenpflege und Berufskraftfahrer (Lastkraftwagen – LKW)) durchgeführt – und dies vergleichend in vier EU-Ländern (England, den Niederlanden, Deutschland und Frankreich). Ein besonderer Schwerpunkt der Studie lag darin, den EQF und die Schwierigkeiten bei seiner Anwendung zu bewerten. Die Studie umfasste eine Phase, in der es auf der Makro-Ebene darum ging, den institutionellen Berufsbildungskontext zu eruieren, und zwar sowohl auf der Ebene der EU als auch in jedem der an der Studie beteiligten vier Länder: Ein Mittel dazu waren Interviews mit wichtigen „Stakeholdern" in der beruflichen Bildung (einschließlich der Sozialpartner und Organisationen für die Entwicklung und Regulierung der beruflichen Qualifikationen). Dies wurde auf der Mikro-Ebene durch Interviews mit Personen ergänzt, die unmittelbar mit der Anwendung von Qualifikationen und dem Austausch qualifizierter Personen befasst waren: Arbeitgeber und Arbeitnehmer in ausgewählten Unternehmen und Vertreter von Bildungsträgern. Die Erhebung und Analyse von Daten geschah innerhalb der gesamten Studie innerhalb eines konzeptionellen Rahmens, der die wesentlichen Dimensionen der Berufsbildung enthielt (Qualifikation; Wissen; Kompetenz; Qualität und Nutzung beruflicher Arbeit; Austausch von Arbeitskräften sowie Kontrolle/Steuerung des Arbeitskräfteeinsatzes) und mit dem Ziel entwickelt worden war, konzeptionelle und tatsächliche Unterschiedlichkeiten in den und zwischen den Systemen der jeweiligen Länder zu verstehen.

Deutliche Gemeinsamkeiten und Unterschiede lassen sich innerhalb und zwischen den Berufsbildungssystemen der vier untersuchten Länder – England, Frankreich, Deutschland und den Niederlanden – finden, bezogen auf die untersuchten Branchen und Berufe. Länderübergreifende Ähnlichkeiten wurden für einige Berufe beobachtet, wenn auch nicht für alle, ebenso wie es große Ähnlichkeiten zwischen bestimmten nationalen Berufsbildungssystemen gibt. Ebenso wenig, wie die jeweiligen nationalen Berufsbildungssysteme mit jeder untersuchten beruflichen Qualifikation notwendigerweise einheitlich oder notwendigerweise unterschiedlich verbunden sind, gibt es ein eindeutiges Berufsbildungsmodell, das für jedes der vier Länder einzigartig ist. In anderen Worten: Die im internationalen Vergleich oft angenommene institutionelle Gleichartigkeit der nationalen Systeme trifft nicht zu; jedes Land spiegelt eine institutionelle Vielfalt wider, und jeder Beruf ist mit einer bestimmten institutionellen Konstellation verbunden. Obgleich es unterschiedliche nationale Ansätze in der Berufsbildung gibt, die in den systemischen Bedingungen hinsichtlich ihrer unterschiedlichen Geschichte und Politik exakt beschrieben werden können, tendieren solche Beschreibungen eher zu Vereinfachungen, wenn man im Einzelnen bestimmte Branchen und Berufe in den Blick nimmt. Auf sektoraler und beruflicher Ebene gibt es, obwohl die nationalspezifischen Charakteristika manchmal markant sind, auch Charakteristika, die auf alle untersuchten Länder zutreffen.

Dieser Beitrag versucht, Gemeinsamkeiten und Unterschiede in der Berufsbildung innerhalb und zwischen den Branchen/Berufen und Staaten im Hinblick auf das Thema „Kompetenz" zu identifizieren. Das Problem dabei ist, dass es dort schwierig ist, einen gemeinsamen Nenner zu finden, wo der Bezugspunkt von Qualifikationen qualitativ unterschieden ist. In England beispielsweise besteht der zentrale Bezugspunkt für „outcomes" in Leistungskriterien im Zusammenhang mit einer bestimmten Aufgabe oder Funktion am Arbeitsplatz. Im Gegensatz dazu ist in Deutschland der Referenzpunkt nicht die Leistungsfunktion *per se*, sondern die Entwicklung des Individuums in einem bestimmten *Beruf*, festgelegt durch entsprechende Curricula. Mit anderen Worten: In England bezieht sich das Lernergebnis auf den *Vollzug einer Leistung (performance output)* und in Deutschland auf den *Berufsbildungs*prozess, der auf der Erlangung von Standards auf unterschiedlichen Stufen basiert. Die Frage ist, ob die Leistungserbringung am Arbeitsplatz (*performance output*) jemals unmittelbar mit Lernergebnissen (*learning outcomes*) als solchen in Verbindung gebracht werden kann.

Auf der Grundlage von vier untersuchten Branchen und Berufen kann nicht argumentiert werden, dass die nationalen Modelle der Berufsbildung derart verschieden sind, dass folglich der EQF nicht funktionieren könne, da er diese Vielfalt ignoriere. Auf Basis der betrachteten nationalen Ähnlichkeiten und Unterschiede zwischen den Berufsbildungssystemen sticht hingegen nur das englische Berufsbildungssystem hervor. Dessen qualitativ unterschiedene Charakteristika und Bezugspunkte implizieren eine größere Abgrenzung von den anderen drei Systemen, als diese untereinander aufweisen. Diese Unterschiedlichkeit gilt besonders für Beschäftigungen, die in England traditionell als „manuell" oder „angelernt" betrachtet werden und typischerweise eine Eingangsqualifikation bei oder nahe Stufe 2 des „Qualifikation and Credit Framework" (QCF, früher *National Qualification Framework*) bzw. im EQF auf Stufe 2 beinhalten. Ein Hauptunterschied zu den anderen Berufsbildungssystemen liegt in der Art dieser beruflichen Qualifikationen, die lediglich auf „outcomes" basieren und als getrennt und unterschieden von der Berufsbildung begriffen werden, unabhängig von Pädagogik und Lehrplan. Die Rede ist von den nationalen beruflichen Qualifikationen (NVQs = *National Vocational Qualifications*), die wohl eine unverwechselbare englische Entwicklung darstellen, wenngleich entscheidende Gestaltungsprinzipien, insbesondere „learning outcomes", offenbar einen Einfluss auf den Entwurf des EQF gehabt haben.

Im Folgenden werden wir zuerst die wichtigsten, hier relevanten Charakteristika jedes analysierten nationalen Berufsbildungssystems zusammenfassen und dann die vier Berufe auf Basis der gleichen Kategorien im Zusammenhang mit dem jeweiligen Berufsbildungs- und Qualifikationssystem betrachten. Anschließend werden wir zum einen untersuchen, wie verschieden das Verhältnis der nationalen Systeme zu jedem Beruf gestaltet ist und/oder ob sich Gemeinsamkeiten über die nationalen Grenzen der untersuchten Länder hinweg finden. Zum andern fragen wir, ob länderübergreifende Kategorien existieren, die Trennendes und Gemeinsames beschreiben. Schließlich berücksichtigen wir die Ergebnisse der Studie sowohl im Hinblick auf die Entwicklung von Bereichen der gegenseitigen Verständigung in Europa (*Zones of Mutual Trust*) als auch im Hinblick auf die englische Berufsbildung.

2 Nationale Berufsbildungssysteme in Europa aus länderübergreifender Sicht

Der folgende Abschnitt beschreibt einige Hauptmerkmale jedes der betrachteten Berufsbildungssysteme. Die Erörterung von Berufsbildungssystemen auf nationaler Ebene fokussiert die Unterschiede der Berufsbildungssysteme zwischen den vier Ländern und bringt unterschiedliche länderübergreifende Berufsbildungsmodelle in die Diskussion, die sich auf Berufssparten beziehen.

Unterschiede, die auf nationaler Ebene hervorstechen, erscheinen nuancierter auf branchenspezifischer und beruflicher Ebene. Allerdings können wir sagen, dass Organisationskonzepte existieren, die in jedem nationalen Berufsbildungssystem herausragen, wenngleich man sie auch in einem geringeren Umfang in benachbarten Systemen vorfindet.

2.1 Deutschland

Das deutsche Berufsbildungssystem ist durch eine Vielzahl verschiedener Wege zu einem Berufsabschluss gekennzeichnet: der wichtigste ist das duale System. Das duale System, auf dem der Fokus bei der deutschen Untersuchung liegt, ist Teil einer verzahnten Struktur, die stark von einem engmaschigen Netz von Institutionen der Zivilgesellschaft (auf lokaler über regionaler bis zu nationaler Ebene) abhängt, welche sich an Aushandlungsprozessen in einem etablierten Sozialpartnerschaftssystem beteiligen (Streeck 1992; Culpepper 1998). Der gesetzliche Rahmen für die Funktionen der deutschen Berufsbildung ist weitestgehend das Ergebnis solcher Aushandlungsprozesse auf nationaler Ebene. Obwohl Deutschland ein Land mit stark regionalen „Länderidentitäten" und entsprechenden politischen Abmachungen ist, besitzt es ein nationales Berufsbildungssystem, das auf einer Kombination aus Bundes- und Landesgesetzen aufbaut. Eine nationale staatliche Organisation der Berufsbildung, das Bundesinstitut für Berufsbildung (BIBB), hat eine Schlüsselrolle bei der Steuerung des deutschen Systems inne ebenso wie Funktionen in der Forschung und in der Politikberatung. Diese angesehene Institution spiegelt teilweise den relativ hohen Status der Berufsbildung in Deutschland wider und teilweise arbeitet sie daran, diesen Status zu bestärken. Eine ausgeprägte Besonderheit des deutschen Systems ist die starke Einbindung der Sozialpartner (Gewerkschaften und Arbeitgeber) auf allen Ebenen: auf Bundesebene bei der Mitbestimmung von Ausbildungsordnungen, auf Landesebene hinsichtlich der regionalen Planung von Ausbildungsmaßnahmen, auf lokaler Ebene (*Zuständige Stelle*) bei der Überwachung der Ausbildung und als Prüfungsinstanz. Schlussendlich wird auch auf betrieblicher Ebene die Sozialpartnerschaft bestärkt durch die *Mitbestimmung* bei der Führung von Unternehmen, die über 2.000 Arbeitnehmer beschäftigen, und durch die Einrichtung von *Betriebsräten* in allen Betrieben, außer den sehr kleinen. Beide Institutionen verleihen den Gewerkschaften eine besondere Bedeutung sowohl innerhalb der Unternehmen als auch bei Administration und Evaluation der Berufsausbildung (und dadurch auch für die realisierte Qualität der Berufsbildung) (Culpepper 1998).

Ergänzend dazu ist zu sagen, dass der soziale Status der Menschen sich zum Großteil durch die berufliche Identität konstituiert, welche wiederum auf der zentralen Stellung des Berufsprinzips aufbaut:

> „The core concept of German VET is the concept of the '*Beruf*'. A '*Beruf*' holds a mid-way position between professions and jobs, entailing a typical set of activities. To pursue a '*Beruf*', the individual likewise needs a typical combination of formal knowledge, skills and experience, but, unlike in the case of jobs, these skills are more systematised and their deployment is not geared to any single worksite. '*Berufe*' are strongly linked with the wage bargaining system as well as with social welfare. A '*Beruf*' is thus a currency for trading labour for money" (Hanf 2007, S. 3).

Das Berufskonzept ist der Schlüssel dazu, das deutsche Berufsbildungssystem zu verstehen; das Berufskonzept muss jedoch im Kontext der Bildungsvorstellungen in den deutschsprachigen Ländern verstanden werden. Das duale System ist der vorherrschende (wenn auch quantitativ abnehmende) Bereich der Berufsbildung in Deutschland. Derzeit werden dort 52 % der Schulabgänger aufgenommen, allerdings nicht alle unmittelbar nach Schulabschluss (Hanf 2011). Das duale System basiert auf der Annahme, dass weder die reine Betriebslehre noch allein die Berufsschule ideale Mittel der beruflichen Bildung, bzw. der Erziehung im Allgemeinen, darstellen. Nach einem der Gründer des Systems, Georg Kerschensteiner, besteht die Gefahr der betrieblichen Berufsausbildung an sich darin, dass sie den jungen Menschen ausschließlich auf das beschränkte Konzept des Berufs konzentriert, ohne dass eine erweiterte kulturelle, moralische und soziale Sensibilität gefördert würde. Die Schule hingegen kann die betriebliche Berufserfahrung nicht vermitteln, die wichtig ist für die technische, kulturelle und moralische Entwicklung eines Arbeiters (Kerschensteiner 1964). Kerschensteiners Lösung, der er in München zum Ende der 19. Jahrhunderts den Weg bereitete, gründete auf beidem, Betrieb und Schule, und repräsentierte so die Integration von beruflicher Ausbildung und bürgerlicher Erziehung bzw. Bildung. Dieses System unterschied sich vom elitären akademischen Bildungssystem, das auf Humboldts Prinzipien aufbaute, wenngleich mit ihm eine Brücke über die große Kluft zwischen utilitaristischen und humanistischen Erziehungszielen zu schlagen versucht wurde. Mit einigen Modifizierungen, besonders im ersten Jahr der aktuellen dualen Berufsausbildung, ist diese Konzeption die Grundlage für die heutige Berufsbildungspraxis in Deutschland.

Zentral für das deutsche System ist das Konzept der *Handlungskompetenz*, das angestrebte „outcome" der Berufsbildung. In gewisser Weise spiegelt es das französische Konzept der *compétence* wider, besonders in seiner ganzheitlichen Betrachtung der Integration von systematischen und deklarativen Kenntnissen in die Arbeitspraxis mittels reflektierter Erfahrung. Der deutsche Ansatz ist jedoch breiter angelegt. Er beinhaltet außerdem die persönliche Dimension der Verantwortungsübernahme und der Entwicklung von persönlicher Autonomie, zusammen mit der sozialen Dimension der Teamarbeit und dem Verstehen der erweiterten gesellschaftlichen Auswirkungen der persönlichen Berufstätigkeit. Seit den 1970er Jahren hat die deutsche Berufsbildung zuerst durch den Einfluss der Emanzipation und Mitbestimmung eine neue Richtung angenommen, in den 1980er Jahren dann durch das Konzept der *Handlungskompe-*

tenz mit ihren Dimensionen *Fach-, Sozial-, Personal-, Methoden- und Lernkompetenz*. Das Hauptziel der Berufsbildung in Deutschland besteht darin, eine hochqualifizierte Arbeiterschaft besonders auf den mittleren und höheren Stufen (EQF 4) gewerblich-technischer Arbeit als ein Mittel der wirtschaftlichen Machtstellung in traditionell starken Bereichen zu erhalten. Die deutsche Berufsbildung verfolgt auch wichtige Ziele in Bezug auf die Entwicklung einer beruflichen Identität, die Persönlichkeitsentwicklung und das staatsbürgerliche Bewusstsein der Individuen.

2.2 Die Niederlande

Geschichtlich gesehen hatte das niederländische Bildungssystem eine bedeutende Funktion darin, bei den Menschen ein Gefühl für nationale und staatsbürgerliche Identität zu entwickeln. Berufliche Bildung, als eine spätere systematische Entwicklung, wurde nachhaltig in das nationale Bildungssystem mit seinen erweiterten bürgerlichen Bildungszielen, eingebettet (Westerhuis 2011). Das Bestreben des öffentlich finanzierten nationalen Bildungssystems besteht darin, die Mehrheit der jungen Leute auf dem effektivsten und effizientesten Weg durch das Bildungssystem in den Arbeitsmarkt zu führen. Das System ist selektiv, da schon in der letzten Klasse der Primarstufe (8. Klasse) die Jugendlichen in einem quasi verpflichtenden nationalen Test nach ihren Fähigkeiten beurteilt und abhängig von den Ergebnissen dahingehend beraten werden, entweder einen allgemeinbildenden Weg zur Vorbereitung auf die Hochschulbildung einzuschlagen oder einen allgemeinen/ vorberuflichen Bildungsweg zu wählen, der auf eine Berufsausbildung (in der beruflichen Sekundarstufe) vorbereitet. Die frühe Ermittlung von Fähigkeiten soll junge Leute davor bewahren, auf einem Niveau unter oder über ihren Fähigkeiten zu beginnen. Es hängt sehr stark von den Leistungen der Schüler in der allgemeinen/ vorberuflichen Bildung ab (VMBO), für welches Niveau der Berufsausbildung sie sich qualifizieren. Berufsausbildung wird als ein (alternativer) Weg zur höheren (nicht akademischen) Bildung mit eigener Berechtigung angesehen. Wie andere europäische Länder haben die Niederlande ein Interesse daran, die Anzahl der Studenten in der Hochschulbildung zu erhöhen, weshalb Möglichkeiten für einen schnelleren Wechsel von der Berufsausbildung zur Hochschulbildung geschaffen wurden.

Mit dem Gesetz aus dem Jahre 1996 zur beruflichen Sekundarstufe und zur Erwachsenenbildung wurde das niederländische Berufsbildungssystem zu einem vierstufigen ganzheitlichen System, in welchem Kurse auf zwei gleichwertigen Bildungswegen angeboten werden, die dem früher voneinander getrennten dualen System und dem (schulischen) Vollzeitsystem entstammen („zwei Wege; eine Qualifikation"). Obwohl die Wurzeln dieser beiden Bildungswege noch immer zu finden sind (duale Bildungswege sind in Wirtschaftsbereichen, die über eine lange Tradition der Lehrlingsausbildung verfügen, immer noch populär), wächst die Vorliebe für Vollzeit-Zweige in allen Bereichen und auf allen Ebenen. Obwohl die Anzahl der Auszubildenden in der Berufsausbildung insgesamt gestiegen ist, erwartet das niederländische Ministerium für Bildung eine weitere Abnahme der Auszubildendenzahlen in dualen Ausbildungen, möglicherweise bedingt durch das graduelle Verschwinden der Unterschiede zwischen den Bildungswegen. In beiden Zweigen lernen Schüler/Auszubildende auch im Betrieb. Abgesehen davon, dass Auszubildende des dualen Zweigs über den doppelten Status als Arbeitnehmer und Schüler verfügen, haben sie normalerweise mehr Zeit in der beruflichen Praxis verbracht. Da jedoch eine der Besonderheiten des kompetenzbasierten Lernens darin besteht, Lernen in der Schule und Lernen am Arbeitsplatz flexibel zu organisieren, und da viele Schüler/Auszubildende auch das Lernen am Arbeitsplatz bevorzugen, wird der Unterschied zwischen den beiden Bildungswegen immer weniger sichtbar.

Laut Gesetz von 1996 über die Berufsbildung und Erwachsenenbildung (WEB) ist das Ziel der Berufsbildung

> „the theoretical and practical preparation for the execution of occupations, which presuppose an education-based course leading to a qualification. Besides qualifying for an occupation, VET supports the general development and personal growth of its students and prepares them to function in civic society. VET is linked to prevocational education and general education" (Westerhuis 2007, S. 2).

Dieses Zitat fasst den Sachverhalt zusammen, dass Berufsbildung als öffentlich unterstützte Einrichtung junge Menschen sowohl auf eine berufliche Karriere als auch auf einen lebenslangen Werdegang als Gesellschaftsmitglieder vorbereiten soll. Dabei überlässt man es den Schulen, entsprechende Kurse zu organisieren, um diese Ziele zu verwirklichen, vorzugsweise in einer ganzheitlichen Art und Weise. Die niederländische Grundidee von „Kompetenz" beinhaltet eine Integration von Wissen, Können und persönlichen Charaktereigenschaften, die sowohl für berufliche Leistungsfähigkeit als auch für staatsbürgerliches Handeln zentral sind. Auf diese Weise sollten nicht-berufliche Kompetenzen ebenfalls im Arbeitskontext erworben werden:

> „One cannot learn how to be a good citizen in a limited number of lessons. VET should address a student as a complete person, having to learn how to behave in occupational contexts as well as in society. Generally speaking, both contexts demand the same type of behaviour. In both contexts one should learn how to deal with aggression and conflicts, for instance" (Procesmanagement Kwalificatiestructuur, zitiert in Westerhuis 2007, S. 2).

Das zentrale Konzept des niederländischen Berufsbildungssystems ist das der *Kompetenz*. Das niederländische System repräsentiert ein Modell, in dem das Schulsystem eng mit nationalen Bildungszielen verknüpft ist, welche individuelle und staatsbürgerliche Elemente beinhalten. Berufliche Qualifikationen sind entsprechend einer gemeinsamen Vorlage organisiert, die gewährleistet, dass sie einen gemeinsamen Bildungsinhalt teilen. Markante Besonderheiten des niederländischen Systems bestehen in dem sehr aufwendigen und umfangreichen Qualifikationssystem für alle Berufe, in hohen Qualifikationsniveaus für qualifizierte Arbeiter und in einer umfangreichen Bestimmung, mit der der Zugang zu qualifizierten Berufstätigkeiten geregelt wird (Westerhuis 2007). Ein Hauptmerkmal des niederländischen Berufsbildungssystems ist sein utilitaristischer Charakter. Es ist die Aufgabe der Berufsbildung, alle jungen Leute, die nicht an höherer Bildung teilnehmen, auf das Arbeitsleben und das staatsbürgerliche Leben vorzubereiten. Politische Debatten konzentrieren sich auf die

Frage, ob sich Berufsbildung auf die Interessen der beteiligten Akteure einstellen soll und ob dies auf dem effektivsten und effizientesten Weg geschieht.

Verglichen mit Deutschland besitzen demzufolge die Niederlande als viel kleineres Land das besser eingebundene und stimmigere Berufsbildungssystem, in dem jedwede berufliche Qualifikation derselben Organisationsstruktur unterliegt. Die Rolle der Sozialpartner ist hingegen ähnlich ausgeprägt wie in Deutschland. Das niederländische System ist allerdings noch durch seine Ursprünge innerhalb des nationalorientierten Bildungssystems gekennzeichnet, in welchem großer Wert auf die Entwicklung von Individuen und Staatsbürgern gelegt wurde (Westerhuis 2007).

2.3 Frankreich

Frankreich besitzt ein Berufsbildungssystem, in dem der Staat – wie auch in der nicht-beruflichen Bildung – eine gewichtige Rolle innehat. Das französische staatliche Bildungssystem legt traditionell großen Wert auf *savoir* – auf akademisches Wissen (Géhin 2007). Obwohl die traditionellen akademischen Fächer keine dominierende Position mehr im Berufsbildungscurriculum einnehmen, trifft es noch immer zu, dass *savoir* im Sinne von systematisch organisiertem grundlegendem Wissen seinen Platz als wichtiges Organisationsprinzip in der französischen Berufsbildung behalten hat. Allerdings verfügt das französische System auch über eine gut etablierte Praxis sozialer Partnerschaft, in welcher der Staat eine führende Rolle übernimmt und mit Wirtschaftsorganisationen und Gewerkschaften zusammenarbeitet. Die Berufsbildung in Frankreich wird wie in den Niederlanden deutlich als Teil des Erziehungssystems und im Rahmen eines breit angelegten Bildungskonzepts gesehen. Aus diesem Blickwinkel betrachtet, konzentriert sich die französische Berufsbildung auf das Individuum in seiner Funktion als Arbeitskraft, vernachlässigt aber nicht andere Aspekte von Bildung/Erziehung und berücksichtigt deshalb die Notwendigkeit, die Entwicklung der Individuen und ihre Fähigkeit, als Staatsbürger zu handeln, weiterhin zu fördern.

Die berufliche Lehre war eine verbreitete Institution, die nach der französischen Revolution durch einen starken Niedergang gekennzeichnet war (Géhin 2007), aber der nachrevolutionäre Staat reagierte auf den Bedarf an hochqualifiziertem technischen Personal, indem er ein Netzwerk spezialisierter höherer technischer Institutionen einrichtete. Im Laufe des 20. Jahrhunderts entwickelten sich technische und berufliche Schulen zu Einrichtungen der elementaren (*non-advanced*) Berufsbildung und schlussendlich zu Schulen der Sekundarstufe 2, zu beruflichen Gymnasien (*lycées professionnels*), mit deren Hilfe berufsbildender Erziehungsauftrag und Qualifizierung miteinander verknüpft werden sollten. Das Berufsbildungssystem wurde auf gesamtstaatlicher Grundlage in den 1950er Jahren organisiert und während der 1970er und 1980er Jahre ausgebaut. Seit diesem Zeitpunkt wird das dreigliedrige System beständig erneuert, damit Anforderungen an die berufliche Qualifizierung erarbeitet werden, die dann durch Bildungsfachleute in Curricula umgesetzt werden (Méhaut 2007). Die Berufsausbildung wird ausdrücklich *formation* genannt, ein Begriff, der nicht als *Training* ins Englische übersetzt werden kann und der beinhaltet, dass ihm ein Bildungskonzept und eine entwicklungsbezogene Auffassung beruflichen Engagements unterlegt sind. In dieser Hinsicht befindet sich der Begriff in größerer Nähe zu dem deutschen Terminus *Ausbildung*. Qualifikationen sind, obwohl sie außer in bestimmten Berufen grundsätzlich nicht als Lizenz zur Berufsausübung angesehen werden, in Niveaustufen angeordnet und gelten als aussagekräftige „Währung" für den Arbeitsmarkt. Sie besitzen ebenfalls einen sekundären Wert als Bildungswährung und werden genutzt, um weitere Qualifikationen zu erwerben. Darüber hinaus sind sie soziale Referenzen, die dem Einzelnen sozialen ebenso wie akademischen und wirtschaftlichen Status zuteilen.

Das Kompetenzkonzept, das in der französischen Industrie und Berufsbildung in den letzten 20 Jahren übernommen wurde, ist stark auf die erfolgreiche Verrichtung von Arbeitstätigkeiten, oft hochspezialisierter Art, ausgerichtet. Die wachsende Bedeutung dieses Konzepts kann demzufolge, ebenso wie in den Niederlanden, als eine teilweise Umorientierung in Richtung auf ein „outputbasiertes" Modell interpretiert werden. Allerdings ist ein Kernmerkmal der *compétence,* dass sie nicht behavioristisch als Verhaltensausprägung, sondern integrativ definiert wird als Ausüben eines fachlichen Urteils durch die Anwendung von Kenntnissen, die systematisches Wissen einschließen. In diesem Sinn hat der Begriff eine starke Ähnlichkeit zur deutschen Auffassung von *beruflicher Handlungskompetenz* – wenn auch ohne berufliche Assoziationen –, wonach systematisches und kontingentes Wissen im Arbeitskontext angewandt werden.

Ein wichtiges Merkmal der französischen Berufsbildung ist der gesetzliche Anspruch auf berufliche Weiterbildung, die größtenteils außerhalb des Rahmens der beruflichen Erstausbildung angesiedelt ist, aber seit 2003 im Anschluss an Vereinbarungen der Sozialpartner ausgeweitet worden ist (Méhaut 2011). Eine der treibenden Kräfte dieser Entwicklung war das Erkennen von Risiken für die Beschäftigungssicherheit aufgrund technologischer und wirtschaftlicher Veränderungen und der Notwendigkeit, diese Risiken zu bewältigen, indem den Beschäftigten die Möglichkeit zur Verbesserung ihrer Fähigkeiten eingeräumt wurde.

Frankreich verkörpert somit soziale Partnerschaft, eine integrative Vorstellung von Kompetenz und ein Berufsbildungssystem, welches in das übergreifende nationale Bildungssystem eingebettet ist. Es fehlt das *Berufs*konzept des deutschen Systems, aber Qualifikationen besitzen einen ähnlichen Stellenwert und sind ähnlicher Natur wie im deutschen oder niederländischen System.

2.4 England

England repräsentiert ein heterogenes Ausbildungssystem, welches Elemente informellen arbeitsplatzbezogenen Lernens, einer Berufslehre und einer College-Vorbereitung auf das Arbeitsleben enthält (Green u. a. 1999). Allerdings ist das System auch durch eine Vielzahl von Besonderheiten gekennzeichnet. Die erste Besonderheit ist die relativ strikte Unterscheidung zwischen *Bildung*, die in erster Linie mit persönlicher Entwicklung zu tun hat, und *Training*, das mit der Entwicklung anwendungsbezogener Fertigkeiten zu tun hat. Der Begriff der Fertigkeit (*skill*) markiert weiterhin eine zentrale Idee im englischen Aus- und Weiterbildungssystem und betrifft sogar einige Berufe, die zur Hochschulbildung zählen. Der Begriff der beruflichen Bildung (im Unterschied zum beruflichen Training) existiert deshalb nur in einem schmalen Begriffsraum, welcher hauptsächlich durch Professionen wie Jura und Medizin belegt ist, wo ein Verständnis von Expertise als Anwendung von systematischem Wissen in der Praxis seit langem etabliert ist (Eraut 1994). Berufsbildung (*professional education*) in diesem Sinn soll auch die persönliche Entwicklung des Educandus fortsetzen helfen. Anders als in Deutschland besitzen akademische Berufe (*professions*) einen eindeutigen gesetzlichen Status; sie gehören zu amtlich zugelassenen Institutionen der Professionen, die eine Schlüsselrolle in der Berufsausbildung spielen und eher dem „Privy Council" (Staatsrat) als der Regierung gegenüber zur Rechenschaft verpflichtet sind. Die Steuerung professioneller Bildung (*professional education*) ist demnach scharf abgegrenzt von der beruflichen Aus- und Weiterbildung für nicht-akademische Beschäftigung, welche direkter der Verantwortung der regierenden Ministerien unterliegt (Clarke & Herrmann 2004). Diese nicht-akademischen Beschäftigungen (*non-professions*) schließen die Handwerksberufe (*trades*) ein, denen die meisten Eigenschaften der deutschen Bedeutung von *Berufen* fehlen. Es gibt auch immer mehr Beschäftigungen, die über Attribute von Professionalität verfügen und immer weiter durch eine Art des professionellen Status an Anerkennung gewinnen, hauptsächlich aufgrund einer Verbindung mit der Hochschulbildung. Krankenpflege und Lehrtätigkeit sind zwei der größten dieser „Semi-Professionen".

Die Aus- und Weiterbildung in England ist durch einen Mangel an staatlicher und gesetzgebender Regulierung gekennzeichnet. Bis auf vereinzelte Ausnahmen fehlt ein System sozialer Partnerschaft in der Steuerung der Berufsbildung. Diese erfolgt vornehmlich durch staatliche Vorgaben in Bezug auf die Anzahl zu erzielender Ausbildungsplätze und ohne Einbeziehung der kollektiven Interessen von Arbeitgebern und Arbeitnehmern (vgl. Keep 2007). Vor allem Gewerkschaften sind in der Gestaltung von Ausbildungsformen nur marginal repräsentiert. Die Management-Maßnahmen für das System und die vielen Reformen, denen es unterworfen ist, fußen alle auf einem vermuteten Arbeitgeber-Bedarf an bestimmten Fertigkeiten (*skills*). Die Aus- und Weiterbildung ist durch die arbeitgeberdominierten „Sector Skill Councils (SSCs)" organisiert. Allerdings sind es einzelne große Arbeitgeber, die tendenziell in Berufsbildungs-Gremien und bei der politischen Entscheidungsfindung eher vertreten sind. Gesetzliche Ausbildungsumlagen gelten nur für das Baugewerbe und das Bauingenieurwesen, außerdem sind Lizenzen für die Berufsausübung außerhalb der (akademischen) Professionen eher selten vorgesehen – am ehesten noch bei Verträgen im Bereich elektrotechnischer Arbeit.

In England gibt es eine Vielfalt beruflicher Qualifikationen, die von der Niveaustufe 1 bis zur Niveaustufe 8 des QCF und des EQF reichen. Manche dieser Kompetenzstufen beinhalten Elemente deklarativen Wissens, und manche beruhen sogar auf der Integration von deklarativem Wissen in die Arbeitspraxis, so wie beispielsweise die BTEC (Business and Technology Education Council) Qualifikationen. Jedoch hat seit den 1980er Jahren ein Qualifikationstyp an Bedeutung gewonnen, der ganz stark auf den „learning outcomes" beruht: der NVQ (*National Vocational Qualification*), der auf den Stufen 1–5 des QCF/EQF rangiert, wenngleich er überwiegend auf den Stufen 1–3 vorkommt. NVQs basieren auf der Prämisse, dass die Fähigkeit, festgelegte Aufgaben mittels eingeübter Fertigkeiten durchführen zu können, das ist, was für Arbeitgeber wichtig ist.

Seit den frühen 1990er Jahren gibt es ein von der Regierung gefördertes und subventioniertes Ausbildungssystem (*Apprenticeship System*), in welchem Qualifikationen der Stufen 2–4 des QCF angeboten werden und das aus drei Elementen besteht: eine nach NVQ zertifizierte Fertigkeit (*skill*); ein technisches Zertifikat, das handlungsbegründendes (*underpinning*) Wissen bestätigt; und ein *Functional Skills*-Zertifikat, mit dem ein elementares Niveau an Allgemeinbildung attestiert wird. Allerdings sind diese Elemente nicht miteinander verbunden und können getrennt voneinander und in jeder beliebigen Reihenfolge für die Erlangung der *Apprenticeship*-Qualifikation absolviert werden. Im Allgemeinen ist die Bedeutung beruflicher Qualifikationen sowohl als „Währung" auf dem Arbeitsmarkt als auch als „Bildungswährung" limitiert. Qualifikationen auf Niveaustufe 3 werden von Arbeitgebern in bestimmten Branchen, wie beispielsweise dem Bauwesen, respektiert, aber Niveaustufe 2 hat oft einen neutralen oder sogar negativen Wert auf dem Arbeitsmarkt. In der Praxis ist das Fortschreiten von NVQ-Stufe 2 zu Stufe 3 schwierig, da Stufe 3 höhere Anforderungen an mathematische sowie Lese- und Schreibfähigkeiten stellt. Qualifikationen auf Stufe 3 haben eine begrenzte Bedeutung für die Fortentwicklung zu höheren Stufen, aber ihre Anerkennung durch Institutionen der höheren Bildung ist eher gering.

Der beherrschende Ansatz im englischen Berufsbildungssystem ist der des *Trainings* für eine spezifische Fertigkeit (*skill*) oder ein Paket an Fertigkeiten. „Skills" werden als Befähigungen zur Erfüllung von Aufgaben verstanden, in erster Linie handwerklicher und des Weiteren sozialer Art. NVQs werden durch die Auswahl tätigkeitsbezogener Deskriptoren gebildet, die selbst aus Listen von Aufgaben bestehen, welche mit bestimmten Beschäftigungstätigkeiten zusammenhängen. Diese Deskriptoren werden dann wiederum in aufgabenbasierte Kompetenzen übersetzt, deren Beschreibungen eine Grundlage für die Beurteilung von Qualifikationen bieten. NVQs können auf Basis des Anerkennungsverfahrens APEL (*Accreditation of Prior learning*) anerkannt werden. Der in England vorherrschende allgemeine Arbeitsmarkt funktioniert noch immer zu einem Großteil durch eine *Vor-Ort*-Bewertung der Tauglichkeit, die zur Ausführung von Aufgaben in einem Job erforderlich ist. Dies steht im Kontrast zu Frankreich, Deutschland und den Niederlanden, wo berufsbezogene Arbeitsmärkte vorherrschen und wo berufliche anstelle tätigkeitsspezifischer Fähigkeiten das Hauptcharakteristikum ausmachen.

Aus einer systemischen Perspektive gesehen bestünde eine erste Reaktion darin, zwei Arten von Berufsbildungsmodellen zu postulieren: eines basierend auf einem Bildungsmodell (*educational model*) und ein anderes auf Fertigkeiten (*skills*). Frankreich, Deutschland und die Niederlande gehören zum ersten Modell und England zum zweiten.

3 Berufsübergreifende Annäherung und Abweichung zwischen nationalen Kompetenzkonzepten

Der EQF macht von einem „Kompetenzmodell" Gebrauch, welches sich aus den Bestandteilen „Kenntnis", „praktische Fähigkeit" und – verwirrenderweise – „Kompetenz" zusammensetzt. Letztere besteht in der Fähigkeit, Verantwortung am Arbeitsplatz zu übernehmen und bezieht sich hauptsächlich auf das Maß an Unabhängigkeit und Verantwortung, das von den Arbeitnehmern jeweils erwartet wird.

Deutschland, Frankreich und die Niederlande nutzen multi-dimensionale Kompetenzkonzepte, die eher als berufsbezogen und weniger als aufgabenbezogen verstanden werden und die die Integration systematischen und unsystematischen Wissens in der Praxis (*contingent knowledge*) mit sozialen und personalen Eigenschaften umfassen. England dagegen nutzt ein enges Kompetenzkonzept, das an berufliche Standards angelehnt ist, die eigentlich Bündel von Tätigkeitsbeschreibungen sind. Diese stehen für sich und sind zu verschiedenen Qualifikationscollagen (*qualification packages*) kombinierbar. Die Schwierigkeit besteht in diesem Fall darin, dass im Gegensatz zu den anderen Ländern (und mit Ausnahme der Krankenpflege) Bereiche und Inhalte englischer Berufe tendenziell auf Grundlage von Gewohnheiten und bestehender Praxis definiert werden – und nicht durch ausgiebige Verhandlungen und Diskussionen auf Basis von Sozialpartnerschaft und auf der Ebene von Branchen, mit allen mitwirkenden Parteien, einschließlich Gewerkschaften, Arbeitgebern und Erziehungswissenschaftlern. Das englische Kompetenzkonzept steht in enger Beziehung mit dem der Fertigkeiten (*skills*) – beides ist behavioristisch (in Form von Verhaltensbeschreibungen) konzipiert.

„Haltungen" sind expliziter Bestandteil im niederländischen System, und das spiegelt si:h auch im *savoir être* im Französischen und in der *sozialen und personalen Kompetenz* in Deutschland wider. In England wurde den „soft skills" größere Bedeutung beigemessen, aber diese besitzen nur eine geringe Ähnlichkeit mit Haltungen, *savoir être* und *Kompetenzen*. Dennoch gibt es in England eine starke Tradition, wonach die Haupttugend einer Person darin besteht, vor allem in den auf niedrigerem Status angesiedelten Berufen, „das zu tun, was einem gesagt wird". Ein Leitmotiv, das sich im englischen Kontext herausgebildet hat, besagt, dass Kompetenz die „gute" Ausübung einer Fertigkeit auf einem bestimmten Niveau und mit der „richtigen Haltung" ist.

In den Niederlanden und Frankreich liegt ein Schwerpunkt der Erstausbildung in den akademischen Fächern. Aufgrund der Bemühungen um *Handlungskompetenz* (welche die Fähigkeit mit ganzen Handlungsprozessen umzugehen einschließt) hat Deutschland *Lernfelder* als Grundlage für Lernen und Unterricht eingeführt. Ein *Lernfeld* bezieht sich auf authentische Situationen am Arbeitsplatz und bindet traditionelle Fächer wie Mathematik und Deutsch in berufliche Theorie und Praxis ein. Alle drei Systeme verstehen Kompetenz als Einheit der verschiedenen Aspekte: Kenntnis, Einstellung, Arbeitsmoral und praktische Fähigkeit.

In England sind akademische Fächer wichtig für Berufe, die mit der Hochschulbildung in Beziehung stehen, zum Beispiel Krankenpflege und Softwareentwicklung. Beim Transportgewerbe und dem Maurerhandwerk allerdings orientiert sich das Konzept an Fertigkeiten (*skills*) in Verbindung mit minimalen Basiskenntnissen.

Die unterschiedlichen Interpretationen des Kompetenzbegriffs sind in Tabelle 1 dargestellt. Der Kontrast zwischen der englischen Konzeption und der in den kontinental-europäischen Staaten ist am größten im Maurerhandwerk. Während in den kontinental-europäischen Ländern die Kompetenz eines Maurers auf der Integration von systematischem und nicht-systematischem Wissen, praktischem Know-how sowie sozialen und personalen Kompetenzen beruht, fußt diese in England auf dem Vollzug einer beschränkten Anzahl von Fertigkeiten. Wissen wird hier weitgehend als prozedurales Wissen (*knowing how*) betrachtet oder bezieht sich auf Regeln und Gesetze. Die Entwicklung personaler oder sozialer Kompetenzen ist kein integraler Bestandteil der englischen Berufsbildung, wenngleich persönliche Charaktermerkmale wie Pünktlichkeit als Eigenschaften geschätzt werden.

Kompetenz	Krankenpflege	Lastwagen-fahren	Maurer-handwerk	Software-entwicklung
Niederlande				
Systematisches Wissen	wichtig	wenig wichtig	mäßig wichtig	hochwichtig
Nicht-systematisches Wissen	wichtig	mäßig wichtig	wichtig	wichtig
Praktische Kenntnisse	mit Wissen verbunden	wichtig	wichtig: ist verbunden mit anderem Wissen	hochwichtig, verbunden mit anderem Wissen
Personale und soziale Kompetenzen	wichtig, eingebunden in das niederländische Qualifikationssystem	wichtig, eingebunden in das niederländische Qualifikationssystem	wichtig, eingebunden in das niederländische Qualifikationssystem	wichtig, eingebunden in das niederländische Qualifikationssystem

Kompetenz	Krankenpflege	Lastwagen-fahren	Maurer-handwerk	Software-entwicklung
Deutschland				
Systematisches Wissen	wichtig	mäßig wichtig	mäßig wichtig	wichtig
Nicht-systematisches Wissen	wichtig	mäßig wichtig	wichtig	wichtig
Praktische Kenntnisse	verbunden mit systematischem und nicht-systematischem Wissen	verbunden mit systematischem und nicht-systematischem Wissen	verbunden mit systematischem und nicht-systematischem Wissen	verbunden mit systematischem und nicht-systematischem Wissen
Personale und soziale Kompetenzen	wichtig, ein Teil von „Kompetenz"	wichtig, ein Teil von „Kompetenz"	wichtig, ein Teil von „Kompetenz"	wichtig, ein Teil von „Kompetenz"
Frankreich				
Systematisches Wissen	wichtig	wenig wichtig	mäßig wichtig	hochwichtig
Nicht-systematisches Wissen	wichtig	wenig wichtig, präsent auf einem höheren Niveau	mäßig wichtig	hochwichtig
Praktische Kenntnisse	verbunden mit Wissen	wichtig, zentral für Qualifikation	wichtig, erfordert partielle Integration mit anderem Wissen	wichtig, erfordert partielle Integration mit anderem Wissen
Personale und soziale Kompetenzen	wichtig, konzipiert als „savoir être"	konzipiert als „savoir être"	konzipiert als „savoir être"	konzipiert als „savoir être"
England				
Systematisches Wissen	wichtig, weniger in manchen CVET areas	wenig wichtig	wenig wichtig	schwankend, wahrscheinlich abnehmend
Nicht-systematisches Wissen	wichtig	mäßig wichtig (Gesetzgebung)	mäßig wichtig	wichtig
Praktische Kenntnisse	verbunden mit Wissen	hochwichtig, gekennzeichnet hinsichtlich Fertigkeiten	gekennzeichnet als Fertigkeit: Integration hängt vom Qualifikationsverlauf ab	Integration mit anderen Arten von Wissen
Personale und soziale Kompetenzen	wichtig, gekennzeichnet als soziale Fertigkeit und Haltung (z. B. Fürsorge)	wichtig, bezüglich Haltung und Regeltreue	wenig wichtig	zunehmend als wichtig erachtet bei Kundenkontakt und Teamarbeit

Tab. 1:   Konzeptualisierung von Kompetenz

4 Eine länderübergreifende Synthese zwischen Berufen

In diesem Abschnitt liefern wir, was die untersuchten beruflichen Qualifikationen anbelangt, Details zu Ähnlichkeiten und Unterschieden zwischen den jeweiligen Ländern. Wir wollen Wiederholungen vermeiden, versuchen jedoch die Ähnlichkeiten und Differenzen zwischen den vier untersuchten Ländern mit Bezug auf die vier ausgewählten Berufe aufzuzeigen. Wir zielen darauf ab, Ähnlichkeiten und Differenzen *innerhalb* beruflicher Klassifizierungen, die *länderübergreifend* in der Studie registriert werden konnten, zu beschreiben und zu illustrieren.

4.1 Lastwagenfahren

Im Gegensatz zu den anderen Ländern, in denen Kompetenz als mehrdimensional angesehen wird, wird Kompetenz im Transportgewerbe in England aufgabenbezogen betrachtet. Kompetenz hängt von der Einhaltung von Regeln ab, und theoretische Kenntnisse spielen eine geringe Rolle. Eine gewisse Unzufriedenheit mit dieser Situation wird innerhalb des Transportgewerbes geäußert, da LKW-Fahrer, die lediglich die Regeln einhalten, oftmals nicht in der Lage sind, Entscheidungen zu treffen, die die Produktivität positiv beeinflussen.

4.2 Maurerhandwerk

Das Maurerhandwerk ist durch eine ähnliche Sachlage gekennzeichnet wie das Lastwagenfahren. Angesichts eines unverwechselbaren englischen Modells ist diese innerhalb der nationalen Variationen zwischen allen vier Ländern leicht zu erkennen. Erstens ist das Maurerhandwerk in England eher durch handwerkliche Traditionen geprägt als durch aktuelle Beschäftigungsanforderungen; es spiegelt die traditionellen handwerklichen Praktiken und Begrenzungen sowie einen engen Bereich an Handlungen wider, der hauptsächlich auf das Mauern beschränkt ist. Obwohl von Maurern heutzutage verlangt wird, mit einer Reihe verschiedener Materialien – Stein, Beton, Metall und Backstein – und Geräten arbeiten zu können, zeigt sich dies weder in den Qualifikationen der Maurer noch in deren Ausbildung. In den anderen drei Ländern wird der Beruf umfassender verstanden, am deutlichsten in Deutschland.

4.3 Softwareentwicklung

Im Bereich der Softwareentwicklung zeigen sich weniger Gegensätze zwischen England und den anderen Ländern der Studie. Softwareentwicklung ist noch immer eine relativ neue und daher nicht stark festgelegte Art der Beschäftigung. Obwohl der Eintritt in den Arbeitsmarkt und die berufliche Entwicklung sehr von praktischem Knowhow abhängen, sind grundlegendes Wissen und soziale Kompetenz für eine erfolgreiche Praxis notwendig. Im Vergleich zu den anderen untersuchten Berufen handelt es sich um ein eher nicht-reguliertes Beschäftigungsfeld. Softwareentwicklung ist dennoch gekennzeichnet durch eine Vielfalt von Eintrittswegen in den Beruf, die von Niveaustufe 3 bis Stufe 7 und höher reichen. So befindet sich der untersuchte Zugangsweg in Deutschland auf Niveaustufe 4; parallel dazu gibt es auch Ausbildungswege innerhalb des Dualen Systems und im Rahmen der Hochschulbildung. Obwohl in England der Staat im Gegensatz zu den anderen untersuchten Ländern nur schwach in der Bildungs-Governance involviert ist, gibt es länderübergreifende Ähnlichkeiten in der Form der Ausbildung. In England gibt es sowohl Qualifikationen auf Bachelor-Niveau als auch die betriebliche Lehre auf Niveaustufe 3. Entsprechende französische und niederländische Qualifikationen, die untersucht wurden, waren auf Stufe 5 bzw. 4 angesiedelt. Wie bei den anderen Berufen auch gibt es in England relativ wenig Konsens und schwach ausgeprägte sozialpartnerschaftliche Vereinbarungen.

In der Dimension der *Kompetenzdefinition* (Tabelle 2) ist eine größere Annäherung zwischen England und den anderen Ländern – den Niederlanden, Deutschland und Frankreich – zu beobachten. Dies ist jedoch darauf zurückzuführen, dass man in diesem Beschäftigungsfeld den Fertigkeiten (*skills*) im Gegensatz zu den formalen Qualifikationen (*qualifications*) auf dem Arbeitsmarkt Priorität beimisst. Kompetenz selbst wird in diesem Bereich betrachtet als mehrdimensional und wissensbasiert, und es gibt immerhin im englischen weiterführenden Berufsbildungssystem eine soziale und staatsbürgerliche Dimension, welche dann in die Vorstellung von Handlungskompetenz einfließt. In dieser Hinsicht ist eine Nähe zwischen England und den anderen Staaten eher in der Weiterbildung als bei der beruflichen Erstausbildung sichtbar.

4.4 Krankenpflege

Diese berufliche Qualifikation zeigt ein erhebliches Maß an Übereinstimmung zwischen allen vier Ländern. Die Krankenpflege unterliegt einem Prozess der Professionalisierung, der eine wachsende Anbindung an die Hochschulbildung sowohl in der Erstausbildung als auch in der beruflichen Weiterbildung einschließt. Des Weiteren sind alle vier Länder von Regelungen der EU betroffen, in denen Parameter für Curricula und Anforderungen für den Eintritt in den Arbeitsmarkt festgelegt sind. Die Hochschulbildung ist folglich zunehmend stark einbezogen, und Qualifikationen befinden sich – mit Ausnahme von Deutschland – auf einem sehr ähnlichen Niveau. Krankenpflege ist innerhalb der vier Berufe das deutlichste Beispiel für ein gemeinsames Konzept der Berufsbildung und beinhaltet daher, beruhend auf der Grundlage gegenseitigen Vertrauens, die Möglichkeit des Austausches und der Transparenz von Qualifikationen.

	Frankreich	Niederlande	Deutschland	England
Lastwagenfahren und Maurerhandwerk				
Qualifikation	kompetenzbasiert, abgeleitet von Aufgabenanalysen; inhaltsreiche Berufe	kompetenzbasiert, abgeleitet von Aufgabenanalysen; inhaltsreiche Berufe	lehrplanbasierte *Handlungskompetenz*	Kompetenz (Fertigkeit in einem schmalen Handwerksbereich), basierend auf Aufgabenanalyse
Definition von Kompetenz	mehrdimensional; gekoppelt an individuelle Entwicklung	mehrdimensional; gekoppelt an individuelle Entwicklung	mehrdimensional; gekoppelt an individuelle Entwicklung	Aufgabenbezogen
Bedeutung theoretischen Wissens	wenig wichtig	mäßig wichtig	wichtig	unwichtig
soziale/ staatsbürgerliche Dimension	wichtig	sehr wichtig	wichtig	wenig wichtig
Software-Entwicklung				
Qualifikation	Input-Modell	kompetenzbasiert, abgeleitet von Aufgabenanalysen; inhaltsreiche Berufe	kompetenzbasiert (output)	Hochschulbildung: input Berufsbildung: Kompetenz, basierend auf Aufgabenanalyse (potenziell begrenzt)
Definition von Kompetenz	mehrdimensional	mehrdimensional	mehrdimensional	zunehmend mehrdimensional
Bedeutung theoretischen Wissens	sehr wichtig (breit angelegt)	wichtig (breit angelegt)	mäßig wichtig (spezialisiert)	mäßig wichtig (spezialisiert)
soziale/ staatsbürgerliche Dimension	wichtig	sehr wichtig	wichtig	Erstausbildung: begrenzt Weiterbildung: wichtig

	Frankreich	**Niederlande**	**Deutschland**	**England**
Krankenpflege				
Qualifikation	Kompetenz, basierend auf Lehrplan	Kompetenz, basierend auf Lehrplan	Kompetenz, basierend auf Lehrplan	Kompetenz, basierend auf Lehrplan
Definition von Kompetenz	mehrdimensional	mehrdimensional	mehrdimensional	mehrdimensional
Bedeutung theoretischen Wissens	wichtig	wichtig	mäßig wichtig bis wichtig	wichtig
soziale/ staatsbürgerliche Dimension	wichtig	sehr wichtig	wichtig	wichtig (sozial) wenig wichtig (staatsbürgerlich)

Tab. 2: *Tätigkeitsbezogene Gemeinsamkeiten und Unterschiede bei Qualifikationen, Kompetenzen, Wissen und sozialer/staatsbürgerlicher Bildung*

5 Auf dem Weg zu einem europäischen Kompetenz-Modell in der Berufsbildung?

Unser Beitrag hat ein sehr gemischtes Bild präsentiert. Einerseits zeigt die Analyse nationaler Berufsbildungssysteme erhebliche Unterschiede in ihrer Geschichte, ihren konzeptionellen Grundlagen und ihren konstitutionellen, institutionellen und administrativen Strukturen. Nationale Analysen der beruflichen Qualifikationen in jedem Land untermauern dieses Bild, denn sie zeigen Unterschiede zwischen den Berufen auf. Während also nationale Eigenheiten zu einem erheblichen Ausmaß verdeutlicht werden, demonstriert die vier Länder übergreifende Analyse der beruflichen Qualifikationsprofile andererseits, dass auch Merkmale existieren, die auf größere Annäherung als auf Unterschiedlichkeit verweisen.[2]

Diese konvergenten Entwicklungen deuten demzufolge darauf hin, dass eine Basis für die Bestrebungen nach größerer Anerkennung und Übertragbarkeit beruflicher Qualifikationen innerhalb der EU unter bestimmten Bedingungen existiert – mit oder ohne die Mechanismen des EQF. Die konvergente Entwicklung beinhaltet die Existenz bedeutsamer Gemeinsamkeiten zwischen nationalen Ausbildungssystemen, was zu einer Bündelung lockerer Familien von Berufsbildungssystemen führen könnte.

---

2   Es sollte klargestellt werden, dass eine Annäherung bei den beruflichen Qualifikationsstrukturen nicht unbedingt eine Ähnlichkeit der Berufe selber impliziert.

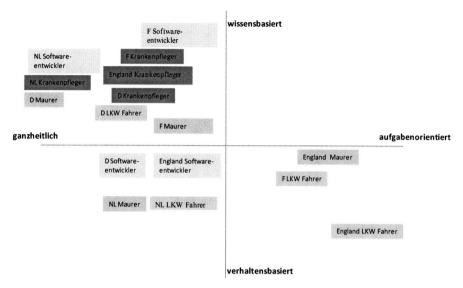

Abb. 1:   Die Schwerpunktauslegung von Kompetenz

Die zweite konvergente Entwicklung besteht in der Existenz von Ähnlichkeiten bei beruflichen Qualifikationen. Diese Ähnlichkeiten können über nationale Berufsbildungssysteme hinweg existieren, welche in anderer Hinsicht ziemlich unterschiedlich sind. Ein schrittweiser und zunehmender Prozess der Schaffung gegenseitigen Vertrauens kann vielleicht auf Grundlage von verwandten Ausbildungssystemen entstehen.

Ob dieser Prozess den EQF als Lebenshilfe benötigt, ist eine andere Frage. Der EQF basiert auf einer outcome-orientierten Bildungsphilosophie, die nicht notwendigerweise über alle Systeme hinweg geteilt wird. Dies könnte die länderübergreifende Anwendbarkeit beeinträchtigen. Unsere Untersuchung zeigt auf, dass Arbeitgeber generell stärker am Input bei Qualifikationen (Inhalt und pädagogischer Prozess) interessiert sind als an formell konstatierten Outcomes. Wahrscheinlich eine Ausnahme ist der Bereich der Softwareentwicklung, der durch übergreifende globale Entwicklungen, eine hohe Mobilität auf dem Arbeitsmarkt und einen Bedeutungszuwachs von Kompetenzen bzw. Fertigkeiten anstelle von (formalen) Qualifikationen beeinflusst wird. Dadurch wird nahegelegt, dass eine gegenseitige Anerkennung nicht notwendigerweise auf einem gemeinsamen Verständnis von Inputs beruht. Sogar dort, wo Outcomes als Grundlage für Vergleichbarkeit verwendet werden, bietet der EQF nur eine allgemeine Rahmenvorlage, während ein erhebliches Maß an berufs- und branchenspezifischer Arbeit benötigt wird, um eine spezifische Outcome-Vorlage bereitzustellen (ein Beispiel ist das Meta-Rahmensystem im Bereich Informations- und Kommunikationstechnik). In einigen Berufsbereichen gibt es bereits gesetzliche Vergleichsverfahren, welche auf EU-Verordnungen gründen, die den EQF wohl überflüssig erscheinen lassen, zumindest auf dem Niveau der grundlegenden „Erlaubnis, den Beruf auszuüben".

Schließlich ist die Schlüsselfrage, wie weit berufliche Qualifikationen die Realität von Berufen auf dem Arbeitsmarkt, von Veränderungen in den unterschiedlichen Arbeitsprozessen und bestimmten Anforderungen in Bezug auf das Berufsbildungssystem widerspiegeln. Tatsächlich gibt es im Falle Englands (z. B. beim Maurerhandwerk) den klaren Beweis, dass das berufliche Qualifikationssystem nicht im Einklang mit den Veränderungen des Arbeitsmarktes steht. Gegenseitiges Verständnis (bei den an der Berufsbildung Beteiligten) findet sich auch schon auf der Ebene der Definitionen von Qualifikationen etc., was eher zu einer Annäherung der Begrifflichkeit als zu einer Veränderung der Berufsstrukturen führt. Gegenseitiges Vertrauen bei pädagogischen Begriffsbestimmungen sollte nicht mit der „Harmonisierung" von Beschäftigungsstrukturen und industriellen Beziehungen verwechselt werden.

Literatur

Björnavold, J.; Coles, M. (2006): Governing education and training: the case of qualifications frameworks. Brussels: European Commission, Draft paper, November 2006.

Brockmann, M.; Clarke, L.; Winch, C. (2008): Can performance-related learning outcomes have standards? In: Journal of European Industrial Training, 32, 2/3, S. 99–113.

Brockmann, M.; Clarke, L.; Winch, C. (2009): Cross-national Equivalence of Vocational Qualifications, Final Report and Documentation. Unpublished report for the Nuffield Foundation. London: Kings College London.

Clarke, L.; Herrmann, G. (2004): The Institutionalisation of Skill in Britain and Germany: examples from the construction sector. In: C. Warhurst; I. Grugulis; E. Keep (Hg.): The Skills that Matter. Hampshire: Palgrave, S. 128–147.

Clarke, L.; Winch, C. (2007): Vocational Education: International Approaches, Developments and Systems. Oxford: Routledge.

Culpepper, P. (1998): The Future of the High-Skill Equilibrium in Germany. In: Oxford Review of Economic Policy, 15, 1, S. 43–59.

Eraut, M. (1994): Developing Professional Knowledge and Competence. Brighton: Falmer.

Géhin, J.-P. (2007): Vocational Education in France: a turbulent history and peripheral role. In: L. Clarke; C. Winch (Hg.): Vocational Education: International Approaches, Developments and Systems. Oxford: Routledge, S. 34–48.

Green, A.; Leney, T.; Wolf, A. (1999): Convergence and Divergence in European Vocational Education Systems. London: Institute of Education.

Hanf, G. (2007): Quick Scan Report on the terminological and conceptual framework for German   VET. http://www.kcl.ac.uk/content/1/c6/01/57/15/GermanyQuickScanNov07.pdf [Stand: 18. Oktober 2010].

Hanf, G. (2011): Beruf. In: M. Brockmann; L. Clarke; C. Winch (Hg.): Knowledge, Skill, Competence: what's in a qualification? London: Routledge, S. 50–67.

Keep, E. (2007): The Multiple Paradoxes of State Power in the English Education and Training System. In: L. Clarke; C. Winch (Hg.): Vocational Education: International Approaches, Developments and Systems. Oxford: Routledge, S. 161–176.

Kerschensteiner, G. (1964, 1968): Ausgewählte Pädagogische Texte. Bände 1, 2. Paderborn: Ferdinand Schöningh.

Méhaut, P. (2007): New Developments in Continuing Vocational Education and Training Reform in France. In: L. Clarke; C. Winch (Hg.): Vocational Education: International Approaches, Developments and Systems. Oxford: Routledge, S. 176–190.

Méhaut, P. (2011): Savoir. In: M. Brockmann; L. Clarke; C. Winch (Hg.): Knowledge, Skill, Competence: what's in a qualification? London: Routledge, S. 36–49.

Streeck, W. (1992): Social Institutions and Economic Performance. London: Sage.

Westerhuis, A. (2007): The Role of the State in Vocational Education: a political analysis of the history of vocational education in the Netherlands. In: L. Clarke; C. Winch (Hg.): Vocational Education: International Approaches, Developments and Systems. Oxford: Routledge, S. 21–33.

Westerhuis, A. (2007) Quick Scan Paper The Netherlands. Online. available http://www.kcl.ac.uk/content/1/c6/01/57/15/NetherlandsquickscanNov071.pdf [Stand: 10. Oktober 2010].

Westerhuis, A. (2011): Competence. In: M. Brockmann; L. Clarke; C. Winch (Hg.): Knowledge, Skill, Competence: what's in a qualification? London: Routledge, S. 68–84.

Berufsausbildung mit geringen Lesekompetenzen? Ergebnisse der Schweizer PISA-Folgestudie TREE

Barbara E. Stalder

1 Einleitung

Die OECD hat mit der Lancierung des Kompetenzmessungsprogramms PISA im Jahr 2000 neue Maßstäbe gesetzt und erklärt, grundlegende Fähigkeiten zu messen, die für das weitere Lernen, das gesamte Erwachsenenleben und die volle Teilhabe an der modernen Wissensgesellschaft unerlässlich sind (Artelt u. a. 2001, S. 5; OECD 2001). Mit diesem Anspruch geht PISA über das Ziel hinaus, Kompetenzen vergleichend zu erfassen und den OECD-Mitgliedstaaten Daten zur Funktions- und Leistungsfähigkeit ihrer Bildungssysteme am Ende der obligatorischen Schule zur Verfügung zu stellen. Die Grundqualifikationen in den Bereichen Lesen, Mathematik und Naturwissenschaften, so das Verständnis der PISA-Kompetenzmessung, sind nicht nur als *Ergebnis* schulischen Lernens und Lehrens zu betrachten, sondern auch als *Voraussetzung* für weiteres Lernen. Ohne dass dies mit den PISA-Daten selbst überprüfbar wäre, postuliert die OECD einen messbaren Zusammenhang zwischen PISA-Kompetenzen und nachfolgendem Bildungserfolg und entwirft für Jugendliche des untersten Leistungssegments, der *potentiellen Risikogruppe*, ein entsprechendes Risikoszenario (z. B. Baumert u. a. 2002). Wer am Ende der Volksschule nur über rudimentäre Lesekompetenzen verfügt, dürfte mit den Anforderungen von Sekundarstufe II-Ausbildungen kaum zurechtkommen und müsste – so lässt sich gemäß PISA schließen – große Mühe haben, den Einstieg in eine zertifizierende Berufsausbildung zu finden, diese zu durchlaufen und erfolgreich abzuschließen.

Im vorliegenden Beitrag wird dieses Risikoszenario auf Grundlage der Schweizer PISA-Folgestudie TREE[1] einer empirischen Überprüfung unterzogen. Zuerst werden Bildungschancen und -möglichkeiten von leistungsschwächeren Jugendlichen im Schweizer Bildungssystem beschrieben. Basierend auf einer Darstellung des Kompetenz- und Risikobegriffs gemäß PISA werden anschließend vier Risikothesen formuliert, die längsschnittlich überprüft werden. Den Analysen übergeordnet ist die Frage, ob die Leseschwächsten *per se* von zertifizierenden Ausbildungen der Sekundarstufe II ausgeschlossen sind und/oder inwiefern sie sich diesbezüglich von Jugendlichen mit etwas höheren Kompetenzen unterscheiden.

---

1 TREE (Transitions from Education to Employment) läuft seit dem Jahr 2000 und wurde bisher durch den Schweizerischen Nationalfonds (SNF), die Bundesämter für Berufsbildung und Technologie (BBT) bzw. Statistik (BFS), die Kantone Bern, Genf und Tessin sowie die Universität Basel finanziert. Nähere Angaben: www.tree.unibas.ch.

1.1   Leistungsschwache im Bildungssystem der Schweiz

Schulisch schwächere Kinder werden in der Schweiz relativ früh von schulisch stärkeren getrennt und in separaten Zügen unterrichtet. Zeitpunkt und Ausmaß der Selektion und Segregation unterscheiden sich je nach Kanton – das Bildungssystem der Schweiz ist stark föderalistisch verfasst. In den meisten Kantonen werden die Schülerinnen und Schüler jedoch am Ende des fünften oder sechsten Schuljahres in zwei bis vier Züge der Sekundarstufe I aufgeteilt. Schultypen mit „erweiterten Anforderungen" (Sekundarschule oder Progymnasium) sind auf leistungsstärkere, Schultypen mit „Grundanforderungen" (Real- oder Oberschule) auf die leistungsschwächeren Kinder und Jugendlichen ausgerichtet. Typen mit Grundanforderungen sind Teil der Regelschule, umfassen also keine heilpädagogischen Sonderklassen (vgl. www.educa.ch). Aus PISA ist bekannt, dass sich die Leistungen von Jugendlichen aus Schultypen mit Grund- bzw. mit erweiterten Anforderungen stark überlappen (vgl. dazu Ramseier u. a. 2002). Dieses Resultat steht im Widerspruch zur nach wie vor eher geringen Durchlässigkeit zwischen den verschiedenen Schultypen.

Die Sekundarstufe II, die an die 9-jährige obligatorische Ausbildung anschließt, ist in der Schweiz stark durch die duale Berufsausbildung geprägt (Stalder & Nägele 2011; Wettstein & Gonon 2009). Rund zwei Drittel aller Jugendlichen durchlaufen eine berufliche Grundbildung, nur ein Viertel schließt eine allgemeinbildende Ausbildung (hauptsächlich gymnasiale Maturitätsschule) ab (BBT 2010). Insbesondere für das Segment der leistungsschwächsten Schulabgängerinnen und -abgänger beschränkt sich das Ausbildungsangebot fast ausschließlich auf duale Berufsausbildungen. Vollzeit-schulische Ausbildungen – ob beruflich oder allgemeinbildend – sind insgesamt eher selten und wenn, dann auf leistungsstärkere Schülerinnen und Schüler aus Sekundarstufe I-Typen mit erweiterten Anforderungen ausgerichtet (Stalder & Nägele 2011).

Berufliche Grundbildungen dauern zwei bis vier Jahre und werden mit einem *Eidgenössischen Fähigkeitszeugnis* (EFZ; 3- oder 4-jährige Ausbildung mit unterschiedlichen Anspruchsniveaus) oder einem *eidgenössischen Berufsattest* (EBA; 2-jährige Ausbildung, tiefere Anspruchsniveaus) abgeschlossen. EFZ und EBA dokumentieren die Befähigung, den erlernten Beruf auszuüben, wobei das Fähigkeitszeugnis für intellektuell anspruchsvollere Berufstätigkeiten qualifiziert als das Berufsattest. Der Entscheid, welche Lernende für welchen Ausbildungsberuf bzw. welches Ausbildungsniveau aufgenommen werden, liegt bei den einzelnen Lehrbetrieben. Die betrieblichen Ausbildnerinnen und Ausbildner entscheiden dabei auch, welchen Stellenwert (Lese-)Kompetenzen neben anderen Selektionskriterien einnehmen (z. B. Imdorf 2007; Uhly & Granato 2006; Stalder 2000). Leistungsstärkeren Jugendlichen vorbehalten bleibt der Erwerb eines *Berufsmaturitätsdiploms* (zusätzlich zum EFZ) oder eines *gymnasialen Maturitätsabschlusses* (Abitur in Deutschland), welche zum Zutritt zu Ausbildungen der Tertiär-A-Stufe (Universitäten, Fachhochschulen) berechtigen.

Das Schweizer Bildungssystem weist damit ähnlich wie das deutsche klar definierte Schnittstellen auf, an denen sich neue Bildungsoptionen und -chancen eröffnen, die gleichzeitig aber auch neue Hürden und Risiken bergen. Für die hier interessierende potentielle Risikogruppe steht die Option „duale Berufsbildung" dem Risiko der nachobligatorischen Ausbildungslosigkeit gegenüber. Die in der obligatorischen Schule erworbenen Kompetenzen sind dabei eine wichtige persönliche Ressource, die über den Erfolg beim Übergang in die Sekundarstufe II mitbestimmt.

1.2   Der Kompetenz- und der Risikobegriff bei PISA

Der Kompetenzbegriff ist bei PISA sehr breit gefasst und bezieht Wissen, Qualifikationen, Verhaltensweisen und Wertvorstellungen mit ein (OECD 2001). Lesekompetenz (reading literacy) bedeutet gemäß PISA „geschriebene Texte zu verstehen, zu nutzen und über sie zu reflektieren, um eigene Ziele zu erreichen, das eigene Wissen und Potential weiterzuentwickeln und am gesellschaftlichen Leben teilzunehmen" (OECD/PISA 2001, S. 23). Wer über Lesekompetenz in diesem Sinne verfügt, ist in der Lage, durch Lesen zu lernen und bleibt über die Sekundarstufe I hinaus weiterbildungsfähig.

PISA definiert fünf Lesekompetenzstufen, wobei sich Jugendlichen mit nur rudimentären Lesekompetenzen auf der untersten und Lese-ExpertInnen auf der obersten Stufe befinden. Für den vorliegenden Beitrag, der sich für den Bildungserfolg der leistungsschwächsten Schülerinnen und Schüler interessiert, sind v. a. die Kompetenzunterschiede zwischen den Stufen I und II relevant.

Lesekompetenzen der Stufe I und II werden bei PISA Deutschland wie folgt beschrieben:

Kompetenzstufe I: „Schülerinnen und Schüler, die über Kompetenzstufe I nicht hinauskommen, können mit einfachen Texten umgehen, die ihnen in Inhalt und Form vertraut sind. Die zur Bewältigung der Leseaufgabe notwendige Information im Text muss deutlich erkennbar sein, und der Text darf nur wenige konkurrierende Elemente enthalten, die von der relevanten Information ablenken könnten. Es können nur offensichtliche Verbindungen zwischen dem Gelesenen und allgemein bekanntem Alltagswissen hergestellt werden" (Baumert u. a. 2002, S. 16).

Kompetenzstufe II: „Schülerinnen und Schüler, die Kompetenzstufe II erreichen, sind in der Lage, einfache Verknüpfungen zwischen verschiedenen Teilen eines Textes herzustellen und mit einer begrenzten Anzahl von konkurrierenden Informationen umzugehen. Sie verfügen auch über die Fähigkeit, die Bedeutung einzelner Elemente durch einfache Schlussfolgerungen zu erschließen. Auf dieser Grundlage kann der Hauptgedanke eines im Hinblick auf Inhalt und Form relativ vertrauten Textes identifiziert und ein grobes Verständnis des Textes entwickelt werden. Die gelesenen Informationen können mit Alltagswissen in Beziehung gesetzt und unter Bezugnahme auf persönliche Erfahrungen und Einstellungen beurteilt werden" (Baumert u. a. 2002, S. 16).

Der Schweizer PISA-Bericht umschreibt die Kompetenzstufen I und II so:

Kompetenzstufe I: „Schülerinnen und Schüler, deren Leistungen den Anforderungen dieses Niveaus entsprechen, können nur die einfachsten der für PISA ausgearbeiteten Leseaufgaben lösen, z. B. eine Einzelinformation finden, das Hauptthema eines Textes erkennen oder eine einfache Verbindung zu Alltagskenntnissen ziehen" (BFS & EDK 2002, S. 25).

Kompetenzstufe II: „Auf diesem Niveau sind die Jugendlichen fähig, grundlegende Leseaufgaben zu lösen, z. B. eindeutige Informationen zu finden, wenig anspruchsvolle Schlussfolgerungen verschiedener Art zu ziehen, die Bedeutung eines genau definierten Textteils zu erkennen und gewisse externe Kenntnisse zu dessen Verständnis heranzuziehen" (BFS & EDK 2002, S. 25).

Gemäß dieser Beschreibungen unterscheiden sich die beiden Kompetenzstufen recht deutlich: Kompetenzen der Stufe I beschränken sich auf das oberflächliche Verständnis einfacher Texte, Kompetenzen der Stufe II ermöglichen das Herstellen einfacher Verknüpfungen und Schlussfolgerungen. Kompetenzstufe 1 ist als Grenzwert festgelegt, auf bzw. unterhalb welchem eine Fortsetzung der Bildungslaufbahn ernsthaft gefährdet ist (Artelt u. a. 2001; BFS & EDK 2002, S. 32). Wer im Lesen unter oder auf Kompetenzstufe 1 bleibt, gehört in Deutschland zur *potenziellen Risikogruppe*, die bereits beim Übergang in die Sekundarstufe II erhebliche Probleme haben wird (Baumert u. a. 2002). Im Schweizer PISA-Bericht wird der Risikobegriff nur für Jugendliche *unterhalb* der Kompetenzstufe I verwendet. Sie gelten als „eigentliche Risikogruppe", die bezüglich ihrer Berufschancen und Weiterbildungsmöglichkeiten erheblich benachteiligt ist (BFS & EDK 2002, S. 32). Der Unterschied zwischen der deutschen und der Schweizer Risiko-Definition ist damit marginal.

In der Schweiz erreichten im Jahr 2000 rund 18 % der Neuntklässlerinnen und Neuntklässler höchstens Lesekompetenzstufe I, wobei mehr als 5 % unterhalb der Stufe 1 blieben (BFS & EDK 2002, S. 36). Gemessen an der internationalen Stichprobe der 15-Jährigen ist der Anteil der Leseschwachen noch höher (13 % auf Stufe 1, 7 % darunter; BFS & EDK 2002, S. 31). In Deutschland gehörten im selben Jahr rund 23 % Prozent der Jugendlichen zur potenziellen Risikogruppe (Lesekompetenzen ≤1).

2   Bildungserfolg von Leistungsschwachen: Risiko-Thesen

Wenn der von PISA postulierte Zusammenhang zwischen Kompetenzen und Bildungserfolg besteht, müsste der nachobligatorische Bildungserfolg der potenziellen Risikogruppe, die Ende der Volksschule höchstens Lese-Kompetenzstufe 1 erreicht hat, äußerst gering sein. Allerdings haben die Schweizer und die Deutschen PISA-Verantwortlichen den Begriff der „Risikogruppe" verwendet, ohne dieses Risiko in Bezug auf die nachobligatorische Bildungslaufbahn genauer zu spezifizieren. Dies muss hier entsprechend nachgeholt werden.

Um nachobligatorische Bildungsrisiken zu erfassen, werden im Folgenden vier verschiedene Indikatoren von Bildungserfolg bzw. -misserfolg betrachtet: 1. direkter versus verzögerter oder verpasster Einstieg in die Sekundarstufe II; 2. geringere versus höhere Belastung in der Berufsfachschule; 3. linearer versus diskontinuierlicher Ausbildungsverlauf; 4. erreichter bzw. nicht-erreichter Abschluss auf der Sekundarstufe II. Diese Indikatoren beziehen sich auf Bildungsrisiken, die zum Teil in direktem Zusammenhang zueinander stehen, deren Eintreten aber auch unabhängig voneinander mehrheitlich negative Auswirkungen auf den weiteren Bildungsverlauf hat.

In Anlehnung an ein allgemeines Verständnis, nach dem ein Risiko als Kombination zwischen der Eintrittswahrscheinlichkeit eines unerwünschten Ereignisses und dessen ebenfalls unerwünschter Konsequenz aufgefasst wird, interessiert hier das Eintreten des Bildungs*misserfolgs*, d. h. das Risiko, dass Jugendliche keinen bzw. nur verzögert Zugang zu einer Sekundarstufe II-Ausbildung finden, den Anforderungen der Ausbildung nicht gewachsen sind und diese entsprechend nicht erfolgreich durchlaufen und abschließen können.

Um die Bedeutung der genannten Risiken für die leistungsschwächsten Jugendlichen (Kompetenzstufe ≤ 1) zu bewerten, werden die vier Indikatoren des Bildungsmisserfolgs aus einer deskriptiven und einer vergleichenden Perspektive betrachtet. Deskriptiv soll für die Leistungsschwächsten interessieren, ob die Eintrittswahrscheinlichkeit des jeweiligen Risikos höher als 50 Prozent ist – d. h. ob die Wahrscheinlichkeit, dass das unerwünschte Ereignis eintritt, größer als die Chance ist, dass dies nicht geschieht. Vergleichend interessiert insbesondere, inwiefern sich die Bildungsrisiken der Leistungsschwächsten von denjenigen der Jugendlichen mit geringfügig höheren Kompetenzen (Stufe 2) unterscheiden.

Empirisch sollte also nachzuweisen sein, dass die leistungsschwächsten Jugendlichen *mehrheitlich* und *häufiger als lesekompetentere Jugendliche*

• nicht oder nur verzögert in eine zertifizierende Sekundarstufe II-Ausbildung eintreten (These 1);

• in der beruflichen Grundbildung überfordert sind (These 2);

• diskontinuierliche Ausbildungswege auf der Sekundarstufe II aufweisen (These 3);

• keinen Abschluss auf der Sekundarstufe II erreichen (These 4).

Diese vier Risikothesen werden basierend auf Daten des an die PISA-Erhebung 2000 gekoppelten Schweizer Jugendlängsschnitts TREE überprüft. Die Ausgangsstichprobe umfasst 6.343 Regelschülerinnen und -schüler in der Schweiz, die im Jahr 2000 an PISA teilgenommen und nach Ende des Schuljahrs 1999/2000 die obligatorische Schule verlassen haben. Die Stichprobe ist national und sprachregional repräsentativ. Die Jugendlichen wurden von TREE zwischen 2001 bis 2007 in jährlichem Abstand erneut befragt, mit dem Ziel, Chancen und Risiken beim Übergang in die Sekundarstufe II, im Verlauf der Ausbildung und beim Übertritt in die Tertiärausbildung oder in den Arbeitsmarkt zu untersuchen. Eine achte Nachbefragung wurde Ende 2010 abgeschlossen.

3   Empirische Überprüfung der Risikothesen

3.1   These 1: Verzögerter/kein Eintritt in die Sekundarstufe II

Abbildung 1 illustriert die Ausbildungssituation der leseschwächsten Jugendlichen in den ersten zwei Jahren nach Austritt aus der obligatorischen Schule im Vergleich zu Jugendlichen, die Lesekompetenzen der Stufe 2, 3, 4 und höher erreicht haben.

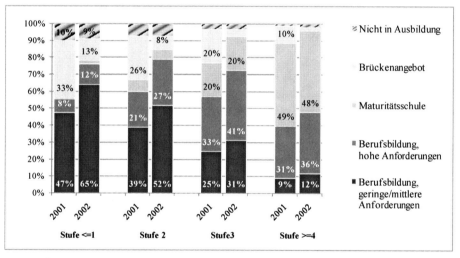

Datengrundlage: PISA 2000 und TREE Wellen 1 (2001) und 2 (2002); Stichprobe: alle Jugendlichen, gewichtete Analysen; F-Test for complex samples, design-based: 2001: F(10, 4741)=69.41, p≤.001; 2002: F(12, 5715) ≤54.57, p<.001

Abb. 1:   Ausbildungssituation im ersten und zweiten Jahr nach der obligatorischen Schule nach PISA-Lesekompetenzstufe (leseschwächste und lesestärkste Jugendliche)

Mehr als die Hälfte der Jugendlichen (56 %) mit Lesekompetenzen der Stufe 1 oder geringer treten direkt nach der obligatorischen Schule in eine Ausbildung der Sekundarstufe II ein. Dies ist mehrheitlich eine duale berufliche Grundbildung mit eher geringen intellektuellen Anforderungen (vgl. Stalder 2003, 2011).[2] Ein Drittel der Leistungsschwächsten besucht im ersten Jahr ein Brückenangebot, welches u. a. auf das Aufholen von schulischen Defiziten und die Verbesserung der Berufschancen ausgerichtet ist. Jeder zehnte Jugendliche ist im ersten Jahr in keinerlei Ausbildung. Im zweiten Jahr sind vier von fünf der Jugendlichen mit Kompetenzniveau ≤1 in einer

---

2   Dabei handelt es sich ausnahmslos um EFZ-Ausbildungen, da zu Beginn der Erhebung TREE noch keine Berufsausbildungen mit EBA in Kraft waren.

Sek. II-Ausbildung (79 %). Im Gegensatz zu den Leseschwächsten treten Jugendliche mit höheren Lesekompetenzen häufiger direkt in die Sekundarstufe II ein (Kompetenzen der Stufe 2: 67 %; Stufe 3: 78 %; Stufe ≥4: 89 %). Insbesondere Jugendliche mit Kompetenzen der Stufe 3 und höher sind im zweiten Jahr nach der obligatorischen Schule nur in Ausnahmefällen nicht in Ausbildung.

These 1 bestätigt sich damit nur teilweise: Jugendliche mit Lesekompetenzen der Stufe ≤1 steigen zu mehr als 50 Prozent direkt in die Sekundarstufe II ein und haben damit bessere Übertrittschancen an der ersten Schwelle als man gemäß PISA erwarten würde. Sie haben aber deutlich schlechtere Chancen, direkt in eine zertifizierende Ausbildung der Sekundarstufe II einzutreten, als Jugendliche mit Lesekompetenzen der Stufe 2.

3.2 These 2: Überforderung in der beruflichen Grundbildung

Leseschwache Jugendliche, die eine nachobligatorische Ausbildung absolvieren, beginnen, wie oben gezeigt, meist duale berufliche Grundbildungen mit eher geringen bis mittleren intellektuellen Anforderungen. Dem Prinzip der dualen Lernorte gemäß bewegen sich die Lernenden in den zwei Lernumfeldern Betrieb und Schule, aus denen unterschiedliche Anforderungen und Belastungen resultieren. Die leseschwächsten Jugendlichen dürften dabei ungeachtet des Anforderungsniveaus der beruflichen Grundbildung an beiden Lernorten überfordert sein, da ihre Bildungsfähigkeit auf der Sekundarstufe II gemäß PISA grundsätzlich in Frage gestellt wird.

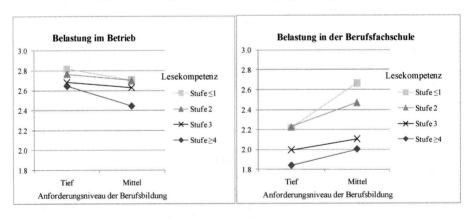

Datengrundlage: PISA 2000 und TREE Welle 1 (2001); Stichprobe: Jugendliche, die direkt nach der Volksschule in die Berufsausbildung eingestiegen sind. Gewichtete Analysen;
Kontrastanalyse zwischen Leseschwächsten und jenen, die die Kompetenzstufen 2, 3 oder 4 erreichen:
Betrieb: Alle Kontraste nicht signifikant; Ausnahme bei Berufsbildungen mit mittleren Anforderungen, Kontrast 1 vs. 4
Berufsfachschule: Alle Kontraste signifikant (p<.05); Ausnahme bei Berufsbildung mit tiefen Anforderungen/Kontrast 1 vs. 2 :
nicht signifikant
Die Belastung an den zwei Lernorten wurde mit mehreren, lernortspezifischen Fragen erhoben. Der direkte Vergleich zwischen schulischer und betrieblicher Belastung ist nicht möglich.

Abb. 2:   Belastung im Lehrbetrieb und in der Berufsfachschule

Abbildung 2 zeigt die Belastung der Jugendlichen im ersten Jahr der beruflichen Ausbildung, wobei zwischen schulischem und betrieblichem Lernort einerseits und zwischen intellektuellem Anforderungsniveau der Berufsbildung und PISA-Kompetenzstufe der Jugendlichen andererseits unterschieden wird.

Insgesamt sind die Jugendlichen in der betrieblichen wie auch in der schulischen Ausbildung selten bis mittelmäßig belastet. Die Gruppenmittelwerte bewegen sich zwischen 1.8 und 2.9 auf der 5-stufigen Belastungsskala. Der Anteil der Jugendlichen, deren Belastung über dem Skalenmittelwert von 3 liegt, ist in jeder der untersuchten Gruppen deutlich kleiner als 50 Prozent. Dies gilt auch für die Gruppe der Leseschwächsten.

Die Muster für die schulische und die betriebliche Belastungssituation sind unterschiedlich. In der Berufsfachschule sind die leseschwächsten Jugendlichen deutlich und signifikant stärker belastet – das heißt eher überfordert – als Jugendliche mit höheren Kompetenzen. Im Betrieb zeigt sich dieses Muster nicht. Es gibt kaum Unterschiede zwischen Lernenden mit unterschiedlichen Lesekompetenzen.

Auch These 2 bestätigt sich damit nur teilweise: Jugendliche mit Lesekompetenzen der Stufe ≤1 sind in der betrieblichen Ausbildung und der Berufsfachschule deutlich seltener überfordert als man gemäß PISA erwarten würde. Sie sind aber – beschränkt auf den schulischen Bereich – eher überfordert als Jugendliche mit Lesekompetenzen der Stufe 2.

3.3   These 3: Diskontinuierlicher Ausbildungsverlauf

Leistungsschwache Jugendliche verfügen nach PISA kaum über genügend Ressourcen, um mit den kognitiven Anforderungen einer Sekundarstufe II-Ausbildung zurechtzukommen. Es wäre entsprechend nicht nur zu erwarten, dass diese Jugendlichen erst nach einem Brückenangebot verzögert in die Sekundarstufe II eintreten (These 1) und durch die Anforderungen der Ausbildung überfordert sind (These 2), sondern auch, dass diejenigen, die den Eintritt in eine (berufliche) Ausbildung schaffen, diese nicht linear durchlaufen und erfolgreich abschließen.

Abbildung 3 illustriert die *Ausbildungsverläufe* von Jugendlichen *innerhalb der dualen Berufsbildung*. Dargestellt ist der Anteil der Jugendlichen mit unterschiedlichen Lesekompetenzen, die nach ihrem Eintritt in eine berufliche Grundbildung einen linearen bzw. einen nicht-linearen Ausbildungsverlauf aufweisen. Dabei wird unterschieden zwischen Ausbildungsabbruch ohne direkte Wiederaufnahme einer Sek. II-Ausbildung, Repetition oder Abstieg in eine weniger anspruchsvolle Ausbildung, Betriebswechsel und Ausbildungswechsel.

62 % der leseschwächsten Jugendlichen absolvieren ihre duale berufliche Grundbildung linear, d. h. ohne Wechsel oder Unterbrechung vom Einstieg bis zum erfolgreichen Berufsabschluss. Dieser Anteil ist nur unmerklich kleiner als derjenige der Ju-

gendlichen mit Lesekompetenzen der Stufe 2 (63 % mit linearem Verlauf). 15 % der leseschwächsten Jugendlichen, die eine Berufsausbildung begonnen haben, repetieren ein Ausbildungsjahr oder wechseln in eine einfachere Ausbildung; 13 % brechen ihre Lehre ab und beginnen (vorerst) keine neue Ausbildung. Der Lehrabbruch und damit vorläufige Ausstieg aus jeglicher Ausbildung ist dabei deutlich häufiger als bei Jugendlichen mit Lesekompetenzen der Stufe 2. Die Berufsbildungsverläufe von Jugendlichen mit höheren Lesekompetenzen (Kompetenzstufe 3 oder höher) unterscheiden sich klar von denjenigen der Leseschwächeren: Diskontinuierliche Verläufe sind relativ selten, und nur in Ausnahmefällen brechen die Jugendlichen ihre Ausbildung ohne Anschlusslösung ab.

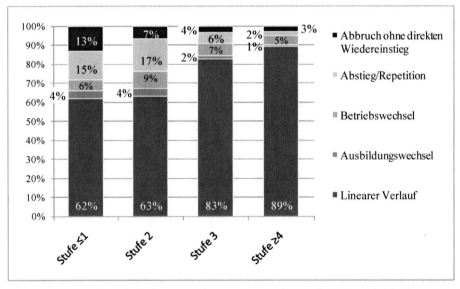

Datengrundlage: PISA 2000 und TREE Wellen 1 (2001) bis 6 (2006); Stichprobe: Jugendliche, die im Jahr 2000 oder 2001 eine duale Berufsausbildung begonnen haben; gewichtete Analysen;
F-Test for complex samples, design-based F(9, 3339)= 6.02; p<.001

Abb. 3:   *Diskontinuierliche Berufsbildungsverläufe*

These 3 bestätigt sich damit ebenfalls nur teilweise: Mehr als die Hälfte der Jugendlichen mit Lesekompetenzen der Stufe ≤1 durchlaufen ihre Ausbildung ohne Wechsel oder Unterbrechung. Die Leseschwächsten haben demnach bessere Chancen auf einen linearen Ausbildungsverlauf als man gemäß PISA erwarten würde. Sie brechen ihre Ausbildung aber häufiger vorzeitig ab als Jugendliche mit Lesekompetenzen der Stufe 2.

3.4   These 4: Kein Abschluss auf der Sekundarstufe II

Das Erreichen eines Bildungsabschlusses auf der Sekundarstufe II ist ungeachtet des Ausbildungsverlaufs ein Ziel, das bildungspolitisch gesetzt und von den Jugendlichen selber auch angestrebt wird. Aus den bisherigen Ausführungen lässt sich ableiten, dass es – entgegen der Prognose gemäß PISA – vielen der leistungsschwächsten Jugendlichen auch gelingt, einen qualifizierenden Abschluss zu erreichen.

Abbildung 4 zeigt detailliert, welchen Sek. II-Bildungsabschluss die Jugendlichen bis im Frühjahr 2007, knapp sieben Jahre nach Abschluss der Pflichtschulzeit, erreicht haben.

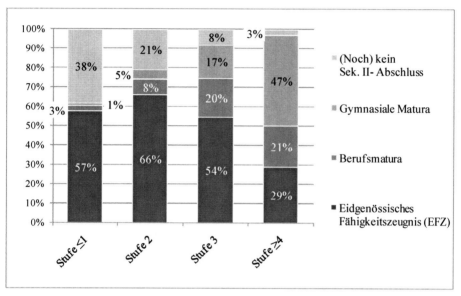

Datengrundlage: PISA 2000 und TREE Wellen 1 (2001) bis 7 (2007); Stichprobe: alle Jugendlichen, gewichtete Analysen; F-Test for complex samples, design-based F(7, 3103)=46.96, p<.001

Abb. 4:   Erreichter Sekundarstufe II-Bildungsabschluss bis im Jahr 2007

Mehr als 60 % der Leseschwächsten erwerben nach spätestens sieben Jahren einen Sekundarstufe II-Abschluss. Mehrheitlich ist dies ein eidgenössisches Fähigkeitszeugnis EFZ in einem Lehrberuf mit einfachen Anforderungen, welches es den Jugendlichen ermöglicht, nach dem Abschluss eine qualifizierte Erwerbstätigkeit aufzunehmen. Von einer weiterführenden Ausbildung auf der Tertiär-A-Stufe bleiben sie allerdings ausgeschlossen. Letzteres gilt aber auch für die meisten Jugendlichen mit Lesekompetenzen der Stufe 2. Sie erreichen zwar häufiger ein EFZ als die leseschwächsten Jugendlichen, erwerben aber nur in 8 % einen Berufsmaturitätsabschluss, der den Zugang zur Fachhochschule ermöglichen würde.

Auch These 4 bestätigt sich damit nur teilweise: Jugendliche mit Lesekompetenzen der Stufe ≤1 erreichen zu mehr als 50 Prozent einen qualifizierenden Sekundarstufe II-Abschluss. Sie sind damit erfolgreicher als man gemäß PISA-Prognose erwarten würde. Sie sind diesbezüglich aber weniger erfolgreich als Jugendliche mit Lesekompetenzen der Stufe 2.

4   Diskussion

Insgesamt legen die Resultate nahe, dass gut daran getan ist, den Risiko-Begriff vorsichtig zu verwenden. Die vier Risiko-Thesen lassen sich für die Schweiz nicht in der Schärfe und nicht in dem Ausmaß bestätigen, wie dies gemäß der Prognose der PISA-Verantwortlichen zu befürchten war (vgl. dazu auch Stalder, Meyer & Hupka-Brunner 2008). Die deskriptiven Resultate zeigen, dass mehr als die Hälfte der Jugendlichen, die die obligatorische Schule mit rudimentären Lesekompetenzen verlassen, direkt in eine qualifizierende Berufsausbildung einsteigen, diese gradlinig durchlaufen und erfolgreich abschließen. Die übergeordnete Frage, ob die Leseschwächsten *per se* von Ausbildungen der Sekundarstufe II ausgeschlossen sind, kann damit klar verneint werden. Die Vergleichsanalysen weisen jedoch darauf hin, dass die leistungsschwächsten Jugendlichen im Vergleich zu etwas lesekompetenteren Schulabgängerinnen und -abgängern deutlich eingeschränktere nachobligatorische Bildungschancen haben und deutlich weniger erfolgreich sind.

Aufgrund der Resultate lässt sich schließen, dass es dem Schweizer Bildungssystem relativ gut gelingt, einen großen Teil der Leistungsschwächsten zu integrieren, ihnen eine Berufsausbildung zu ermöglichen und sie zu einem zertifizierenden Sek. II-Abschluss zu führen. Dies dürfte einerseits auf das vergleichsweise gut ausgebaute Lehrstellenangebot und einen relativ günstigen Konjunkturverlauf zurückzuführen sein; andererseits verdankt sich dies den anhaltenden Reformbestrebungen in der Bildungspolitik, welche sich zum Ziel gesetzt hat, die Abschlussquote auf der Sekundarstufe II kontinuierlich auf 95 % zu erhöhen (EDK 2006; vgl. auch BBT 2004; Sacchi & Salvisberg 2010). Der relativ gute Bildungserfolg der Leistungsschwächsten dürfte sehr länderspezifisch sein. Eine solche Interpretation wird durch eine vergleichende Analyse mit Deutschland gestützt, nach der Schweizer Realschülerinnen und -schüler häufiger direkt in eine Sek. II-Ausbildung einsteigen, die Ausbildung schneller und direkter durchlaufen und früher eine qualifizierte Erwerbsarbeit aufnehmen als deutsche Hauptschulabgängerinnen und -abgänger (Hupka-Brunner, Gaupp, Geier, Lex & Stalder (im Druck)).

Die Resultate bestätigen, dass schlechte Lesekompetenzen allein kaum als Ausschlusskriterium für die Aufnahme in einfachere Berufsausbildungen gelten dürften. Andere Kompetenzen wie die Mathematikleistungen (Hupka-Brunner, Sacchi & Stalder 2010) oder das handwerkliche Geschick (Stalder 2000) und andere Selektionskriterien wie das Geschlecht (Haeberlin, Imdorf & Kronig 2005) oder der kulturelle und familiäre Hintergrund der Bewerbenden (Hupka-Brunner, Sacchi & Stalder 2010; Imdorf 2007; Uhly & Granato 2006) spielen in der Lehrlingsselektion eine ebenso gewichtige Rolle. Studien zeigen zudem, dass Betriebe ihre Lernenden weniger aufgrund schulischer Qualifikationen auswählen, sondern vielmehr aufgrund von „Bauchgefühlen" (Imdorf 2010), dem „allgemeinen Eindruck" (Schmid & Storni 2004) und gemäß ihrer Vorstellung von „guten Lehrlingen" (Stalder & Stricker 2009) entscheiden, welche Bewerbende in den Betrieb passen.

Eindrücklich ist, dass es den Betrieben offenbar gelingt, die betrieblichen Anforderungen so an die Jugendlichen mit tiefen PISA-Kompetenzen anzupassen, dass diese während der Ausbildung nicht stärker belastet bzw. nicht öfters überfordert sind als Jugendliche mit höheren Kompetenzen. Dies steht im Kontrast zu den Anforderungen in der Berufsfachschule, mit denen die leseschwächsten Jugendlichen deutlich weniger gut zurechtkommen. Die geringe Bedeutung, die schulische Leistungen beim Eintritt in die Berufsbildung und im betrieblichen Lernumfeld haben (Imdorf 2009), dürfte später für einige Jugendliche zum Stolperstein werden. Gelingt es nicht, die bei Eintritt ungenügenden Lesekompetenzen zu verbessern, bleiben Lernende in der Berufsfachschule überfordert und erreichen kaum den genügenden Notendurchschnitt. Ungenügende Noten wiederum erhöhen das Risiko von Lehrabbrüchen, Ausbildungsniveauwechseln und Klassenrepetitionen (Stalder (im Druck)).

Kritisch sei angemerkt, dass sich aus dem erreichten Sek. II-Abschluss und der daraus resultierenden beruflichen Befähigung nicht direkt ableiten lässt, dass die Jugendlichen damit auch generell über die für die gesellschaftliche Teilhabe nötigen Kompetenzen verfügen. So lässt sich zum Beispiel aus der internationalen Kompetenzstudie ALL (Adult Literacy and Life Skills Survey) schließen, dass ein Lehrabschluss allein, d. h. ohne weitere Ausbildung auf der Tertiärstufe, in vielen Fällen nicht ausreicht, um auf zufriedenstellende Weise mit den täglichen Anforderungen in Bezug auf Lesen und Rechnen zurechtzukommen (Falter, Pasche, & Hertig 2007).[3]
Der Befund der ALL-Studie wirft wiederum ein kritisches Licht auf die von PISA gewählte Risikodefinition, die das Risiko bei Kompetenzstufe I ansetzt und Jugendliche mit Kompetenzen der Stufe II davon ausnimmt. Die vorliegenden Resultate zeigen, dass Lernende mit Lesekompetenzen der Stufe II zwar häufiger einen Berufsabschluss erwerben, nur selten aber eine Qualifikation, die zu einer höheren Ausbildung auf der Tertiär-A-Stufe befähigt. Sie dürften laut ALL-Befund ebenso gefährdet sein, mit Alltagsanforderungen bezüglich Lesen und Rechnen nicht zurechtzukommen. Die kritische Schwelle, die über Bildungschancen und lebenslanges Lernen entscheidet, scheint also weniger zwischen den niedrigsten Kompetenzstufen zu liegen als vielmehr zwischen den mittleren Stufen 2 und 3 (vgl. dazu Stalder, Meyer & Hupka-Brunner 2008).

Als abschließendes Fazit lässt sich festhalten, dass schlechte Lesekompetenzen insgesamt ein nicht zu vernachlässigender Risikofaktor für nachfolgende Ausbildungschancen sind. Jugendliche allein aufgrund ihrer schlechten Lesekompetenzen zur Risikogruppe zu machen, scheint aber unangebracht. Das Risiko tritt bei einer beruflichen Bildungskarriere nicht in dem Maß ein, wie das durch PISA nahegelegt wird. Für weitere Untersuchungen wäre zu fragen, unter welchen Bedingungen mangelnde Lesekompetenzen durch die Berufsausbildung verbessert oder kompensiert werden

---

3   Den Resultaten der ALL-Studie 2004 gemäß können 22 % der 16- bis 65-Jährigen in der Schweiz nicht gut genug lesen und rechnen, um einen einfachen Text zu verstehen, sich in der Sprache des Wohnortes auszudrücken oder um ein praktisches mathematisches Problem zu lösen. Knapp zwei Drittel dieser Personen weisen ein Bildungsniveau auf Sekundarstufe II auf (Zuchuat 2007).

können, damit sie sich – trotz Lehrabschluss – nicht als gravierender Nachteil im täglichen Leben geltend machen (vgl. auch die Kritik zu PISA von Hopmann, Brinek & Retzl 2007; oder Jahnke & Meyerhöfer 2007).

Literatur

Artelt, C.; Baumert, J.; Klieme, E.; Neubrand, M.; Prenzel, M.; Schiefele, U.; u. a. (Hg.) (2001): PISA 2000 – Zusammenfassung zentraler Befunde. Berlin: Max-Planck-Institut für Bildungsforschung.

Baumert, J.; Artelt, C.; Klieme, E.; Neubrand, M.; Prenzel, M.; Schiefele, U.; u. a. (Hg.) (2002): PISA 2000 – Die Länder der Bundesrepublik Deutschland im Vergleich. Zusammenfassung zentraler Befunde. Berlin: Max-Planck-Institut für Bildungsforschung.

BBT (2004): Schlussbericht Task Force „Lehrstellen 2003". Bern: Bundesamt für Berufsbildung und Technologie.

BBT (2010): Berufsbildung in der Schweiz 2010. Fakten und Zahlen. Bern: Bundesamt für Berufsbildung und Technologie.

BFS; EDK (Hg.) (2002): Für das Leben gerüstet? Die Grundkompetenzen der Jugendlichen – Nationaler Bericht der Erhebung PISA 2000. Neuchâtel: Bundesamt für Statistik.

EDK (2006): Pressemitteilung: Mehr Abschlüsse auf Sekundarstufe II (13. November 2006). Bern: Schweizerische Konferenz der kantonalen Erziehungsdirektoren.

Falter, J.-M.; Pasche, C.; Hertig, P. (2007): Compétences, formation et marché du travail en Suisse. Une exploitation des résultats de l'enquête internationale sur les compétences des adultes (ALL). Neuchâtel: Office fédéral de la statistique.

Haeberlin, U.; Imdorf, C. ; Kronig, W. (2005) : Verzerrte Chancen auf dem Lehrstellenmarkt. Untersuchung zu Benachteiligungen von ausländischen und von weiblichen Jugendlichen bei der Suche nach beruflichen Ausbildungsplätzen in der Schweiz. Zeitschrift für Pädagogik, 51(1), S. 116–133.

Hopmann, S.; Brinek, G.; Retzl, M. (Hg.) (2007): PISA zufolge PISA. PISA According to PISA. Hält PISA, was es verspricht? – Does PISA keep, what it promises? Wien: LIT.

Hupka-Brunner, S.; Gaupp, N.; Geier, B.; Lex, T.; Stalder, B. E. (im Druck): Chancen bildungsbenachteiligter Jugendlicher: Bildungsverläufe in der Schweiz und in Deutschland. Zeitschrift für Soziologie der Erziehung und Sozialisation.

Hupka-Brunner, S.; Sacchi, S.; Stalder, B. E. (2010): Social origin and access to upper secondary education in Switzerland: a comparison of company-based apprenticeship and exclusively school-based programmes. Swiss Journal of Sociology, 36(1), pp. 11–31.

Imdorf, C. (2007): Weshalb ausländische Jugendliche besonders grosse Probleme haben, eine Lehrstelle zu finden. In: H.-U. Grunder; L. von Mandach (Hg.): Auswählen und ausgewählt werden. Integration und Ausschluss von Jugendlichen und jungen Erwachsenen in Schule und Beruf. Zürich: Seismo, S. 100–111.

Imdorf, C. (2009): Die betriebliche Verwertung von Schulzeugnissen bei der Ausbildungsstellenvergabe. Empirische Pädagogik, 23(4), S. 392–409.

Imdorf, C. (2010): Emotions in the hiring procedure: How 'gut feelings' rationalize personnel selection decisions. In: Å. Wettergren; B. Sieben (eds.): Emotionalizing organizations and organizing emotions. Houndmills: Palgrave Macmillan, pp. 84–105.

Jahnke, T.; Meyerhöfer, W. (Hg.) (2007): PISA & Co – Kritik eines Programms (2. Ausgabe). Hildesheim: Franzbecker.

OECD (2001): In Kompetenzen für alle investieren. Pressecommuniqué zur Tagung der OECD-Bildungsminister. Paris, 3.–4. April 2001. Download (12.12.2010) von: www.oecd.org/dataoecd/39/51/1924136.pdf

OECD/PISA (2001): Lernen für das Leben. Erste Ergebnisse von PISA 2000. Ausbildung und Kompetenzen. Paris: OECD.

Ramseier, E.; Brühwiler, C.; Moser, U.; Zutavern, M.; Berweger, S.; Biedermann, H. (2002): Bern, St. Gallen, Zürich: Für das Leben gerüstet? Die Grundkompetenzen der Jugendlichen – Kantonaler Bericht der Erhebung PISA 2000. Neuchâtel: Bundesamt für Statistik.

Sacchi, S.; Salvisberg, A. (2010): Berufseinsteiger-Barometer 2010. Report im Auftrag des Bundesamts für Berufsbildung und Technologie (BBT). Kurzfassung vom Oktober 2010. Stellenmarkt-Monitor Schweiz. Zürich: Universität Zürich.

Schmid, M.; Storni, M. (2004): TRANSITION. Zur Qualifikation und Rekrutierung von Lehrlingen im Kanton Basel-Stadt. Basel: ecce gemeinschaft für sozialforschung.

Stalder, B. E. (2000): Gesucht wird ... Rekrutierung und Selektion von Lehrlingen im Kanton Bern. Bern: Amt für Bildungsforschung der Erziehungsdirektion.

Stalder, B. E. (2003): Schule, Arbeit, Ausbildungszufriedenheit. In: BFS & TREE (eds.): Wege in die nachobligatorische Ausbildung. Die ersten zwei Jahre nach Austritt aus der obligatorischen Schule. Zwischenergebnisse des Jugendlängsschnitts TREE. Reihe „Bildungsmonitoring Schweiz". Neuchâtel: Bundesamt für Statistik, S. 59–79.

Stalder, B. E. (2011): Das intellektuelle Anspruchsniveau beruflicher Grundbildungen in der Schweiz. Ratings der Jahre 1999–2005. Basel: Institut für Soziologie/TREE, Universität Basel.

Stalder, B. E. (im Druck): Kritische Transitionen in der Berufsbildung: Wenn Ausbildungswege nicht der Norm entsprechen. In: C. Baumeler; B. J. Ertelt; A. Frey (Hg.): Diagnose und Prävention von Abbrüchen in der Berufsbildung (Vol. 1). Landau: Verlag Empirische Pädagogik.

Stalder, B. E.; Meyer, T.; Hupka-Brunner, S. (2008): Leistungsschwach – Bildungsarm? Ergebnisse der TREE-Studie zu den PISA-Kompetenzen als Prädiktoren für Bildungschancen in der Sekundarstufe II. Die Deutsche Schule, 100(4), S. 438–451.

Stalder, B. E.; Nägele, C. (2011): Vocational education and training in Switzerland: Organisation, development and challenges for the future. In: M. M. Bergman; S. Hupka-Brunner; A. Keller; T. Meyer; B. E. Stalder (eds.): Youth transitions in Switzerland: Results from the TREE panel study. Zürich: Seismo, pp. 18–39.

Stalder, B. E.; Stricker, C. (2009): Traditionelle Arbeitstugenden sind nach wie vor zentral. Panorama, 5, S. 13–14.

Uhly, A.; Granato, M. (2006): Werden ausländische Jugendliche aus dem dualen System der Berufsbildung verdrängt? Berufsbildung in Wissenschaft und Praxis, 35(3), S. 51–55.

Wettstein, E.; Gonon, P. (2009): Berufsbildung in der Schweiz. Bern: hep.

Zuchuat, J.-C. (2007): Diversité des personnes avec de faibles compétences. Neuchâtel: Bundesamt für Statistik.

Teil 3:
Perspektiven für die
Kompetenzdiagnostik im Bereich
beruflicher Arbeit und Ausbildung

Kollektive Kompetenz – eine wenig beachtete Dimension beruflicher Kompetenzdiagnostik

Martin Fischer, Peter Röben

1 Einleitung

Neben anderen Zielen geht es in der beruflichen Bildung um die Herstellung von Arbeitsvermögen. Arbeitsvermögen wird z. B. von Oswald Neuberger (1991, S. 3 f.) folgendermaßen definiert:

> „Arbeitsvermögen ist ein *summarischer* Begriff, der nicht die einzelnen ‚Hände' oder ‚Kräfte' erfaßt (wie Arbeitnehmer zuweilen verdinglichend bezeichnet werden). Nicht was eine individuelle Person (leisten) kann, interessiert, sondern was eine Person, die mit anderen Personen nach vorgegebenen Regeln und Zielen zusammenarbeitet, (leisten) kann."

Berufliche Kompetenz beinhaltet demnach nicht nur individuelle, sondern auch kollektive Handlungsfähigkeit, und zwar unabhängig davon, wie die Zusammenarbeit von Arbeitspersonen im Einzelnen betrieblich geregelt ist. Betrachtet man die derzeit vorgeschlagenen Verfahren der Kompetenzdiagnostik, insbesondere auch die aus der Berufs- und Wirtschaftspädagogik sowie den Berufswissenschaften, so wird die Dimension der kollektiven Kompetenz in aller Regel nicht erfasst:

- In der Machbarkeitsstudie zu einem europäischen Vergleichstest in der Berufsbildung, Stichwort „Berufsbildungs-PISA", werden „individuelle Fähigkeiten" (Einstellungen, Motivation, Wissen etc.) im Kontext verschiedener Kompetenzbereiche (Selbst-, Sach-, Methoden- und Sozialkompetenz) konzeptionalisiert (Baethge u. a. 2006, S. 38 ff.). Im Bereich der Sozialkompetenz tauchen interpersonale Anforderungen auf, jedoch bloß im Hinblick auf individuelle Fähigkeiten: „Sozialkompetenz umfasst die Gesamtheit der Fähigkeiten eines Individuums, die in kooperativen Situationen erforderlich sind, um im Umgang mit anderen sich bewegen und erfolgreich handeln zu können" (a. a. O., S. 47). An späterer Stelle (a. a. O., S. 99) werden den Kontextvariablen für individuelle Kompetenz (soziale Herkunft, Bildungsaspirationen, Übergänge etc.) andere Kontextvariablen gegenübergestellt. Diese beziehen sich jedoch nicht auf kooperative Arbeitsprozesse, sondern auf Bildungsprozesse im Kontext eines nationalen Bildungssystems sowie unterschiedlicher Bildungseinrichtungen und Ausbildungsbedingungen.

- Auch die Arbeiten der Arbeitsgruppe um Reinhold Nickolaus konzentrieren sich, soweit zu sehen ist, weitgehend auf die Messung individueller Kompetenzen. Dies ist einerseits nachvollziehbar, fasst man die von Nickolaus u. a. (in diesem Buch) erarbeitete differenzierte Analyse der Schwierigkeiten ins Auge, allein die Fachkompetenz in einem Beruf zufriedenstellend (unter Beachtung der üblichen

Gütekriterien von Messungen) zu erfassen. Nickolaus u. a. gelangen daher zu dem Standpunkt, eine umfassende valide Diagnose beruflicher Handlungskompetenz zunächst zurückzustellen. Andererseits stellt sich natürlich die Frage nach dem relativen Stellenwert der bislang von Nickolaus u. a. analysierten Kompetenzfacetten. Ohne ein elaboriertes Verständnis umfassender beruflicher Handlungskompetenz lässt sich die Relevanz einzelner Kompetenzfacetten sehr schwer abschätzen.

• Aus der Sphäre berufswissenschaftlicher Forschung sind von der Arbeitsgruppe um Felix Rauner Verfahren der Kompetenzmessung vorgeschlagen und erprobt worden. Das im hessischen Modellversuch KOMET erarbeitete dreidimensionale Kompetenzmodell (KOMET-Konsortium 2010, S. 26) verknüpft vier Stufen einer „Inhaltsdimension" (von Anfänger- bis zu Könneraufgaben), vier Stufen einer „Anforderungsdimension" (von nomineller Kompetenz bis zu Gestaltungskompetenz) mit sechs Stufen einer „Handlungsdimension" (die Elemente einer vollständigen Handlung: vom Informieren, Planen etc. bis zum Bewerten). Die Konzentration auf Kompetenz als individuelle kognitive Leistungsdisposition „begründet einerseits die sehr große Reichweite und Anwendbarkeit des KOMET-Testverfahrens, schließt aber auch das Messen spezifischer beruflicher Qualifikationsaspekte aus" (a. a. O., S. 34). Als solche Merkmale, die sich nicht bzw. nur mit großem Aufwand messen lassen, werden anschließend „situierte berufliche Qualifikationen" genannt, unter anderem „Fähigkeiten, die in der interaktiven Verlaufsform der Arbeit zum Ausdruck kommen" (ebenda).

Die Vermutung liegt nahe, dass sich die genannten vorgeschlagenen Verfahren an den Schulleistungstests aus dem allgemeinbildenden Bereich wie PISA und TIMMS orientieren, damit eine „schulmeisterliche" Betrachtungsweise präferieren und die Erfassung *beruflicher* Leistungen und ihrer Voraussetzungen nur eingeschränkt in den Fokus nehmen oder sogar verfehlen. Im Folgenden soll gezeigt werden, dass kollektive Kompetenz sehr wohl für berufliche Leistungen bedeutsam ist. Daher wäre es unerlässlich, mindestens zu thematisieren, ob und wie diese Dimension in der beruflichen Kompetenzdiagnostik verankert werden könnte.

2 Kollektive Kompetenz als Element beruflicher Handlungsfähigkeit

2.1 Phänomene und empirische Untersuchungen

Es sind empirische Untersuchungen, die eher ethnografische Ansätze verfolgten (d. h. die genaue Beobachtung realer Lebenswelten), die auf Phänomene überindividueller Kompetenz aufmerksam gemacht haben. Überindividuelle, über ein einzelnes Individuum hinausreichende Kompetenz soll zunächst allgemein mit dem Terminus „kollektive Kompetenz" belegt werden; Differenzierungen folgen später. Nicholas Boreham (2004) stellt in seiner Auseinandersetzung mit dem Thema „kollektive

Kompetenz" den Aufbau zweier identischer chemischer Fabriken durch je ein japanisches und britisches Team vor:

"Some years ago we licensed a process to build a paraxylene plant to the Japanese. ... We were simultaneously building an identical one in the UK. ... Imagine our chagrin when not only did they complete their plant seven months before us, but also it worked at first go while ours suffered the usual teething troubles ..." (Harvey-Jones 1989, pp. 99–100, zitiert nach Boreham 2004, S. 5).

"The Japanese plant was built by a team which shared a single large office ... They were in each others' minds and did not have to send a memo, or make a telephone call, to check the effects of, for example, locating a valve somewhere else. Any one of them could cover for anybody else ..." (Harvey-Jones 1993, p. 178, zitiert nach Boreham 2004, S. 5).

Der signifikante Vorsprung des japanischen Teams wird von Boreham als Merkmal kollektiver Kompetenz interpretiert, über die die britische Arbeitsgruppe nicht im selben Maß verfügte.

Kollektive Kompetenz kann in einem Team innerhalb einer Organisation, in der Organisation als ganzes oder auch in organisationsübergreifenden Netzwerken vorhanden sein (Wilkens 2004). Ein eindrucksvolles Beispiel liefern Ekkehard Moritz und Klaus Ruth (2007), die untersucht haben, wie es zu der Entwicklung der Skier kam, auf denen die deutsche Skiläuferin Hilde Gerg 2006 in Turin zum Olympiasieg fuhr. Man kann sich leicht vorstellen, dass es sich bei den Skiern von Olympiasiegern um absolute High-Tech-Produkte handelt, die der beständigen Weiterentwicklung unterliegen.

Was hat die Entwicklung von solchen Sportgeräten mit kollektiver Kompetenz zu tun? Moritz und Ruth zeigen in ihrer Fallstudie die Bedeutung immaterieller Ressourcen in Innovationsnetzwerken:

Tatsächlich war es erstens kein individueller Genius, der sich die Olympiasieger-Skier ausgedacht hat, sondern ein Netzwerk von Personen, die – beginnend mit einem konspirativen Kneipentreffen – etwa sechs Jahre lang an diesem Thema arbeiteten. Zweitens funktionierte das Netzwerk völlig ohne materielle Ressourcen. Nicht einmal eine schwarze Kasse gab es, die sich die Teilnehmer allerdings gewünscht hätten. Das Funktionieren wurde auf das Engagement einiger „positiv Verrückter" zurückgeführt, die wegen des Interesses am Thema und aus gegenseitiger Sympathie zusammenarbeiteten. Mit anderen Worten: Hier arbeitete eine Gruppe von Menschen langfristig über die Grenzen von Organisationen hinweg absichtsvoll als Kollektiv zusammen, da man sich bewusst war, das Entwicklungsziel nur gemeinsam – im Zusammenwirken der individuellen Kompetenzen – erreichen zu können. Als das dritte Bemerkenswerte lässt sich hervorheben, dass die Autoren in der Lage waren, die Arbeit des Netzwerks als Längsschnittstudie zu verfolgen und mittels einer soziographischen Erhebung sowie eines Auswertungsworkshops zu analysieren.

Die Analyse ergibt das Bild eines schalenförmigen Netzwerksaufbaus. Es existiert ein Kernteam, bestehend aus je einem Angehörigen des Deutschen Ski-Verbands, des Olympiastützpunkts und eines Instituts an der Fakultät für Sportwissenschaft der TU München sowie einem Moderator, einem der beiden Autoren der Studie. Das erweiterte Team schließt die Fluidmechanik der TU München ein, ein öffentliches Institut für Sportgeräte sowie eine Sportgerätefirma. Die äußere Schale bilden dann Partner, die bei Bedarf hinzugezogen werden wie Angehörige der Lehrstühle Werkstoffe, Ergonomie und Physik der TU München sowie ein Institut der Chemischen Industrie. Die Analyse zeigt, dass nicht immer von einem kollektiven Handlungssubjekt im Sinne eines Entweder-oder, sondern stattdessen im Sinn eines Mehr-oder-weniger ausgegangen werden kann: Das Kernteam hat sich die kollektive Aufgabe über organisationale Grenzen hinweg zur dauerhaften Aufgabe gemacht, während das für die Personen am Rande des Netzwerks eher weniger zutrifft.

Welche Ressourcen wurden nun von den Beteiligten bei der Auswertung der Netzwerkarbeit als wichtig eingeschätzt? Genannt wurden „Vertrauen", „Kompetenz der Partner", „Publicity" und „Prestige" sowie „Chemie". Mit Publicity und Prestige ist vor allem das Image der Partner gemeint. Originalton eines Teilnehmers: Die Skifahrer nehmen uns eher etwas ab, wenn es von der Uni kommt – also ein dankbares Klientel, diese Skifahrer. „Chemie" als umfassende Ressource wurde von den Teilnehmern definiert als Toleranz + Akzeptanz + Respekt + Sympathie + Anerkennung.

Wir möchten solch ein Netzwerk hier keineswegs idealisieren. Die genannten Ressourcen befinden sich durchaus in einem Spannungsverhältnis zueinander, z. B. „Vertrauen", wozu gehört, auch einmal etwas für sich zu behalten, versus „Publicity", etwas in die Öffentlichkeit zu tragen. Zudem ist ein Netzwerk, das auf immateriellen Ressourcen basiert, ein äußerst fragiles Konstrukt: Im Unterschied zu materiellen Ressourcen, deren Verbleib man verfolgen kann, selbst wenn sie sinnlos ausgegeben sind, können immaterielle Ressourcen in demjenigen Augenblick für immer verschwunden sein, in dem jemand versucht, sie allein für sich auszunutzen und die anderen daraufhin die Zusammenarbeit aufkündigen. Aber es ist doch interessant zu sehen, wie sich auf dem Weg vom Wissen zu innovativem Handeln aus „Chemie" – und es waren ja durchaus Repräsentanten der Chemie in des Wortes ursprünglicher Bedeutung vertreten – die Verbindung von Toleranz, Akzeptanz, Respekt, Sympathie und Anerkennung entwickelt.

Als Fazit aus dieser Fallstudie kann man festhalten, dass erstens für die Entwicklung dieser Skier kollektive Kompetenz vonnöten war, die über die Kompetenz jedes einzelnen Beteiligten hinausreichte, und zweitens diese kollektive Kompetenz auch mehr enthält als die Summe individueller Kompetenzen. Die genannten Merkmale für den Erfolg des Netzwerks „Toleranz, Akzeptanz, Respekt, Sympathie und Anerkennung" sind allesamt relationale Begriffe. Sie kennzeichnen die Beziehung zwischen zwei oder mehr Personen; sie beschreiben die Kompetenz einer Gruppe und sind als Eigenschaften eines einzelnen Individuums gar nicht denkbar.

2.2 Theoretische Ansätze

Überlegungen zum kollektiven Charakter gesellschaftlicher Arbeit und damit auch zum kollektiven Charakter der für die Arbeitsausübung verbundenen Fähigkeiten findet man in der Tätigkeitstheorie der kulturhistorischen Schule (Leontjew (z. B. 1982), Vygotskij (z. B. 1969)) und in verwandten Ansätzen, etwa Georg Lukács' Ontologie der Arbeit. Lukács führt aus, dass jeglicher Arbeit eine teleologische Setzung vorausgehe, nämlich das Ziel der Arbeit zu antizipieren. Diese teleologische Setzung betrifft zunächst den Gebrauchswert, der durch die Umformung der Arbeitsgegenstände entstehen soll. In dem Moment nun, wo Menschen zusammenarbeiten, ist eine erweiterte Zielsetzung vonnöten:

> „Der wesentliche Inhalt der teleologischen Setzung ist aber nunmehr – ganz allgemein, ganz abstrakt gesprochen – der Versuch, einen anderen Menschen (oder eine Menschengruppe) dazu zu bringen, daß er seinerseits konkrete teleologische Setzungen vollziehe" (Lukács 1973, S. 62).

Die von Lukács skizzierte Basis kooperativen Handelns unterstellt einerseits eine individuelle „Kompetenz" (die Fähigkeit, einen anderen Menschen „zu etwas zu bringen"). Andererseits liegt die Performanz, also das tatsächliche Ergebnis des Handelns, gar nicht im Einflussbereich eines einzelnen Individuums. Beim „anderen Menschen" handelt es sich ja ebenfalls um ein mit Willen und Bewusstsein begabtes Individuum, das alle möglichen, mit dem Handlungsziel der erstgenannten Person inkompatiblen Zwecke verfolgen kann und auch im Akt des Kooperierens nicht bloß passiv etwas erleidet, sondern seinerseits eine teleologische Zwecksetzung aktiv vollziehen muss. Lukács illustriert das Problem am Beispiel der Jagd in der Altsteinzeit, wo Größe, Kraft und Gefährlichkeit der zu jagenden Tiere eine Verteilung der Arbeitsfunktionen auf mehrere Menschen erforderlich machten (Treiber und Jäger) und wo vor und bei der Einwirkung auf die Natur (dem Jagen und Töten von Wildtieren) eine Einwirkung auf andere Menschen zwecks gemeinsam geteilter Arbeitsteilung erfolgen musste. Übertragen auf unsere Fragestellung bedeutet dies, dass kollektive Kompetenz nicht als die Summe individueller „Sozial"-kompetenzen zu verstehen ist, sondern zuallererst als das In-Beziehung-Setzen individuell unterschiedlicher „Fach"-kompetenzen. Solch ein Verständnis kollektiver Kompetenz ist von einigen Autoren wie Raeithel (1983), Engeström (1987) oder der Projektgruppe Automation und Qualifikation (1983) vertreten worden, die sich im Anschluss an die kulturhistorische Tätigkeitstheorie um eine Analyse kooperativen Handelns bemühten:

> „Dort nämlich wird Kooperation nicht als individuelle Fertigkeit, als soziale Kompetenz, sondern als Produkt der tätigen Auseinandersetzung arbeitender Personen mit ihren Arbeitsgegenständen und miteinander gesehen" (Wehner u. a. 1996, S. 40).

Kollektive Kompetenz basiert auf dem Gefüge unterschiedlicher Arbeitsaufgaben und Arbeitshandlungen, deren verteilte, aber koordinierte Bewältigung ein Arbeitsergebnis überhaupt ermöglicht.

Das In-Beziehung-Setzen von unterschiedlichen Funktionen im Arbeitsprozess geschieht durch Sprechakte und muss durch Sprechakte geschehen, insofern es nicht, wie bei Tieren, instinktiv gegeben und insofern es eine Antizipation und Verabredung künftigen Handelns ist. Dem Sprechen als Ausdruck sozialen Handelns hat sich besonders Vygotskij (1969) gewidmet, der höhere psychische Funktionen wie das Sprechen und das begriffliche Denken in ihrem sozialen Ursprung als Mittel zur gegenseitigen Hilfeleistung ansah.

> „Um irgendein Erlebnis oder einen Bewußtseinsinhalt einem anderen Menschen mitzuteilen, gibt es nur den Weg, den wiederzugebenden Inhalt einer bestimmten Klasse bzw. einer bestimmten Gruppe von Erscheinungen zuzuordnen. Das erfordert, wie bereits bekannt, stets eine Verallgemeinerung. Der Verkehr setzt also notwendigerweise eine Verallgemeinerung und somit die Entwicklung der Wortbedeutung voraus" Vygotskij (1969, S. 11).

Vygotskij (1969, S. 13) betrachtete die Wortbedeutung daher nicht nur als „Einheit von Denken und Sprechen [...], sondern auch als die Einheit der Verallgemeinerung und des Verkehrs, der Kommunikation und des Denkens."

In der Entwicklungsgeschichte der Menschheit war Verständigung wegen der Initiierung von Arbeitsteilung notwendig. Heutzutage werden Menschen in eine gegebene gesellschaftliche Arbeitsteilung hineingeboren und erleben diese im Arbeitsleben. Die Koordination von Arbeitshandlungen in Unternehmen ist in der Regel durch die Aufbau- und Ablauforganisation der Betriebe objektiv vorgegeben, sie muss nicht durch die Mitarbeiter erst hergestellt werden. Trotzdem ist auch die subjektive Koordination von Arbeitshandlungen notwendig, wenn und insofern nicht-antizipierte Probleme und Störsituationen im Betriebsablauf kooperativ überwunden werden müssen. Und selbst bei vermeintlichen Routinesituationen kann das durch Ausbildung und Sozialisation erworbene Verständnis beruflicher Arbeit irrtümlich leicht als selbstverständlich und voraussetzungslos angesehen werden. Dass dem nicht so ist, zeigen die Schwierigkeiten der interkulturellen Zusammenarbeit („Haben Schnecken Zähne?", vgl. den Beitrag von Miriam Wild und Walter Jungmann in diesem Buch):

> „Um gemeinsam handeln zu können, müssen sich Subjekte in ihren Handlungen koordinieren lernen. Die Form dieser Koordination geschieht wesentlich im Sprechen. Darüber hinaus haben Menschen andere Formen entwickelt, die der gleichen Funktion dienen (Gebärdensprache, Taktilsprache, Schreiben, Zeichnen). Was ist Inhalt dieser Koordination? Koordiniert werden Intentionen (Absichten) und Bewertungen (Urteile) der Subjekte zu gemeinsamen Handlungen. Die Koordination bedeutet, dass die Absichten der beteiligten Subjekte gegenseitig bekannt und verstanden sein müssen, Handlungen müssen zeitlich, räumlich und personell koordiniert werden. Bei absolut gegensätzlichen Intentionen oder gegensätzlichen Beurteilungen der Situation ist keine gemeinsame koordinierte Kooperation möglich. Wenn ich mich mit einem notwendigen Partner nicht auf die Durchführung einer Handlung einigen kann oder wenn er mir beispielsweise auf die Aufforderung, mir einen Schraubenzieher zu geben, eine Tomate reicht, ist eine koordinierte Handlung nicht möglich. Hierin liegt auch die Bedeutung der Aneignung der mit der Kultur verbundenen sprachlich signalisierten Orientierung. So müssen die Bewertungen der Situationsbedingungen, d. h. Angebote (weitgehend) übereinstimmen, um gegenständliche und personelle Angebote zu erkennen und zu nutzen. Für eine koordinierte Kooperation ist eine hinreichend gleichartige Orientierung auf die Angebote der Situation nötig, d. h., die Kooperationspartner müssen die Situation zumindest ähnlich *verstehen* [Hervorhebung im Original]" (Messing & Werani 2009).

Die Autoren machen deutlich, dass „Verstehen" hier über das rein sprachliche Verstehen hinausreicht. Soweit Koordinierung von Arbeit berührt ist, geht es auch um das fachliche und um das personale Verstehen.

Theo Wehner u. a. (1996, S. 45 ff.) haben auf Basis kulturhistorischen Gedankenguts ein idealtypisches arbeitspsychologisches Kooperationsmodell vorgeschlagen, dass dieser Einsicht Rechnung trägt. Wehner u. a. gehen davon aus, dass Arbeitspersonen in der betrieblichen Lebenswelt eine „initiale Koordiniertheit" vorfinden, mit der ihre sachlichen und hierarchischen Arbeitsbeziehungen geregelt sind (z. B. die Beziehungen zwischen Kaufleuten und Technikern, zwischen Vorgesetzten und Untergebenen), dass aufgrund von unerwarteten Ereignissen diese initiale Koordiniertheit sich aber immer wieder als restaurationsbedürftig erweist und eine „korrektive Kooperation" notwendig macht. Wird dies von den handelnden Akteuren erkannt und wird, mehr noch, erkannt, dass durch korrektive Handlungen Fehlerursachen nicht grundsätzlich beseitigt werden, kann durch „expansive Kooperation" der Entschluss zur Erneuerung der bisherigen Arbeitsorganisation getroffen werden. In der Phase der „Ko-Konstruktion" suchen die Akteure nach neuen Möglichkeiten der Abstimmung ihrer Arbeitstätigkeiten und erproben diese. Die abschließende Phase der „remediativen Koordination" institutionalisiert dann diese Innovationen in der betrieblichen Arbeitsorganisation. Dieses Kooperationsmodell unterstellt (wenn auch unterschiedlich stark ausgeprägt) Vertrauen in Personen und Strukturen im Betrieb sowie Kopräsenz (d. h. Identifikation und Engagement bei der betrieblichen Arbeit im Sinn von face-work commitments oder faceless commitments).

Es handelt sich hier um ein Modell der Kooperation, dessen idealtypischer Verlauf, wie Wehner u. a. (a. a. O., S. 49) selbst schreiben, in der Praxis häufig gestört ist. Wolfgang Weber (1999, S. 204) hat darauf hingewiesen, dass die kollektive Selbstregulation von industriellen Arbeitsgruppen auch einer kollektiven Autonomie als Voraussetzung bedarf. Sein Modell einer kollektiven Handlungsregulation versucht, die Dichotomie zwischen inneren Regulationserfordernissen und äußerer Kommunikation durch das Konzept von gemeinsamen verschränkten Regulationsprozessen zu überwinden. Dies geschieht dadurch, dass die Gruppenmitglieder Handlungsleitlinien für das Ergebnis ihrer Tätigkeit entwerfen, kommunizieren und ggf. auch vergegenständlichen, d. h. in Form von Artefakten (z. B. Skizzen, (Auf-)Zeichnungen, modifizierten Werkzeugen und Computerprogrammen etc.) festhalten. Kollektive Handlungsregulation ist nach Weber (a. a. O., S. 206) gekennzeichnet durch eine gemeinsame Aufgabenorientierung, die folgende Merkmale enthält:

- Akzeptanz der gemeinsamen Aufgabe und Übernahme gemeinsamer Verantwortung;

- gegenseitige Unterstützung und Förderung;

- Perspektivenübernahme, d. h. sich in den anderen hineinversetzen;

- Leistung nützlicher Beiträge für ein gemeinsames Produkt, d. h. die erlebte eigene Wirksamkeit für die Gruppenarbeit und das Gruppenergebnis.

Auch dieses Modell ist ein idealtypisches Modell kollektiver Kompetenz, das sich in einem entsprechenden Analyseverfahren (VERA-KHR, vgl. Weber & Lampert 2005) niedergeschlagen hat.

Die skizzierten Konzepte auf Basis der kulturhistorischen Schule und der Handlungs-regulationstheorie berühren sich auch mit ethnografisch motivierten Untersuchungen kollektiven Handelns: In der pädagogischen, auch in der berufspädagogischen Dis-kussion, haben in den letzten zwanzig Jahren Ansätze starke Beachtung erfahren, die mit den Begriffen „situated learning" (vgl. Lave & Wenger 1991) bzw. „situated cognition" (Suchman 1987) verbunden sind. Hierbei wurde häufig der Kontext- bzw. Situationsbezug des Lernens thematisiert. Mit den sehr abstrakten Kategorien „Kon-text" oder „Situation" scheint jedoch mitunter in Vergessenheit zu geraten, worin der Kontext des Lernens besteht.[1] Es ist ganz wie bei Vygotskij die „soziale Praxis", der z. B. Jean Lave und Etienne Wenger besondere Bedeutung beimessen:

> "The notion of situated learning now appears to be a transistory concept, a bridge, between a view according to which cognitive processes (and thus learning) are primary and a view accord-ing to which social practice is the primary, generative phenomenon, and learning is one of its characteristics" (Lave & Wenger 1991, S. 34).

Soziale Praxis wird hier verstanden als übergreifender Begriff, der nicht einer Fach-praxis oder einem Sach- und Sinnzusammenhang gegenübersteht, sondern diesen ein-schließt. Im Unterschied zu den bislang dargestellten, überwiegend idealtypischen Konzepten kollektiver Kompetenz fußen die ethnografisch motivierten Studien von Lave und Wenger auf empirischen Untersuchungen, die zur Theorie des „situated learning" verdichtet worden sind. Demnach ist für das Lernen, mithin für den Erwerb von Kompetenzen, die Praxisgemeinschaft („community of practice") konstitutiv. So wurde z. B. untersucht, wie das Lernen und Anwenden von (elementarer) Mathematik in der Schule und in außerschulischen Situationen – z. B. im Supermarkt, in der Kü-che etc. – erfolgt (vgl. Lave 1988). Dabei konnte gezeigt – und damit der „Lehr-Lern-

---

1   Man findet häufig das verkürzte Verständnis „situierten Lernens", so die deutsche Übersetzung, wonach dieses Lernen „anwendungsorientiert" im Unterschied zum „theoretischen" oder „abs-trakten" Lernen sei. Solch ein Verständnis ist zwar auch nicht völlig unzutreffend, charakterisiert aber nicht den Clou in der Theorie von Lave und Wenger. Dieser liegt darin, Lernen als Bestand-teil sozialer Praxis im Unterschied zu einer individuellen kognitiven Aktion anzusehen. Dies ist auch von Anke Grotlüschen (2002) herausgearbeitet worden, die ebenfalls völlig zutreffend die Vereinnahmung des „Situated Learning"-Ansatzes durch den Konstruktivismus relativiert: Lave und Wenger nehmen deutliche Anleihen an die kulturhistorische Schule, genauer: an Vygotskijs Theorie der proximalen Entwicklung (Lave & Wenger 1996, S. 144 ff.), und das bedeutet im Un-terschied zur konstruktivistischen Auffassung, Lernen nicht als willkürliche, individuell viable (gangbare) Konstruktion von Bedeutungen (von Glasersfeld 1995), sondern als Widerspiegelung sozialer Praxis anzusehen. Den Widerspiegelungsprozess selber sehen Lave und Wenger, im Un-terschied zu den meisten Autoren der kulturhistorischen Schule, jedoch weniger als Internalisie-rung der Wirklichkeit als etwas äußerlich Gegebenem, sondern als Aushandlung von Bedeutun-gen durch Partizipation in Praxisgemeinschaften – und darin nähern sie sich konstruktivistischen Auffassungen wieder an.

Kurzschluss" (Holzkamp 1993, S. 385 ff.) – widerlegt werden, dass gute Mathematikleistungen in der Schule nicht automatisch zu guten Rechenleistungen im Supermarkt führten und umgekehrt „schwache Schulrechner" im Supermarkt durchaus zu einwandfreien Ergebnissen kamen.

Lave und Wenger postulieren drei Dimensionen, die für die Aneignung von Wissen und Können in der wirklichen Welt relevant sind. Diese Dimensionen beschreiben die Stellung des Lernenden in Praxisgemeinschaften: „legitimate" – die Form des legitimierten Zugangs zur Gemeinschaft; „participate" – die Möglichkeit, an Handlungen im Praxisfeld zu partizipieren; „peripheral" – Positionierungen innerhalb der Gemeinschaft, die von unmittelbarem Handlungsdruck entlastet sind.

Damit wird eine lerntheoretische Annahme, die in der gesamten Pädagogik eine große Rolle spielt, durch die Theorie des situierten Lernens in Frage gestellt: die Annahme nämlich, wonach im Lernprozess nicht nur eine Aufgabe gelöst oder ein bestimmtes Wissen erworben, sondern gleichzeitig ein individuelles persönliches Potenzial entwickelt würde, diese oder eine vergleichbare Aufgabe auch in anderen Situationen lösen und das erworbene Wissen in anderen Kontexten anwenden zu können. „Kompetenz", „Fähigkeit" oder „Qualifikation" sind Begriffe für diese Annahme. Lave und Wenger zeigen nun, dass solch eine Annahme nicht generell gerechtfertigt ist, da bei der Hervorbringung von Lernergebnissen der Kontext der jeweiligen Praxisgemeinschaft mindestens ebenso sehr berücksichtigt werden müsse wie die persönlichen Eigenschaften der lernenden Akteure.

Nun wird die Zusammenarbeit in Gruppen ja im Bereich der Kompetenzdiagnostik ebenfalls thematisiert, aber eben ganz überwiegend als individuelle „Sozialkompetenz" (vgl. das Überblickswerk für die berufliche Bildung von Dieter Euler (2009)). Warum ist dieser Ansatz nicht hinreichend? Weil es eben keine individuelle Kompetenz ist, die für das erfolgreiche gemeinsame Arbeiten verantwortlich ist, sondern das Zusammenwirken von Individuum und Praxisgemeinschaft. Dies lässt sich daran belegen, dass die erfolgreiche Bearbeitung eines Gegenstands vermittelt ist durch Werkzeuge, oder wie Engeström besser sagt, durch „Artifacts", denn nicht nur gegenständliche Werkzeuge sind Werkzeuge, sondern auch die Sprache.

Erfolgreiches Arbeiten erfordert ein adäquates Verständnis dieser Werkzeuge (Sprache und gegenständliche Werkzeuge).

Dieses Verständnis ist nur durch Partizipieren in der Praxisgemeinschaft zu erlangen (Waibel 2002). Partizipieren wird aber nicht nur durch „Partizipieren-können", sondern auch durch „Partizipieren-lassen" möglich, ist also ebenso eine Funktion des Individuums wie eine Funktion der Praxisgemeinschaft. Im nachfolgenden Zitat aus unserer Untersuchung zum Organisationalen Lernen in der europäischen Chemieindustrie wird eine Maßnahme des untersuchten britischen Unternehmens angesprochen „PCDM – Procedures and Competence Development Methodology", mit deren Hilfe Handlungswissen zur Durchführung betrieblicher Arbeitsaufgaben erhoben, dokumentiert und den Mitarbeitern zur Verfügung gestellt wird. Dies ist der Hintergrund des Zitats. Das eigentlich Interessante hier ist nun aber die Schilderung, wie sehr der Erwerb von Kompetenzen von den Partizipationsmöglichkeiten in der betrieblichen Praxisgemeinschaft abhängt.

> "There [was] nothing written down sort of manualwise ... that's come way on in 20 years. It was just ‚go with them' and then you'd go along and they didn't want to show you and they'd go while you were on the toilet. It's done, maybe next time. *As if they didn't want to give you the knowledge because it's like power* but that's changed now, it's all PCDM, what does that stand for PCDM, procedures and methodology. People are very suspicious of it because it was as if to say, 'oh, let's write down how we do things' and we never worked together, we all work on 5 different shifts and from that [comes] a best practice and we say 'that's how to do it'. And so people coming in can just open the files and say 'ah! That's the best way to do that particular exercise'." (Team Operator Company U)

Christel Kumbruck (2001, S. 31) hat den Versuch unternommen, weitere typische kooperationssemiotische Mittel in Praxisgemeinschaften zu erfassen. Als solche gelten:

- die unterschiedliche Nutzung von verteilten Informationen,

- der Einbezug von Objekten (u. a. Notizen, Bildschirmen)

- der Einsatz von spezifischen Stimmlagen und Satzmelodien für wichtige Nachrichten,

- das Einsetzen von Gewohnheiten, Eigennamen, Betonungen, Ausrufen und anderen dramatischen Signalen für wichtige Problemtypen,

- die Einrichtung mehrerer unabhängiger Kanäle für die meisten Nachrichten über den Stand der Aufgabenbewältigung, damit andere Akteure gegebenenfalls unterstützend tätig werden („einspringen") können,

- statt einer regelmäßig in Worte gefassten globalen Sicht das Vorhandensein von lokalem Bewusstsein über die wichtigen Vorgänge und Operationen.

Soweit werden im Ansatz des situierten Lernens Phänomene benannt, die in Frage stellen, dass ganz selbstverständlich im Lernprozess vom jeweiligen Kontext abstrahierte Erkenntnisse angeeignet werden und auf beliebige andere Kontexte transferiert werden könnten. Es lässt sich jedoch kritisch fragen, ob die Dialektik von Kontext (in den drei Dimensionen „Legitimiertheit", „Peripherikalität" und „Partizipation") und Lerninhalt nicht etwas einseitig zugunsten des Kontextes aufgelöst wird. Die erlernten inhaltlichen Bedeutungen und Deutungen der Welt gelten Lave und Wenger als sekundär. Lernen wird zwar als personengebunden, aber letztlich doch nur als Produkt der sozialen Situation aufgefasst. Überdauernde persönliche Identitäten sowie verallgemeinerte (und damit auch abstrahierbare) inhaltliche Vorstellungen der handelnden Personen scheinen dabei praktisch keine Rolle zu spielen.

Berufliche Identität kann jedoch nicht nur als Resultat der Sozialisation in betrieblichen Praxisgemeinschaften begriffen werden, sondern ist auch Ergebnis individueller berufsbiografischer Gestaltungsstrategien, die wiederum auf den Kompetenzerwerb zurückwirken (Fischer & Witzel 2008). Das bedeutet, ob, wie und wann sich jemand beruflich relevantes Wissen und Können aneignet, hat in der eingeschlagenen berufsbiografischen Gestaltungsstrategie eine individuelle Komponente und ist nicht ausschließlich determiniert durch die jeweilige betriebliche Praxisgemeinschaft.

Der Finne Yrjö Engeström (2001, S. 142) kommt zu dem Ergebnis, dass Praxisgemeinschaften in einem emphatischen Sinn kaum zu finden sind und weist auf einen Schwachpunkt des „situated learning"-Ansatzes hin:

> "For situated learning theory (Lave & Wenger, 1991), motivation to learn stems from participation in culturally valued collaborative practices in which something useful is produced. This seems a satisfactory starting point when we look at novices gradually gaining competence in relatively stable practices. However, motivation for risky expansive learning processes associated with major transformations in activity systems is not well explained by mere participation and gradual acquisition of mastery."

Engeströms Theorie expansiven Lernens basiert auf der Tätigkeitstheorie der kulturhistorischen Schule einerseits und Batesons Konzept des Deutero-Learning andererseits, das auch beim organisationalen Lernen Pate gestanden hat und bei dem es darum geht, gegebene Lernkontexte zu hinterfragen und weiterzuentwickeln. Grundidee ist, dass Lernen in einem wechselnden Mosaik miteinander verbundener Handlungssysteme stattfindet. Ein Handlungssystem besteht aus dem Subjekt und dem Objekt des Handelns, aus den Artefakten, die zwischen Subjekt und Objekt vermitteln, sowie aus der Gemeinschaft, der das Subjekt angehört, einschließlich der dort anzutreffenden Regeln und der Arbeitsteilung.

In der Abbildung 1 machen zwei Handlungssysteme das Objekt ihres Handelns (Objekt 1) zum Objekt ihrer Kommunikation (Objekt 2), woraus als Ergebnis des Lernens das neue Objekt 3 entsteht.

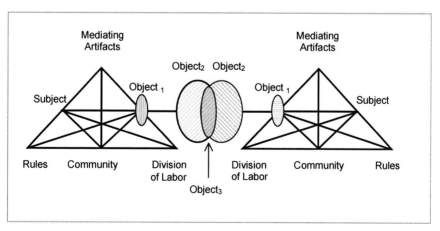

Abb. 1:   Kommunikation als Konstruktion von Objekt und Bedeutung zwischen zwei Handlungssystemen nach Engeström (1999)

Die Essenz dieser Darstellung kann man sich durch folgendes empirische Projekt veranschaulichen: Chronisch kranke Kinder mit multiplen und unklaren Diagnosen werden häufig zwischen verschiedenen Gesundheitsfürsorgeorganisationen hin und her geschoben, ohne dass jemand übergreifende Verantwortung für den Pflegeverlauf übernimmt. In der Region Helsinki wurden nun gemeinsam mit den Betroffenen und Beteiligten die relevanten Handlungssysteme (Gesundheitszentrum, Kinderkrankenhaus und Patientenfamilien) analysiert und es gelang, durch ein Pflegeabkommen reflektierte und geregelte Zuständigkeiten für den Krankheitsverlauf der Kinder zu schaffen (vgl. Abb. 2). Nach Engeström können durch das Konzept interagierender Handlungssysteme Möglichkeiten der Praxisreflexion und des expansiven Lernens, mithin also kollektive Kompetenz, geschaffen werden, ohne dass notwendigerweise ein mystisches kollektives Handlungssubjekt angenommen werden muss. Kollektive Kompetenz kann demnach als Zusammenwirken der individuellen Handlungsvermögen von Personen begriffen werden, die im Namen und im Sinn einer gemeinsamen Sache handeln.

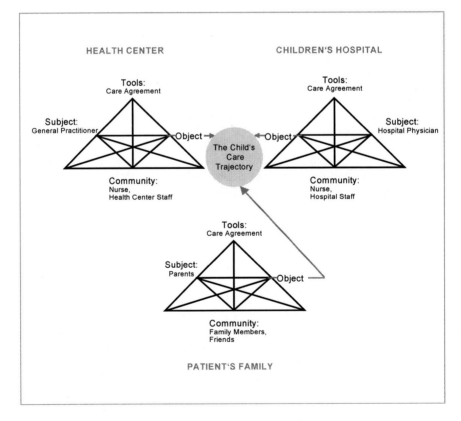

Abb. 2:   Expansives Lernen zwischen verschiedenen Handlungssystemen anhand des Pflegeverlaufs von chronisch kranken Kindern nach Engeström (1999)

Zwischenfazit: Es darf nicht verkannt werden, dass die Aneignung von Kompetenzen für berufliche Zwecke eine über-individuelle Dimension besitzt, erst recht im betrieblichen Kontext. In der internationalen Debatte findet sich eine Reihe von Konzepten, die diesen Zusammenhang theoretisch zu fundieren versuchen, etwa Engeströms Idee eines betrieblichen „activity systems", in das individuelles Lernen eingebunden ist, oder Lave und Wengers Hervorhebung von „communities of practice", in denen Zugangsmöglichkeiten zu Lernprozessen geregelt werden. Diese Konzepte beschreiben die Interaktion von individuell angeeigneten Kompetenzen mit den sozialen Bedingungen des Arbeitens, ganz ähnlich wie dies ja auch durch interaktionistische Ansätze der Sozialisationstheorie (Lempert 1998, S. 31) nahelegt wird. Selbst wenn man monieren kann, dass in der Ausführung der skizzierten Ansätze die vom Individuum angeeigneten inhaltlichen Kompetenzen gegenüber den Regeln des Systems oder der Community eher marginalisiert werden, so überrascht doch das Fehlen der kollektiven Dimension in den berufspädagogischen und berufswissenschaftlichen Verfahren der Kompetenzdiagnostik, insofern dort immer die rein individuelle Bearbeitung von Aufgaben erfasst wird – auch wenn in avancierten Ansätzen der Handlungskontext, z. B. in Form von Kundenanforderungen, eine Rolle spielt (vgl. Becker 2010, S. 58 ff., Spöttl 2010, S. 169 ff.). Demgegenüber versuchen einige psychologische Ansätze der Kompetenzdiagnostik, wie beispielsweise das Kasseler Kompetenzraster (Kauffeld 2002), Kompetenzen im Kontext der Zusammenarbeit in Gruppen zu diagnostizieren – allerdings kann man hier die inhaltliche Validität im Hinblick auf die Bewertung fachlicher Kompetenzen anzweifeln (vgl. Fischer 2010a, S. 154 f.).

Fassen wir zusammen: Die Reflexion theoretischer Ansätze zur Frage kollektiver Kompetenz hat ergeben, dass berufliche Leistungen nicht nur als Summe individueller Kompetenzen betrachtet werden können, sondern als Resultante kollektiver Kompetenz. In diese kollektive Kompetenz gehen die individuellen Kompetenzen ebenso ein wie die materiellen und immateriellen Rahmenbedingungen für die Erbringung beruflicher Leistungen im Betrieb.

Eine Pointe der hier nahe gelegten Betrachtungsweise besteht nun überdies darin, dass kollektive Kompetenz nicht a priori schon vorhanden ist und dann im Arbeitsprozess einfach bloß zur Anwendung gebracht würde. Kollektive Kompetenz wird im Arbeitsprozess überhaupt erst hergestellt, weil in der Zusammenarbeit mit anderen Menschen ein Prozess der impliziten oder expliziten Verständigung vonnöten ist, damit eine berufliche Leistung anschließend erbracht werden kann. Das heißt, diese Betrachtungsweise widerspricht der gängigen Sichtweise, wonach Kompetenz als ein Vermögen betrachtet wird, das in der Performanz lediglich zur Anwendung kommt und deshalb auch unabhängig von der realen Anwendungssituation gemessen werden könnte.

Die gängige Zaubertrank-Konzeption von Kompetenz (den Zaubertrank einmal intus, kann man alles, was die jeweilige Kompetenzfacette beinhaltet) erweist sich hier einmal mehr, wie auch schon bei der Betrachtung individueller Kompetenz diskutiert Fischer 2010b, S. 245), als problematisch.

3 Kollektive Kompetenz als Voraussetzung und Ergebnis organisationalen Lernens

Der bislang entwickelte Begriff der kollektiven Kompetenz machte keinen Unterschied, ob es sich bei dem betrachteten Kollektiv um eine Fußballmannschaft, einen losen Zusammenschluss von Akademikern oder um eine Arbeitsgruppe in einem Unternehmen handelt. Um aber den Einfluss kollektiver Kompetenz auf die berufliche Kompetenz zu untersuchen, hat man sich mit den besonderen Bedingungen zu befassen, unter denen berufliche Arbeit stattfindet. Eine inzwischen fast ein halbes Jahrhundert alte Theorie des Unternehmens („A behavioral theory of the firm"), die inzwischen in einer zweiten Auflage und in vielen Nachdrucken verbreitet ist und zu den Standardtexten im Ökonomiestudium gehört, wenn es um organisationales Lernen geht, ist die von Richard Cyert und James March (1963, 1992) vorgelegte verhaltenstheoretische Analyse des Unternehmens. Ihr Ansatz, ein Unternehmen als Koalition von multiplen konfligierenden Interessen zu sehen, in dem das Verhalten der Unternehmensmitglieder durch die Befolgung von Standardregeln und -prozeduren gelegt wird, ist heute beinahe konventionell, bedeutete damals aber eine neue Sicht (vgl. Cyert & March 1992, S. xxi).

Im Unterschied zu informellen Verbünden findet Arbeit in Unternehmen unter den Konditionen hochgradiger Arbeitsteilung und ausgeprägter Hierarchie statt. Drei klassische Beobachtungen prägen daher diese ökonomische Theorie der Organisation:

1) Routinen als Basis des Verhaltens der Organisationsangehörigen. Ein großer Teil der Handlungen in einem Unternehmen sind Wiederholungen von früheren Handlungen, die einem bestimmten Handlungsschema folgen. Das Lernen der Organisation wird daher als Entstehung und Veränderung der Regeln und Prozeduren verstanden, wie es etwa von Levitt und March folgendermaßen gefasst wird:

"The generic term 'routine' includes the forms, rules, procedures, conventions, strategies, and technologies around which organizations are constructed and through which they operate. It also includes the structure of beliefs, frameworks, paradigms, codes, cultures, and knowledge that buttress, elaborate, and contradict the formal routines. Routines are independent of the individual actors who execute them and are capable of surviving considerable turnover in individual actors" (Levitt & March 1988, S. 320).

2) Die zweite klassische Beobachtung ist die Abhängigkeit der Routinen von der Vergangenheit, also von den vergangenen Erfahrungen: „Routines are based on interpretations of the past more than anticipations of the future. They adapt to experience incrementally in response to feedback about outcomes" (ebenda). Ähnlich wie beim Erfahrungslernen erhält das Alte, weil es sich in der Vergangenheit bewährt hat, einen Nimbus, den das Neue prinzipiell nicht erreichen kann.

3) Die dritte Beobachtung ist die starke Orientierung der Unternehmen an Zielen. Das Verhalten wird sehr stark vom Erfolg oder Misserfolg geprägt, also vom Vergleich der erwarteten Handlungsresultate mit den tatsächlich eingetretenen.

Diese drei Beobachtungen führen dazu, dass die Theorie des organisationalen Lernens als Theorie des Handlungslernens ausgeführt wird, wie es z. B. Agyris und Schön (1978) analog zur Lerntheorie des individuellen Handlungslernens (vgl. Kolb 1984) entwickelt haben.

Durch die Objektivierung von Lernerfahrungen in Regeln und Prozeduren kann der Transfer von Wissen ermöglicht werden, vermittelt durch die einzelnen Organisationsmitglieder, aber gewissermaßen ohne Ansehen der Person (vgl. Probst & Büchel 1998, S. 65). Dies ist der genuine Fall *organisationalen* Lernens, im Unterschied zu einem Lernen *in* der Organisation. Damit basiert der Effekt des organisationalen Lernens auf der Wechselwirkung der Individuen untereinander, vermittelt durch die Struktur der Organisation. Diese Wechselwirkung basiert auf der kollektiven Kompetenz, d. h. der Fähigkeit, sein Verhalten auf das gemeinsame Ziel der Gruppe zu fokussieren, sich auf Gruppenmitglieder als Gruppenmitglied zu beziehen und damit im Sinne geteilter Ziele zu interagieren. Das organisationale Lernen ist daher ein kollektives Phänomen, seine Resultate bewirken Gruppenphänomene, wie z. B. ein kollektives Wissen, das nicht lediglich die Summe des Wissens der Einzelnen ist. Gerade weil sich Organisationsmitglieder in ihren Handlungen auf die Organisation beziehen können, schaffen sie z. B. mentale Werkzeuge[2], die die Arbeit der anderen beeinflussen. In dem Gebrauch solcher mentalen Werkzeuge entwickelt sich ein Wissen in der Organisation, welches nicht auf das Wissen der Individuen reduziert werden kann. Aber organisationales Lernen lässt sich auch nicht auf kollektive Kompetenz reduzieren. Zunächst einmal ist kollektive Kompetenz die Basis für das Handeln als Gruppe und somit vom Lernen schon deswegen geschieden, weil nicht alles Handeln Lernen ist. Es ist aber durchaus möglich, dass ein in der Organisation arbeitendes Kollektiv lernt, ohne dass die Organisation lernt. Wir haben einen solchen Fall in unserer eigenen empirischen Untersuchung des organisationalen Lernens vorgefunden (Fischer & Röben 2004a, S. 42 ff.). Unsere Untersuchungen fanden in einem Betrieb statt, der zu einem der bedeutendsten Konzerne der Chemieindustrie zählt. Wir interessierten uns für den Zusammenhang zwischen dem Betrieb als Ganzem und den einzelnen Schichten und fanden Beispiele dafür, wie die einzelnen Schichten unterschiedliche Prozeduren und Verfahren beim Bedienen derselben Anlage entwickelt hatten. Auf der Ebene des Konzerns fiel dies auf, weil statistische Auswertungen von Störungen und Störfällen gezeigt hatten, dass in der Zeit der Schichtübergabe eine signifikante Häufung zu beobachten war. Durch Analysen kam man den unterschiedlichen Prozeduren der Schichten auf die Spur. Eine Konsequenz aus dieser Situation war die Erstellung einer Dokumentation (eines Betriebshandbuchs) über die gesamte chemische Anlage, in der die Werker selbst die von ihnen durchzuführenden Verfahren schichtübergreifend beschrieben. Damit entwickelten sie überhaupt erstmals ein Bewusstsein darüber, dass andere Schichten andere Verfahren für dieselben Aufgaben entwickelt hatten (ausführlich in Fischer & Röben 2004a, S. 42 ff.).

---

2   Mehr zu diesem Begriff im Folgenden.

In modernen Organisationskonzepten wird das organisationale Lernen zur Zielgröße. Organisationen, die gemäß den Prinzipien dieses Konzepts entwickelt werden, stimulieren das Lernen der Organisationsmitglieder beständig und evaluieren es. Ergebnisse individueller Lernprozesse werden dokumentiert und in der Organisation verbreitet. Man kann dann von einer lernenden Organisation sprechen, wenn Maßnahmen, Regeln, Strukturen und eine Kultur des permanenten Lernens eingeführt sind, die innerhalb des Unternehmens, aber auch im Austausch mit dessen „Außenwelt" zu einer beständigen Restrukturierung der betrieblichen Wissensbasis führen. Mit solch einer Annahme kann die Metapher der lernenden Organisation (auch empirisch) interpretierbar gemacht werden, was in dem bereits genannten europäischen Forschungsprojekt in vier Länderstudien unternommen wurde (Fischer & Röben 2004b). Wenn es also Organisationen gelingt, organisationales Lernen zu realisieren, so etwas wie eine Unternehmenskultur des Lernens zu etablieren, und wenn das Management den Erfolg oder Misserfolg solcher organisationalen Prozesse analysiert, so liegt die Frage auf der Hand, ob und wie organisationales Lernen und kollektive Kompetenz zusammenhängen. Mit anderen Worten: Wie hängen organisationale Prozesse der ganzen Organisation mit den kooperativen Prozessen einzelner Gruppen in der Organisation zusammen?

Beiden Phänomenen ist zunächst gemeinsam, dass sie sich in Kollektiven als kollektive Eigenschaft entwickeln, ohne dass sich die das Kollektiv bildenden Individuen dessen bewusst sein müssen. Unternehmen haben im Übrigen bereits gelernt, als der Begriff des organisationalen Lernens noch nicht geprägt war. Ähnlich wie der einzelne Mensch lernt, ohne wissen zu müssen, dass er lernt, kann ein Kollektiv in der Kooperation Kompetenz entwickeln. Am Beispiel einer Fußballmannschaft: Kollektive Kompetenz entsteht dann, wenn der Einzelne sich in der Gruppe als Mitglied der Gruppe verhält und zur Gruppenhandlung beiträgt, d. h. zur zielgerichteten Abfolge von Operationen während eines Spiels. Da die gegnerische Mannschaft das Ziel der eigenen Mannschaft kennt und daher die Abfolge der Operationen stört, um selbst in den Besitz des Balls zu kommen, gehört zum Gruppenhandeln die gemeinsame Interpretation der Situation und das gemeinsame Reagieren, d. h., jedes Individuum muss nicht nur im Sinne der Gruppe handeln, sondern auch denken und wahrnehmen. Welch katastrophale Folgen es hat, wenn diese Fähigkeit nicht hinreichend entwickelt ist, zeigt eine Sekundäranalyse von Weick (1993), der das sogenannte Mann-Gulch-Desaster[3] von 1949 in der Darstellung von MacLean (1992) erneut analysierte. Es geht dabei um eine Gruppe von Teilzeit-Feuerwehrleuten, die dabei halfen, einen Waldbrand zu löschen, und dabei vom Feuer eingeschlossen wurden. Die Analyse zeigt, dass die Gruppe sich nicht auf eine Gruppensicht der Bedrohung einigen konnte, sich spaltete und nicht auf die Anweisungen des erfahrenen Vorarbeiters Wagner Dodge hörte. Dieser zündete ein sog. „escape fire" und überlebte als einer der Wenigen. Die ihm zugeordneten Feuerwehrleute konnten keinen Zusammenhang zwischen dem Entzünden des Feuers durch Dodge und dem Abwenden der Gefahr, die von der

---

3   Siehe http://en.wikipedia.org/wiki/Mann_Gulch_fire.

auf sie zukommenden Feuerfront ausging, herstellen. Sie konnten der Handlung von Dodge keinen Sinn abgewinnen und verstanden nicht, dass das kontrollierte Entfachen eines zusätzlichen Feuers die Gefahr, die von der auf sie zukommenden Feuerfront ausging, verringern konnte. Sie suchten ihr Heil in der Flucht und kamen im Feuer um. Diese Tragödie hatte nachhaltige Folgen für die Ausbildung von Teilzeitfeuerwehrleuten insbesondere, was teambildende Anteile der Ausbildung angeht, d. h., dem Entwickeln kollektiver Kompetenz wurde eine hohe Bedeutung eingeräumt.

Die Fähigkeit zur Entwicklung kollektiver Kompetenz entsteht nicht zwangsläufig von selbst, sondern ist Resultat eines Lernprozesses. Im Fall einer Fußballmannschaft ist es Aufgabe des Trainers, solche Lernprozesse zu initiieren und zu überwachen, der Gruppe den Erfolg oder Misserfolg beim Gruppenlernen vor Augen zu führen. Trainer und Manager haben in dieser Hinsicht sehr ähnliche Aufgaben.

In Unternehmen kommt es ab einer gewissen Größe zur Bildung verschiedener Kollektive, die durch Arbeitsgruppen, Abteilungen etc. gebildet werden. Das Unternehmen stellt also einen Verbund solcher Gruppen dar und kann nur funktionieren, wenn diese sich auf das Unternehmen als Ganzes beziehen. Unternehmen, die das organisationale Lernen in ihrem Managementkonzept verankern, versuchen daher auch entsprechende Maßnahmen zu entwickeln – häufig in Gestalt von Leitbildern, die die Corporate Identity stärken sollen.

Nicholas Boreham hat auf der Basis der Theorien von Mead, Leontjew und Engeström eine Theorie kollektiver Kompetenz für die Arbeit entwickelt (Boreham 2004), die von der Gültigkeit von drei im Folgenden dargestellten Prinzipien ausgeht:

1. Making Collective Sense of Events in the Workplace

Die Herstellung von Sinn ist deswegen kein einfaches Unterfangen, weil in der Arbeit beständig Widersprüche auftreten und der Sinn der Arbeit, im Sinne eines kollektiven Gegenstands, auf den sich die zusammenarbeitenden Menschen im Gemeinschaftshandeln beziehen, nicht einfach schon für jeden leicht erkennbar ist. Beispielsweise werden die Mitarbeiter einer Firma sowohl dazu aufgefordert, qualitativ hochwertige Arbeit abzuliefern, was langsames und behutsames Arbeiten erforderlich machen würde, als auch Kosten zu reduzieren, d. h. so wenig Arbeitszeit wie möglich aufzuwenden (vgl. Boreham 2004, S. 10). Die Liste widersprüchlicher Anforderungen ließe sich beliebig verlängern (vgl. Fischer & Stuber 1996). Wenn es also schon bei einer Fußballmannschaft schwer ist, sie zu kollektivem Handeln zu bringen, wo die Zielerreichung der Handlung weniger durch widersprüchliche Handlungsanweisungen getrübt wird, sondern nur durch die gegnerische Mannschaft, um wie viel schwerer wird dies erst im Arbeitsprozess sein, die Menschen zu kollektivem Handeln zu bewegen. In Untersuchungen von Arbeitsprozessen wird daher die Bedeutung der Diskussion in widersprüchlichen Situationen hervorgehoben. In unserer eigenen schon erwähnten Untersuchung sind solche Diskussionen beispielsweise durch das Management der chemischen Großanlage systematisch ausgelöst worden, indem man das Handbuch für das Betreiben der Anlage von der Belegschaft schreiben ließ. In unserem Untersuchungsbetrieb herrschen kontinuierliche Prozesse vor, die von der verfahrenstechnischen Anlage weitgehend selbsttätig durchgeführt wurden. Die Arbeit der drei rund um die Uhr arbeitenden Schichten bestand neben der Instandhaltung vornehmlich in der Überwachung der Abläufe. Dennoch kam es nach einer notwendigen Abstellung der Anlage auch zu manuell gesteuerten Abläufen, z. B. dem Hochfahren von Spaltgasöfen (Anlagen mit einer Bauhöhe von ca. 10 m), bei dem verschiedene Einzelbrenner nacheinander gezündet werden mussten. Bei der Erstellung eines entsprechenden Abschnitts im Betriebshandbuch wurde dem aus verschiedenen Schichten zusammengesetzten Autorenteam bewusst, dass Begriffe, die auf der einen Schicht für alle klar und deutlich sind, wie z. B. die sogenannten cross-over-Temperaturen, auf der anderen Schicht anders interpretiert wurden, weil es unterschiedliche Konzepte für das Definieren dieser Temperaturwerte gab. Ein weiteres, viel intensiver diskutiertes Beispiel betraf die Zündfolge der Brenner in den Spaltgasöfen. Als die Autorengruppe diese Handlungsroutine schriftlich fixieren wollte, wurde klar, dass jede Schicht eine eigene „optimale" Abfolge tradierte, die sich aber von der der anderen Schichten unterschied. Da der Text des Autorenteams von den Schichtleitern und durch andere Managementebenen der Betriebsorganisation autorisiert wurde, ergab sich eine lebhafte Diskussion über die Frage, welche Abfolge tatsächlich das Optimum darstellte. Das Schreiben des Handbuchs wurde von uns als eine Maßnahme organisationalen Lernens interpretiert (Fischer & Röben 2004a, S. 42 ff.); die mit dem Schreiben einhergehenden Diskussionen über die Sinnhaftigkeit kollektiven Handelns illustrieren dieses erste Prinzip Borehams.

2. Developing and Using a Collective Knowledge Base

Untersuchungen haben das Auftreten spezifischer Wortschätze in bestimmten Arbeitsbereichen als Indiz für ein spezifisches Wissen interpretiert (z. B. von Krogh & Roos 1995). Jeder kennt sicherlich Beispiele wie das aus der Sprache des Bergbaus (Abteufen, Bewettern, Einfahren, Gezähe, Kaue, Gegenort etc.), sie entstehen im Kontext von Handlungen, die spezifisch für die jeweilige Arbeit sind und für die kein Begriff aus der Alltagswelt außerhalb der Arbeitssituation zur Verfügung steht. Auf der Suche nach solchen besonderen Arbeitssituationen haben Karl Weick und Karlene Roberts (1993) das Zusammenwirken von Deckteams auf dem Flugzeugträger Nimitz untersucht. In diesem Extrembeispiel des Zusammenwirkens würden sich Fehler schnell zu tödlichen Unfällen entwickeln, weswegen sich in solchen Gruppen kollektives Verhalten in einer besonderen Ausprägung beobachten lässt (ähnlich wie bei Feuerwehrteams oder ärztlichen Notfallteams). Gemeinsames Kennzeichen ist die hohe Bedeutung der Aufmerksamkeit und Achtsamkeit (im Englischen „heed") für Arbeitsinhalte und die Arbeit der anderen (Weick & Roberts 2004, S. 361). In Anlehnung an Ryle wird zwischen „heedful performance" und „habitual performance" unterschieden; während Ersteres das Resultat eines Lernprozesses ist, in dem Ausbildung und Erfahrung zu einer neuen Qualität verwoben werden, ist Letzteres das Resultat von „drill" und Wiederholung (a. a. O., S. 362), ein bloß äußerliches Verhalten.

Das aufmerksame, achtsame Zusammenwirken in einer Gruppe konstituiert nach Weick und Roberts den „collective mind" und damit auch eine kollektive Wissensbasis, die sich aus der Erfahrung der Kooperation speist. Diese Wissensbasis ermöglicht z. B. den sinnvollen Gebrauch der spezifischen Sprache in der Gruppe. In unserer eigenen Fallstudie wurde durch die gemeinsame Erstellung des Betriebshandbuchs ein Ersatz für die früheren grauen Kladden geschaffen, in denen sich jeder Mitarbeiter Notizen für die Arbeit in verschiedenen Prozess-Stufen machte. Die grauen Kladden der erfahrenen Mitarbeiter waren bei Novizen besonders begehrt, da in ihnen ein Wissensschatz aufgehoben wurde, der die Arbeit erleichterte. Die Veröffentlichung dieses Wissens in einem gemeinsamen Betriebshandbuch, welches auch als Grundlage für die Qualifizierung neuer Mitarbeiter auf den Schichten verwendet wurde, machte nicht nur die alten Kladden überflüssig, sondern schuf die Grundlage einer gemeinsamen Wissensbasis.

In diesem Zusammenwirken kommt der Verwendung sogenannter mentaler Werkzeuge eine hohe Bedeutung zu, wie Weber unter Bezug auf Galperin und Volpert sowohl theoretisch wie auch empirisch belegt (Weber 1997, S. 110 ff. und 1999, S. 205 ff.). Gemeinsame Vergegenständlichungen dienen als materielle Produkte (etwa in Form von gegenständlichen Gedächtnisstützen oder gemeinsam entwickelten Arbeitsunterlagen und -mitteln (Werkzeugen und Vorrichtungen) der kollektiven Handlungsregulation. Durch sie erhalten Produkte der Arbeit einzelner Organisationsmitglieder einen Bezug zur Organisation, der von den anderen Mitgliedern in seiner Bedeutung für ihre Arbeit erkannt werden kann. Damit wird ein asynchroner Bezug der Mitglieder der Organisation aufeinander etabliert (etwa der der verschiedenen Schichten, die ja nie zeitgleich arbeiten), der sich von dem synchronen Bezug im aktuellen Arbeitsprozess (in einer Schicht) unterscheidet. In beiden wird aber eine für die kollektiven Handlungen notwendige Wissensbasis ausgebildet.

3. Developing a Sense of Interdepency

Boreham postuliert mit seinem dritten Prinzip, wie notwendig die Überwindung der fragmentierenden Tendenz der die Organisation bildenden Subgruppen und ihrer Neigung zu je unterschiedlichen Orientierungen und Wahrnehmungen ist. Jede Gruppe muss einen Sinn für die Wechselwirkung und gegenseitige Abhängigkeit der Gruppen untereinander entwickeln, soll die Organisation als Ganzes funktionieren. In unseren eigenen Untersuchungen ist uns dieses Phänomen besonders im Bildungssystem des untersuchten deutschen Konzerns aufgefallen (Röben 2005; Fischer & Röben 2004a, S. 49 ff.). Hier gab es eine Organisation der Ausbildung, in der ein starker Fokus auf die fachsystematische Strukturierung des Lehrens und Lernens gelegt wurde. Dies schlug sich z. B. darin nieder, dass Auszubildende in einem verfahrenstechnischen Labor eine Reihe von Methoden der Erzeugung (z. B. durch Walzenbrecher) und Trennung (z. B. durch verschiedene Arten von Sieben) von körnigen Stoffen erlernen mussten. In unseren Interviews registrierten wir insbesondere bei erfahrenen Mitarbeitern, die den Beruf des Chemikanten als Umschulung erlernten und daher dieselben Lernstationen wie die Auszubildenden durchliefen, dass dieser Lernort sehr unbeliebt war, was sicherlich auch damit zu tun hatte, dass die Verteilung der Korngrößen mit statistischen Methoden überprüft werden musste. Die Arbeitsferne dieser Abteilung wurde durch die dort gelernten Ausdrücke „grobkörniges Feingut und feinkörniges Grobgut" im Interview immer wieder persifliert. Dieses Beispiel ist symptomatisch für einen Befund, den der damals neue Leiter der Ausbildung in seinen eigenen Analysen erhob: Die Ausbildungsabteilung hatte sich von den Unternehmenseinheiten ziemlich abgekoppelt. Ausbilder waren auf ihre Fachabteilungen, wie z. B. das verfahrenstechnische Labor, fixiert und erhoben arbeitsferne Inhalte zum Kern der Ausbildung. In einem grundlegenden Reformprozess wurde der Abkopplung der Ausbildung entgegengesteuert: Ausbilder sollten ihre Ausbildungsabteilung verlassen und durch Mitarbeit in den verschiedenen Betrieben[4] Erfahrungen mit dem neuesten Stand der Anforderungen in Arbeit und Technik sammeln – und damit aus eigener Erfahrung eine Vorstellung von der Abhängigkeit des restlichen Unternehmens von ihrer Arbeit (der Ausbildung zukünftiger Fachkräfte) entwickeln. Damit dies auch dauerhaft gelingt, wurde ein weiteres wichtiges Prinzip in der Ausbildung realisiert: der Betreuungsausbilder. Durchliefen nach dem früheren Ausbildungsprinzip die Auszubildenden die verschiedenen Stationen innerhalb der Ausbildungsabteilungen und trafen dabei auf Ausbilder, die sich auf diese Station spezialisiert hatten und ausschließlich an ihnen arbeiteten, mussten nun Betreuungsausbilder mit den Auszubildenden zusammen die verschiedenen Stationen durchlaufen. Sie konnten sich also nicht spezialisieren, sondern erfuhren die Breite der Ausbildung durch eigenes Erleben. Beides zusammen, Erfahrungen außerhalb des Bildungssystems und das Miterleben der verschiedenen Stationen in der Ausbildung, führte dazu, dass den Ausbildern der Zweck der Ausbildung wieder stärker in ihrem Handeln gegenwärtig wurde (Röben 2005). Sie entwickelten einen Sinn für die Abhängigkeit und den Zusammenhang ihrer Subgruppen (Labor, Ausbildung) von der Gesamtorganisation.

Zusammenfassend wird deutlich, dass kollektive Kompetenz verschiedene Facetten aufweist. Ausgehend von übersichtlichen Gruppen, die synchron zusammenarbeiten und sich in ihrer Arbeit sinnvoll aufeinander beziehen (z. B. innerhalb einer Schicht), haben wir zusätzlich das asynchrone Zusammenwirken von mehreren Gruppen sehen können (die schichtübergreifende Erstellung des Betriebshandbuchs). Die Herstellung kollektiver Kompetenz erfolgt hier nicht in unmittelbarer Kommunikation, sondern vermittelt über Medien, wobei den selbst erzeugten Medien, wie gezeigt, eine besondere Bedeutung zukommt. In einem Unternehmen ist aber auch der Zusammenhalt der Gruppen zu gewährleisten, die weder unmittelbar (etwa innerhalb einer Schicht) noch vermittelt durch Medien zusammenarbeiten (etwa die Belegschaft einer Anlage), sondern deren Arbeitsprodukte durch die von der Unternehmensleitung gesteuerte Arbeitsteilung aufeinander bezogen werden (wie etwa im Fall der geschilderten Ausbildungsabteilung). Gelingt organisationales Lernen, entwickelt sich die kollektive Kompetenz im Ganzen eines Unternehmens, scheitert es, verkürzt sich die Reich-

---

4   An dem Standort des Großunternehmens, an dem unsere Analysen durchgeführt wurden, gab es ca. 200 einzelne Betriebe oder Fabriken, wie z. B. den untersuchten Steamcracker oder die Sulfitefabrik.

weite auf Abteilungen oder sogar nur einzelne Arbeitsgruppen. Kollektive Kompetenz ist daher einerseits Voraussetzung für organisationales Lernen, wenn Kollektive in ihrem Handeln sich sinnvoll auf die Organisation beziehen. Andererseits ist es Resultat, wenn organisationale Lernprozesse in den verschiedenen Kollektiven wirksam werden.

4 Schlussfolgerungen für die Weiterentwicklung beruflicher Kompetenzdiagnostik

In der Psychologie existieren Analyseverfahren zur Messung kollektiver Kompetenz, beispielsweise mit dem Kasseler Kompetenzraster (Kauffeld 2002) oder dem VERA-KHR (Weber & Lampert 2005), die in einem weiten Sinn der Kompetenzdiagnostik zugeordnet werden können. Jedoch klammern diese Verfahren, nicht zuletzt aufgrund ihrer psychologischen Herkunft, berufsspezifische fachliche Kompetenzen weitgehend aus.

Das entgegengesetzte Bild zeigt sich im Bereich berufspädagogischer und berufswissenschaftlicher Kompetenzdiagnostik. Hier gibt es zwar vielversprechende Ansätze, die fachlichen Dimensionen beruflicher Kompetenz zu erfassen. Aber es ist frappierend, wie individualistisch dabei berufliche Handlungskompetenz betrachtet und dementsprechend diagnostiziert wird – außer, man beschäftigt sich explizit mit Sozialkompetenz (vgl. den Beitrag von Gerd Gidion in diesem Buch), was jedoch wiederum die Frage nach der Relation zu fachlicher Kompetenz aufwirft.

Ein Verfahren, dass die von uns diskutierten Facetten kollektiver Kompetenz zu erfassen versucht, könnte prinzipiell darin bestehen, eine Arbeitsgruppe mit einer „gestaltungsoffenen" Aufgabe zu befassen und die Güte der Problemlösung durch Rater zu bewerten (vgl. den Beitrag von Bernd Haasler in diesem Buch). Im Unterschied zum Vorschlag von Haasler ginge es erstens jedoch nicht um Einzellösungen, sondern um eine Gruppenlösung, und zweitens müsste die praktische Umsetzung (Arbeitsteilung und Durchführung der in der Gruppe verabredeten Arbeitsschritte) ebenfalls Gegenstand der Kompetenzdiagnostik sein – und nicht bloß „paper und pencil"-Tests beinhalten. Unser Vorschlag hätte daher den Nachteil, dass er für die in Anlehnung an PISA allseits angestrebten „large scale"-Untersuchungen zu aufwändig wäre. Vorteile sehen wir darin, dass nicht nur Anforderungen realer Berufsarbeit besser abgebildet, sondern auch handlungsorientierte Formen der Ausbildung unterstützt würden, wo Auszubildende sich Lerninhalte in Form von Gruppenarbeit aneignen. Ein weiterer Vorteil liegt darin, dass die Probanden auf dem Weg zu einer Problemlösung Vorschläge und deren Begründungen mindestens partiell in der Gruppe artikulieren müssten. Damit könnte eine stets vernachlässigte Forderung (Fischer 2010a, S. 155) an die Kompetenzdiagnostik eingelöst werden, Wissen *und* Handeln zum Gegenstand der Diagnose zu machen (die alleinige Analyse von Wissen sagt noch nichts über die praktische Problemlösefähigkeit eines Probanden, und die bei einer Aufgabe unter Beweis gestellte praktische Kompetenz sagt noch nichts über das Problemlösevermögen bei verwandten oder vergleichbaren Aufgaben).

Ein wesentlicher Schritt in Richtung der hier vorgeschlagenen Kompetenzdiagnostik (Analyse von Gruppenarbeit in actu) läge in der Entwicklung von Beobachtungsbögen, die Indikatoren für die wesentlichen Dimensionen kollektiver Kompetenz enthalten. Hierbei könnte man anknüpfen an die von Boreham vorgeschlagenen Prinzipien:

1. Making Collective Sense of Events in the Workplace

2. Developing and Using a Collective Knowledge Base

3. Developing a Sense of Interdepency

Die genannten Prinzipien wären zu ergänzen um die Dimension der gemeinsamen praktischen Problemlösung, und auch diese Dimension wäre mit den entsprechenden Indikatoren in den Beobachtungsbogen aufzunehmen.

Fazit: Für kollektive Kompetenz sind nicht individuelle Arbeitspersonen, sondern auch Organisationen als Gesamtheiten verantwortlich. Dieser Aspekt ist selbst in psychologischen Verfahren der Kompetenzdiagnostik, wie den oben angesprochenen, nur zum Teil enthalten (am ehesten noch im VERA-KHR). Diagnostik kollektiver Kompetenz müsste die materiellen und immateriellen Rahmenbedingungen beruflicher Arbeit mit einbeziehen und diese mit berufsfachlichen Kompetenzen verbinden. Jedenfalls wäre dadurch eine Verbindung der Kompetenzdiagnostik zu Bildungszielen in der Berufsbildung wie dem der „Mitgestaltung der Arbeitswelt in sozialer und ökologischer Verantwortung" (KMK 1991) eher erkennbar als bei den bisherigen Ansätzen beruflicher Kompetenzdiagnostik.

Mit solch einem Ansatz würde nicht nur das individualistische Herangehen herkömmlicher Kompetenzdiagnostik überwunden, sondern der Kompetenzbegriff würde auch um einen Aspekt erweitert, der in der internationalen Diskussion immer eine Rolle gespielt hat, aber in Deutschland kaum aufgenommen worden ist: Kompetenz bezeichnet im internationalen Diskurs nicht nur ein Handlungsvermögen, sondern auch einen Handlungs- und Verantwortungsspielraum, der den Individuen eingeräumt oder zugewiesen wird (vgl. Straka & Macke (2009) sowie die Ausführungen zum Europäischen Qualifikationsrahmen in den Beiträgen zu diesem Buch von Michaela Brockmann u. a. und Thomas Reglin). Menschen sind nicht bloß deswegen kompetent, weil sie etwas können, sondern auch deshalb, weil sie z. B. Professoren sind!

Literatur

Argyris, C.; Schön, D. A. (1978): Organizational learning: a theory of action perspective. Reading (Mass.): Addison-Wesley.

Baethge, M.; Achtenhagen, F.; Arends, L.; Babic, E.; Baethge-Kinsky, V.; Weber, S. (2006): Berufsbildungs-PISA – Machbarkeitsstudie. Stuttgart: Steiner.

Becker, M. (2010): Wie lässt sich das in Domänen verborgene „Facharbeiterwissen" erschließen? In: M. Becker; M. Fischer; G. Spöttl (Hg.): Von der Arbeitsanalyse zur Diagnose beruflicher Kompetenzen. Frankfurt/M. u. a.: Peter Lang, S. 54–65.

Boreham, N. (2004): A theory of collective competence: Challenging the neo-liberal individualisation of performance at work. In: British Journal of Education Studies, Vol. 52, No. 1, S. 5–17.

Cyert, R. M.; March, J. G. (1992): A behavioural theory of the firm. Oxford: Blackwell. (Erste Auflage 1963).

Engeström, Y. (1987): Learning by expanding. An activity theoretical approach to development research. Helsinki: Orienta Konsultit Oy.

Engeström, Y. (1999): Work, learning and development: toward an activity-theoretical reconceptualization. Paper for 11. Zürcher Symposium Arbeitspsychologie. Über die Arbeits- und Organisationspsychologie zur Tätigkeitsgesellschaft?! Zürich, October 11–13.

Engeström, Y. (2001): Expansive Learning at Work: toward an activity theoretical reconceptualization. Journal of Education and Work, Vol. 14, No. 1, 2001, S. 133–156.

Euler, D. (2009) (Hg.): Sozialkompetenzen in der beruflichen Bildung. Didaktische Förderung und Prüfung. Bern u. a.: Haupt.

Fischer, M. (2010a): Kompetenzmodellierung und Kompetenzdiagnostik in der beruflichen Bildung – Probleme und Perspektiven. In: M. Becker; M. Fischer; G. Spöttl (Hg.): Von der Arbeitsanalyse zur Diagnose beruflicher Kompetenzen. Frankfurt/M.: Peter Lang u. a., S. 141–158.

Fischer, M. (2010b): Über das Verhältnis von Wissen und Handeln in der betrieblichen Arbeit und Ausbildung. In: D. Münk; A. Schelten (Hg.): Kompetenzermittlung für die Berufsbildung. Bielefeld: W. Bertelsmann, S. 237–250.

Fischer, M.; Röben, P. (2004a): Organisational learning and Vocational Education and Training. An empirical investigation in the European Chemical Industry. ITB-Arbeitspapiere Nr. 47. Bremen: Institut Technik und Bildung der Universität. http://www.itb.uni-bremen.de/downloads/Forschung/OL.PDF [Stand: 10.01.2011].

Fischer; M.; Röben, P. (2004b): Arbeitsprozesswissen im Fokus von individuellem und organisationalem Lernen. Ergebnisse aus Großbetrieben in vier europäischen Ländern. Zeitschrift für Pädagogik, Heft 2, Weinheim: Beltz, S. 182–201.

Fischer, M.; Stuber, F. (1996): Arbeitsorganisation als Gegenstand beruflicher Bildung. Konzepte für die Ausbildung von Facharbeitern und Technikern. Bremen: Institut Technik & Bildung der Universität.

Fischer, M.; Witzel, A. (2008): Zum Zusammenhang von berufsbiografischer Gestaltung und beruflichem Arbeitsprozesswissen. Eine Analyse auf Basis archivierter Daten einer Längsschnittstudie. In: M. Fischer; G. Spöttl (Hg.): Forschungsperspektiven in Facharbeit und Berufsbildung. Strategien und Methoden der Berufsbildungsforschung. Frankfurt/M.: Peter Lang, S. 24–47.

Glasersfeld, E. von (1995): Die Wurzeln des „Radikalen" am Konstruktivismus. In: H. R. Fischer (Hg.): Die Wirklichkeit des Konstruktivismus: zur Auseinandersetzung um ein neues Paradigma. Heidelberg: Carl Auer, S. 35–46.

Grotlüschen, A. (2002): Situiertes Lernen: Jean Lave. http://www.erzwiss.uni-hamburg.de/personal/grotlueschen/2004/pdf/AG_lavekurz.pdf [Stand: 10.01.2011].

Harvey-Jones, J. (1989): Making it Happen. London: Fontana-Collins.

Harvey-Jones, J. (1993): Managing to Survive. London: Mandarin Books.

Holzkamp, K. (1993): Lernen. Subjektwissenschaftliche Grundlegung. Frankfurt a. M., New York: Campus

Kauffeld, S. (2002): Das Kasseler Kompetenzraster (KKR) – ein Beitrag zur Kompetenzmessung. In: U. Clement; R. Arnold (Hg.): Kompetenzentwicklung in der beruflichen Bildung. Opladen: Leske und Budrich, S. 131–151.

KMK (Sekretariat der Ständigen Konferenz der Kultusminister der Länder in der Bundesrepublik Deutschland) (1991): Rahmenvereinbarung über die Berufsschule. Bonn.

Kolb, D. A. (1984): Experiential learning. New Jersey: Prentice-Hall.

KOMET-Konsortium (2010): Berufliche Kompetenzen messen – Das Projekt KOMET (Elektroniker) des Bundeslandes Hessen. Abschlussbericht. http://www.ibb.uni-bremen.de/fileadmin/user/Publikationen/Abschlussbericht_ KOMET_Hessen_081010_final.pdf [Stand: 10.01.2011].

Krogh, G. von; Roos, J. (1995): Organisational Epistemology. London: Routledge.

Kumbruck, C. (2001): Unsichtbare Arbeit. Umgang mit unsichtbarer Arbeit bei Reorganisationsprozessen aus Sicht eines soziokulturellen Ansatzes. In: Journal für Psychologie, S. 24–38.

Lave, J. (1988): Cognition in practice. Mind, mathematics and culture in everyday life. Cambridge: Cambridge University Press.

Lave, J.; Wenger, E. (1991): Situated learning. Legitimate peripheral participation. Cambridge: Cambridge University Press.

Lave, J.; Wenger, E. (1996): Practice, person, social world. In: H. Daniels (ed.): An Introduction to Vygotsky. London: Routledge, S. 143–156.

Lempert, W. (1998): Berufliche Sozialisation oder Was Berufe aus Menschen machen. Hohengehren: Schneider.

Leontjew, A. N. (1982): Tätigkeit, Bewußtsein, Persönlichkeit. Köln: Pahl-Rugenstein.

Levitt, B.; March, J. G. (1988): Organisational learning. In: Annual Review of Sociology 14, S. 319–340.

Lukács, G. (1973): Ontologie – Arbeit. Neuwied und Darmstadt: Luchterhand.

Maclean, N. (1992): Young Men and Fire. Chicago: University of Chicago Press.

Messing, J.; Werani, A. (2009): Sprechend koordinieren. In: Journal für Psychologie, Jg. 17, Ausgabe 3. http://www.journal-fuer-psychologie.de/jfp-3-2009-04.html [Stand: 10.01.2011].

Moritz. E. F.; Ruth, K. (2007): Ressourcen in Netzwerken – zur Chemie, Biologie, Physik und Metaphysik von Kooperation. In: M. Moldaschl (Hg.): Verwertung immaterieller Ressourcen. München und Mering: Rainer Hampp, S. 321–363.

Neuberger, O. (1991): Personalentwicklung. Stuttgart: Enke.

Probst, G.; Büchel, B. (1998): Organisationales Lernen. Wettbewerbsvorteil der Zukunft. Wiesbaden: Gabler.

Projektgruppe Automation und Qualifikation (1983): Zerreißproben. Automation im Arbeitsleben. Empirische Untersuchungen, Teil IV. Berlin: Argument.

Raeithel, A. (1983): Tätigkeit, Arbeit und Praxis. Grundbegriffe für eine praktische Psychologie. Frankfurt/M.: Campus.

Röben, P. (2005): Ausbilder im lernenden Unternehmen – Ergebnisse aus einem internationalen Forschungsprojekt. bwp@ Ausgabe Nr. 9 | Dezember 2005 (Schwerpunktthema: Betrieb als Lernort). http://www.bwpat.de/ausgabe9/roeben_bwpat9.shtml [Stand: 10.01.2011].

Spöttl, G. (2010): Kompetenzmodelle in der beruflichen Bildung – Grenzen und Chancen. In: M. Becker; M. Fischer; G. Spöttl (Hg.): Von der Arbeitsanalyse zur Diagnose beruflicher Kompetenzen. Frankfurt/M. u. a.: Peter Lang, S. 233–238.

Straka, G. A.; Macke, G. (2009): Berufliche Kompetenz: Handeln können, wollen und dürfen. Zur Klärung eines diffusen Begriffs. In: Berufsbildung in Wissenschaft und Praxis (BWP), 3/2009, S. 14–17.

Suchman, L. (1987): Plans and situated actions. Cambridge: Cambridge University Press.

Vygotskij, L. S. (1969): Denken und Sprechen. Stuttgart: Fischer. Originalausgabe: Moskau 1934.

Waibel, M. C. (2002): Lokales Wissen in der betrieblichen Lebenswelt. Theoretische und empirische Studien zur Wissensentwicklung in Praxisgemeinschaften der industriellen Fertigung. Harburger Beiträge zur Psychologie und Soziologie der Arbeit. http://psydok.sulb.uni-saarland.de/volltexte/2005/481/pdf/sb02.pdf [Stand: 04.01.2011].

Weber, W. G. (1997): Analyse von Gruppenarbeit. Kollektive Handlungsregulation in soziotechnischen Systemen. Bern u. a.: Hans Huber.

Weber, W. G. (1999): Kollektive Handlungsregulation, kooperative Handlungsbereitschaften und gemeinsame Vergegenständlichungen in industriellen Arbeitsgruppen. In: Zeitschrift für Arbeits- und Organisationspsychologie 43 (N. F. 17), 4, Göttingen: Hogrefe, S. 202–215.

Weber, W. G.; Lampert, B. (2005): Verfahren zur Analyse der kollektiven Handlungsregulation in industriellen Arbeitsgruppen (VERA-KHR) – eine Evaluierungsstudie. In: Gesellschaft für Arbeitswissenschaft (Hg.): Personalmanagement und Arbeitsgestaltung. Dortmund: GfA-Press, S. 465–468.

Wehner, T.; Raeithel, A.; Clases, C.; Endres, E. (1996): Von der Mühe und den Wegen der Zusammenarbeit. Ein arbeitspsychologisches Kooperationsmodell. In: E. Endres; T. Wehner (Hg.): Zwischenbetriebliche Kooperation. Die Gestaltung von Lieferbeziehungen. Weinheim: Beltz, S. 39–58.

Weick, K. E (1993): The collapse of sense making in organisations: The Mann Gulch Disaster. In: Administrative Science Quarterly, 38, S. 628–652. http://www.nifc.gov/safety/mann_gulch/suggested_reading/The_Collapse_of_Sensemaking_in_Organizations_The_Mann_Gulch.pdf [Stand: 10.01.2011].

Weick, K. E.; Roberts, K. (1993): Collective mind in organizations: heedful interrelating on flight decks. In: Administrative Science Quarterly, 38, S. 357–381.

Wilkens, U. (2004): Von der individuellen zur kollektiven Kompetenz? http://www.uni-konstanz.de/FuF/Verwiss/Klimecki/KomPers/fullpapers/Wilkens.pdf [Stand: 06.11.2010].

Witzel, A.; Kühn, T. (2000): Orientierungs- und Handlungsmuster beim Übergang in das Erwerbsleben. In: W R. Heinz (Hg.): Übergänge – Individualisierung, Flexibilisierung und Institutionalisierung des Lebensverlaufs. 3. Beiheft der Zeitschrift für Sozialisationsforschung und Erziehungssoziologie (ZSE), S. 9–29.

Autorenverzeichnis

Abele, Stephan
Dipl.-Gwl., Dipl.-Ing. (FH), wissenschaftlicher Mitarbeiter in der Abteilung Berufs-, Wirtschafts- und Technikpädagogik (BWT), Universität Stuttgart.
Arbeitsschwerpunkte (gewerblich-technische Berufsbildung): Lehr-Lern-Forschung, Kompetenzdiagnostik und Kompetenzmodellierung, Determinanten und Entwicklung der berufsfachlichen Kompetenz.

Becker, Matthias
Prof. Dr. phil., Dipl.-Ing., Berufsbildungsinstitut Arbeit und Technik (biat), Universität Flensburg.
Arbeitsschwerpunkte: Didaktik der Fahrzeugtechnik, Berufswissenschaftliche Forschung, Lernen im Arbeitsprozess und arbeitsprozessorientierte Didaktik, Facharbeit und Berufsbildung im Kraftfahrzeugsektor, Künstliche Intelligenz in der Technik und Auswirkungen auf die Berufsbildung, Qualitätsentwicklung in der beruflichen Bildung.

Brockmann, Michaela
Senior Research Fellow, Westminster Business School, University of Westminster..
Arbeitsschwerpunkte: Vergleichende Berufsbildungsforschung, Subjektorientierte Übergangsforschung, Jugendforschung, qualitative Sozialforschung.

Clarke, Linda
Prof. Dr. phil., European Industrial Relations, Sprecherin der Westminster Business School, University of Westminster, London. Leiterin des Centre for the Study of the Production of the Built Environment (ProBE) und Vorstandsmitglied des European Institute for Construction Labour Research (CLR).
Arbeitsschwerpunkte: Arbeitsprozessforschung, Internationale Berufsbildung, Arbeitsgeschichte, Bauarbeit.

Fischer, Martin
Prof. Dr. phil. habil., Sprecher des Instituts für Berufspädagogik und Allgemeine Pädagogik (IBP), Karlsruher Institut für Technologie (KIT).
Arbeitsschwerpunkte: Arbeitsorientierte Kompetenzentwicklung; Didaktik beruflicher Bildung, organisationales Lernen und Innovationen in der Berufsbildung.

Geißel, Bernd
Prof. Dr. phil., stellvertretender Leiter des Instituts für Naturwissenschaften und Technik, Pädagogische Hochschule Ludwigsburg.
Arbeitsschwerpunkte: Lehr-Lern-Forschung in gewerblich-technischen Domänen, Erfassung von Fachkompetenz in elektrotechnischen Ausbildungsberufen, Lernmotivation.

Gidion, Gerd
Prof. Dr. phil., Bootsbaumeister, Institut für Berufspädagogik und Allgemeine Pädagogik (IBP) am Karlsruher Institut für Technologie (KIT), wissenschaftlicher Leiter des Fernstudienzentrums des KIT.
Arbeitsschwerpunkte: Technikdidaktik, Mediendidaktik; Didaktik beruflicher Bildung, Qualifikationsforschung, Fortbildung von Fachkräften in Führungsfunktionen.

Gschwendtner, Tobias
Dipl.-Gwl., wissenschaftlicher Mitarbeiter in der Abteilung Berufs-, Wirtschafts- und Technikpädagogik (BWT), Universität Stuttgart.
Arbeitsschwerpunkte: Lehr-Lern-Forschung in der gewerblich-technischen Berufsbildung, Kompetenzmodellierung und Kompetenzentwicklung in elektrotechnischen und kraftfahrzeugtechnischen Ausbildungsberufen, Entwicklung und Förderung von Lesekompetenz, Lernmotivation.

Haasler, Bernd
Prof. Dr., Pädagogische Hochschule Weingarten, Professur Technikdidaktik.
Arbeitsschwerpunkte: Aus- und Weiterbildung in gewerblich-technischen Berufsfeldern, Expertiseforschung, Kompetenzentwicklung.

Jungmann, Walter
PD Dr. phil., Dipl.-Soz., akademischer Mitarbeiter des Instituts für Berufspädagogik und Allgemeine Pädagogik (IBP) am Karlsruher Institut für Technologie (KIT). Arbeitsschwerpunkte: Soziologie der Arbeit, Bildung und Erziehung; Interkulturelle Pädagogik; Berufspädagogik.

Musekamp, Frank
Dr., MBA, wissenschaftlicher Mitarbeiter am Institut Technik und Bildung (ITB), Universität Bremen.
Arbeitsschwerpunkte: quantitative Erfassung beruflicher Kompetenzen, Forschung im Kfz-Service, Forschung zu zweijährigen Berufsausbildungen.

Nickolaus, Reinhold
Prof. Dr. phil., Dipl.-Ing. (FH), Leiter der Abteilung Berufs-, Wirtschafts- und Technikpädagogik (BWT), Universität Stuttgart.
Arbeitsschwerpunkte: Lehr-Lernforschung im Bereich gewerblich-technischer Berufsbildung, Nachhaltigkeit und Berufsbildung, Transfereffekte von Modellversuchen, Lehrerausbildung für berufliche Schulen, Kompetenzmodellierung und Kompetenzentwicklung.

Nitzschke, Alexander
Dipl.-Gwl., Dipl.-Ing. (FH), Abteilung Berufs-, Wirtschafts- und Technikpädagogik (BWT), Universität Stuttgart.
Arbeitsschwerpunkte: Lehr-Lern-Forschung in gewerblich-technischen Domänen, Erfassung von Fachkompetenz in gewerblich-technischen Ausbildungsberufen.

Reglin, Thomas
Dr. phil., M. A., Geisteswissenschaftliches Studium, Tätigkeit in der Erwachsenen-
und Berufsbildung, seit 1995 Projektleiter bei der bfz Bildungsforschung, Projektko-
ordination des Bereichs Internationalisierung der Berufsbildung und stellvertretende
Institutsleitung im f-bb.
Arbeitsschwerpunkte: Betriebliche Bildungsplanung; Lernen Älterer; Didaktik, Entwicklung, Implementierung und Qualitätssicherung neuer Lernmedien; Gestaltung
und Einsatzbedingungen europäischer Transparenzinstrumente für die berufliche Bildung (ECVET, Europäischer und Deutscher Qualifikationsrahmen).

Röben, Peter
Prof. Dr. rer. nat & phil. habil., Stellvertretender Institutsleiter des Instituts Natur,
Technik und Gesellschaft (NTG-Institut), Pädagogische Hochschule Heidelberg.
Arbeitsschwerpunkte: Technikdidaktik, Arbeitsorientierte Kompetenzentwicklung,
Betriebliche Weiterbildung, Organisationales Lernen in Betrieb und Schule.

Spöttl, Georg
Prof. Dr. phil., Dipl.-Ing., M. A., Leiter des Instituts Technik und Bildung (ITB), Universität Bremen.
Arbeitsschwerpunkte: Didaktik der Metalltechnik, Internationale Berufsbildung, Berufswissenschaftliche Forschung in Aus- und Weiterbildung, Arbeitsprozessforschung, Curriculumentwicklung, Lehr- und Lernprozesse, Forschung im Kfz-Service.

Stalder, Barbara E.
Dr. phil, Institut de Psychologie du Travail et des Organisations, Université de
Neuchâtel und Soziologisches Institut der Universität Basel.
Arbeitsschwerpunkte: Übergang Schule-Beruf, berufliche Entwicklung, Lernbedin-
gungen in Betrieb und Schule.

Wild, Miriam
M. A., Doktorandin am Institut für Berufspädagogik und Allgemeine Pädagogik
(IBP) am Karlsruher Institut für Technologie (KIT).
Arbeitsschwerpunkte: Interkulturelle Pädagogik, Erwachsenenbildung, betriebliche
Aus- und Weiterbildung, Lehr- und Lernprozesse im internationalen betrieblichen
Kontext.

Winch, Christopher
Prof. Dr. phil., Educational Philosophy and Policy, Department of Education and Professional Studies, King's College, London. Teilnehmer in dem Centre for Public Policy Research, King's College, London.
Arbeitsschwerpunkte: Internationale Berufsbildung, Philosophie der Bildung, Bildungspolitik.

Berufliche Bildung in Forschung, Schule und Arbeitswelt
Vocational Education and Training: Research and Practice

Herausgegeben von Falk Howe und Georg Spöttl

Band 1 Gert Loose / Georg Spöttl / Yusoff Md. Sahir (eds.): "Re-Engineering" Dual Training – The Malaysian Experience. 2008.

Band 2 Matthias Becker / Georg Spöttl: Berufswissenschaftliche Forschung. Ein Arbeitsbuch für Studium und Praxis. 2008.

Band 3 Martin Fischer / Georg Spöttl (Hrsg.): Forschungsperspektiven in Facharbeit und Berufs-bildung. Strategien und Methoden der Berufsbildungsforschung. 2008.

Band 4 Joachim Dittrich / Jailani Md Yunos / Georg Spöttl / Masriam Bukit (eds.): Standardisation in TVET Teacher Education. 2009.

Band 5 Matthias Becker / Martin Fischer / Georg Spöttl (Hrsg.): Von der Arbeitsanalyse zur Diag-nose beruflicher Kompetenzen. Methoden und methodologische Beiträge aus der Berufs-bildungsforschung. 2010.

Band 6 Georg Spöttl / Jessica Blings: Kernberufe. Ein Baustein für ein transnationales Berufsbil-dungskonzept. 2011.

Band 7 Martin Fischer / Matthias Becker / Georg Spöttl (Hrsg.): Kompetenzdiagnostik in der beruf-lichen Bildung – Probleme und Perspektiven. 2011.

www.peterlang.de